Waldwärts

Waldwärts

GERALDINE SCHÜLE

Vom Ankommen und Wachsen in der Natur

Eden BOOKS

Inhalt

Die vier Elemente

Vom Glück der Gegensätze

Lebensläufe sind wie ein würziges Gericht aus verschiedenen Zutaten. Aus Zufällen und Chancen, die uns unsere Umgebung, unsere Sprache oder unsere Eigenschaften bieten. Das Ganze gewürzt mit einer deftigen Prise Zufall oder Schicksal – je nach Geschmack. Die wichtigsten Zutaten aber sind die Geschichten, die wir über die Jahre gesammelt haben und mit jeder neuen Erfahrung weiter formen. Geschichten über unsere Vergangenheit, über Zukunft und Gegenwart. Mal bitter, mal feurig, mal süß.

Das Menü des Lebens ist vielleicht ein bisschen so wie die saisonale Küche: Heute gibt es frische Tomaten und herrlich duftendes Basilikum, morgen vielleicht Kohl mit Lagerkartoffeln. Wir haben nur zur Verfügung, was eben gerade da ist. Trotzdem wird gekocht, und jedes Gericht ist von Anfang an einzigartig. Wir sind schließlich selbst die Köche und Künstlerinnen, die aus dem Brei des Lebens einzigartige Aromen und Geschichten machen. Lebensläufe mit dem Geschmack von Abenteuer, von Erfolgsdruck, Landleben oder Vorstadtgetto. Mal deftig, mal sauer, exotisch oder süß. Jeder Lebenslauf ist eine kulinarische Reise in mehreren Akten.

Das Leben, das ich momentan führe, schmeckt nach Waldrand, Hühnermist, Zirkuswagen, Landidylle und WLAN-Router. Es duftet nach Heu, Harz und dem Hartplastik meiner Computertastatur. Von dem Süppchen, das wir uns hier auf dem Land zusammenbrauen, möchte ich erzählen. Von unserem ganz eigenen Weg zwischen Schafen, Social Media und anderen vermeintlichen Gegensätzen. Von den Geschichten, die unser Leben schreibt, während wir hier draußen jeden Tag einfach tun, was zu tun ist.

Mein Partner Patrick ist am Rande des Waldes als waschechter Lausbub aufgewachsen. Ich als kleiner Wildfang irgendwo zwischen der großen weiten Welt und den Orten, die ich in den letzten Jahren als Heimat bezeichnet habe.

Patrick und ich leben heute gemeinsam auf dem Land. Nicht in der Stadt. Wir leben im Zirkuswagen, nicht in der Loftwohnung. Zwischen Schafen und Hühnern, nicht zwischen angesagten Szenecafés und duftenden Dönerbuden. Nicht, weil eines besser als das andere wäre, sondern weil wir den Geschmack des Draußen-Seins gewählt haben.

Auf meiner Speisekarte steht momentan ein analoger Alltag in der Natur, gepaart mit den Vorzügen der digitalen Welt. Dieses Leben besteht aus einer ganz eigenen Grundsubstanz, ohne die es alle Zutaten und sogar das Feuer, auf dem unser Süppchen köchelt, nicht gäbe: die vier Elemente.

Hier draußen durfte ich Feuer, Wasser, Luft und Erde ganz neu begegnen. Jedes dieser Elemente besitzt eine ureigene Kraft, die ich nicht nur ganz deutlich draußen in der Natur spüre, sondern auch in mir drinnen. Das prasselnde Feuer im Ofen unseres Zirkuswagens verbindet mich mit dem Lodern meiner beruflichen und privaten Leidenschaften. Der Fluss auf der anderen Seite des Feldes zeigt mir jeden Tag die Veränderlichkeit des Lebens. Das Wasser regt mich dazu an, selbst in Bewegung zu bleiben und nicht zu einem trüben Tümpel zu verkommen, der keine Klarheit und Frische mehr bringt. Die nach Fichtennadeln duftende Luft aus dem nahen Wald, die mich tagtäglich bei all meinen Aufgaben umgibt, lässt mich die Leichtigkeit des Seins trotz aller Hürden niemals ganz vergessen. Die Erde schlussendlich bringt Tatkraft. Jedes Frühjahr beobachte ich die wundersame Kraft dieses Elementes mit neuer Bewunderung, eine Kraft, die es vollbringt, in unserem kleinen Bauerngarten aus winzigen, unscheinbaren Samenkörnern prächtige Pflanzen wachsen zu lassen. Dank meiner eigenen Tatkraft kann ich mit der Zeit starke Wurzeln ausbilden, die mich halten und mir dauerhaft Kraft zur Entfaltung geben.

Inzwischen sind Feuer, Wasser, Luft und Erde als untrennbare und gleichzeitig gegensätzliche Elemente zu den wichtigsten Zutaten in meinem Gericht des Lebens geworden. Aus ihnen ist diese Welt gemacht. Aus ihnen bin auch ich gemacht. Aus ihnen forme und schreibe ich meine Geschichten.

Die Natur um mich herum zeigt mir mit ihren Elementen, dass Gegensätze einander brauchen und zu einer gemeinsamen Komposition verschmelzen. Sie ergänzen sich, anstatt sich wechselseitig zu entwerten. Das Feuer braucht die Luft, um zu brennen. Die feste Erde braucht flüssiges Wasser, um fruchtbar zu sein. Der Tag braucht die Nacht. Der Sommer den Winter. Ebenso braucht das Lodern meiner Leidenschaften ab und an die geistige Klarheit des Elementes Wasser, damit ich mich nicht an meinen eigenen Flammen verbrenne. Die Leichtigkeit des Seins wiederum braucht geerdete Tatkraft, um nicht davonzuwehen.

Von meiner Begegnung mit Feuer, Wasser, Luft und Erde und von unserem wilden, bunten Leben im Zirkuswagen und drumherum möchte ich erzählen. Unser würziges Gericht zwischen den Gegensätzen, die diese Welt in Bewegung halten.

Gegensätze spielen ihr harmonisches Spiel überall. In der Natur. In uns selbst und in allem, was wir kreieren und erschaffen.

Ohne sie bliebe jedes kunstvoll zusammengebraute Süppchen flach und fade.

Lebendigkeit und Lebensfreude liegen in meinem Leben auf dem Land irgendwo zwischen analog und digital. Zwischen Tradition und Innovation. Zwischen Hektik und Ruhe. Zwischen Sonne und Regen ist das Leben bunt.

Wir lesen und hören viele Geschichten von Erfolg, von erreichten Zielen und dem vollkommenen Glück. Lebensläufe, in denen es nie wieder Lagerkartoffeln mit Kohl gibt, weil durch einen bewussten Lebenswandel alles besser geworden sei. Wir sehnen uns nach einer Welt ohne Widersprüche und Gegensätze, weil wir uns im ersten Moment nicht vorstellen können, dass Popcorn mit Salz und Zucker gleichzeitig die beste Wahl ist. Wir sehnen uns stattdessen nach Reinheit. Ganzheit. Vollkommenheit und Glück. Überall. In Filmen, in Liedern und Erzählungen. Wilde Romantik, ein bisschen Magie und runde »Erfolgsgeschichten«. Das sind die Zutaten, die wir in der Weite einer digitalisierten Welt suchen, während wir schon längst mit den Zutaten kochen, die nun mal in unserer ganz eigenen Küche vorhanden sind.

Die Wahrheit ist, dass das Leben immer veränderlich bleibt. Die Wahrheit ist, dass auch ein eigenes Tiny House im Grünen keine Garantie für Glück ist. Weil nach dem süßen Dessert in guten Restaurants die Käseplatte und der schwere Rotwein kommen. Und erst das verleiht dem Leben seinen Tiefgang.

Ich möchte nicht so tun, als sei mein momentaner Alltag mitten in der Natur die Erfüllung, nach der ich schon immer gesucht habe. Denn auch wenn ich oft verträumt bin und romantischer veranlagt, als ich zugeben will, existiert Erfüllung für mich nicht. Ja, sie ist nicht einmal erstrebenswert. In meinem Leben gibt es viele Dinge, die besser sein könnten. Das Landleben bereitet jeden Tag enorme körperliche und geistige Arbeit, und ein Alltag am Fuße des Schwarzwaldes irgendwo in einem winzigen Kaff im Süden Deutschlands will erst einmal erprobt und ausgehalten werden. Gerade deswegen aber liebe ich dieses Leben so sehr. Ich liebe es, weil ich die Käseplatte und den facettenreichen Rotwein viel intensiver genießen kann als ein süßes Dessert, das jeglichen Geschmack auf der Zunge platt walzt, der jemals da gewesen sein mag. Von der Natur durfte ich lernen, dass es das Glück der Gegensätze ist, das Anziehungskräfte erschafft, und diese Kräfte wiederum halten uns lebendig.

Feuer

Von tiefen Wäldern, steinigen Pfaden und der Entdeckung der Leidenschaften

Das Knirschen meiner Schritte auf dem nassen, sandigen Waldboden unter meinen Sohlen gibt meinem Atem den Takt vor. Ein paar Vögel zwitschern hier und da, und zusammen mit dem Rauschen der Baumkronen in einigen Metern Höhe fügt sich alles zu einer bizarren Geräuschkulisse. Ich sauge die frische Morgenluft des späten Sommers ein, rieche den Duft der jungen Pilze im Unterholz. Gedankenverloren setze ich einen Fuß vor den anderen. Immer weiter den Berg hinauf. Der Wald ist hier ganz anders. Anders als am anderen Ende der Welt. Den letzten Winter habe ich zwischen Palmen und hohen Gräsern auf sandigem Untergrund verbracht. Costa Rica ist schwül. Die Luft so dick, dass das Laufen manchmal schwerfällt. Das Atmen ohnehin. In Zentralamerika erlauben nur die frühen Morgenstunden einen kurzen erfrischenden Spaziergang durch den Wald. Den Rest des Tages dominieren Sonne, dicke, schwere Wolken oder Monsunregen. Im schwülen Dschungel zwischen Schlangen, Spinnen oder Krokodilen, die an Flussläufen lauern, habe ich nur wenig Erfrischung gefunden. Das aber stelle ich erst jetzt fest.

Deutschland lerne ich gerade neu kennen. Ich beginne mit der Natur und werde mich dann vorantasten. Hier ist es trockener. Nicht nur, was den zwischenmenschlichen Umgangston anbelangt. Die Luft ist klar und kühl, und deutsche Wälder sind momentan vor allem eines: ungefährlich. Seit Kurzem ist der Wolf in den Schwarzwald zurückgekehrt. Drei Ziegen hat er vor einigen Tagen im Nachbarort gerissen, aber solang ich keinen roten Mantel trage und Kuchen und Wein in einem Körbchen bei mir habe, macht er mir keine Angst. Ich bin Schlimmeres gewohnt. In den vergangenen Jahren war ich viel unterwegs.

Meist allein. In fernen trockenen, heißen oder schwülen Ländern. Umgeben von unbekannten Geräuschen, Gesten und Gerüchen. An Orten, an die sich nur wenige wagen. Allein in Nahost. Als Kriegsreporterin, als Zirkustrainerin in Palästina oder als Dokumentarfilmerin in Indien. Immer wieder habe ich mir ein Leben irgendwo zwischen neuen Sprachen, unbekannten Straßen und Jobs auf Zeit aufgebaut, nur um dann weiterzuziehen und wieder von vorn anzufangen. Zwischen Ankunft und Aufbruch habe ich so vieles erfahren, durchlebt und verdrängt, dass ich mich beim Durchstöbern meiner Festplatte manchmal frage, ob ich dieses oder jenes Foto tatsächlich selbst geschossen habe. Mein Leben war bunter als das Federkleid der Aras in Costa Rica und abenteuerlicher als alles, was ich mir für die nächsten Jahre ausgesucht habe. In einem Jahr werde ich anders darüber denken, aber jetzt, an diesem Morgen im Wald, ahne ich noch nichts davon.

Am Rande des Forstwegs, den ich entlangwandere, erhebt sich ein mächtiger Hang, überwachsen von kümmerlichem Unterholz und ausdruckslosen Fichten, die ihre flachen Wurzeln durch das Erdreich ziehen und die dünnen Äste voll dunkler Nadeln von sich strecken. Die schwache Morgensonne durchbricht die Kronen der hohen, schlanken Bäume und wirft ein Schattenmuster auf meinen Weg. Heimat ist für mich nicht zwangsläufig ein Ort, auch wenn ich den Großteil meiner Kindheit und das Leben zwischen all meinen Reisen hier im Schwarzwald verbracht habe. Ich habe das Gefühl, jeden Stein und jeden Baum zu kennen, und doch ist mir der Schwarzwald, ist mir Deutschland fremd. Und da ist noch etwas. Ein Gedanke. Im Grunde hat er überhaupt keine Daseinsberechtigung, dennoch spukt er in meinem Kopf herum. Nicht wie ein leises Gespenst. Eher wie ein Poltergeist. Laut. Unbarmherzig. Voller Abscheu wirbelt dieser Gedanke durch meinen Kopf und schreit und schreit und schreit: Der Schwarzwald ist mir peinlich! Deutschland ist mir peinlich! Heimat ist mir peinlich! Anderen Menschen davon zu erzählen, ich, die Mutige, Abenteuerlustige und Lebenshungrige, sei »nach Hause« zurückgekehrt, ist mir peinlich. Ich, die Kreative. Ich, die Selbstbestimmte. Ich, die einfach etwas andere. Zurück in der alten Heimat. Ich bleibe stehen und lasse meinen Blick über die sich wiegenden Baumkronen schweifen. Was könnte mein Selbstbild mehr erschüttern? Was, wenn irgendwer zu mir sagt: »Ich habe ja immer gewusst, dass du zurückkommst. Daheim ist es doch am schönsten!« Gleichzeitig weiß ich, dass dieser Gedanke nichts weiter ist als falscher Stolz: Mein Ego, das sich an ein Selbstbild klammert, dem ich längst entwachsen bin. Ist eine Weltreisende ein besserer Mensch als eine ganz normale junge Frau vom Land? Oder eine junge Frau, die sich aus freien Stücken für ein Leben auf dem Land entschieden hat? Nein. Natürlich nicht.

Eigentlich passen Schubladendenken und Schwarz-Weiß-Malerei gar nicht zu mir. Eigentlich. Ich senke den Blick und starre die geraden Stämme der Fichten am Wegesrand an. Gleichförmige Muster in der Rinde, Äste und Nadeln. Weiter nichts. Ich spüre die Verzweiflung in mir heraufkriechen. Um mich herum nichts als gewöhnliche, langweilige Bäume. Erschaffen ohne

Fantasie. Ohne Kreativität. Ohne Leidenschaft. Genau so, wie ich mir eine langweilige Dorfbewohnerin vorstelle. Tränen steigen mir in die Augen. Wut und Angst vibrieren in meinen zu Fäusten geballten Händen. Ich höre den Poltergeist in meinem Kopf kreischen: »Eine anspruchslose flachwurzelige Fichte im Schwarzwald? Das bist doch nicht du! Mach, dass du wieder fortkommst. Hier gehörst du nicht hin. Oder willst du eine von ihnen werden? Kerzengerade, uninspiriert und von der Muse nicht einmal mit einem feuchten Handkuss bedacht? Du bist doch ein seltener Kaktus in der Wüste! Oder ein Mangobaum im Urwald, wo kein Gewächs dem anderen gleicht. Wie kannst du dich jemals einfügen zwischen all diesen pragmatischen Standardgewächsen? Wie könnten sie dich glücklich machen?«

Ich schluchze, schüttle den Kopf und nehme all meinen Mut und meine Kraft zusammen. Lauter als erwartet rufe ich in das morgendliche Vogelkonzert: »Schluss damit! Ich werde lernen, mich selbst glücklich zu machen. Meine Leidenschaft zu leben. Eine Selbstständigkeit aufzubauen. Mir treu zu bleiben. Egal ob Fichte, Kaktus oder Mangobaum. Dazu brauche ich Kraft und Ruhe, und die finde ich hier. Genau hier.« Mit verschränkten Armen lasse ich mich auf einen Baumstumpf am Wegesrand plumpsen. Verstohlen blicke ich mich um. Niemand da. Zum Glück. Nur ich und mein nervtötender Poltergeist. Im Grunde müsste es mir völlig egal sein, ob mich jemand gehört hat oder nicht. Ist es aber nicht.

Das hippe Vanlife einer digitalen Nomadin in der Start-up-Phase, die quer durch Europa reist, hätte besser zu meinem Selbstbild gepasst. Mein Laptop, mein Van, mein Hund. Keine Miete, die es zu zahlen gibt, und trotzdem ein eigenes Reich.

Keinen Ort, den es zu pflegen gilt, und trotzdem die schönsten Gärten und Panoramen ganz Europas direkt vor der Tür. Klingt verführerisch, und für eine Weile macht es tatsächlich riesigen Spaß. Ich hatte all das. Zur Genüge. Schon in jüngsten Jahren als Tochter eines Schaustellerpaars, das in einem Wohnwagen umherzog, als es noch gar nicht in Mode war. Aber das hippe Vanlife bietet auch viel Potenzial für Ablenkung und dafür, Verantwortung abzugeben. Ich bin bereit für mehr. Hoffentlich ...

Im Winter 2018 in Costa Rica habe ich mich dazu entschieden, der Welt etwas zu geben, anstatt immerzu suchend über diesen Planeten zu huschen. Für mein Vorhaben brauche ich Ruhe, Kraft und so etwas wie Alltag, der es mir erlaubt dranzubleiben, langfristige Projekte in Angriff zu nehmen. Ob ich das hier schaffe, weiß ich nicht. Ob ich es überhaupt jemals schaffen werde, weiß ich nicht. Viel zu groß ist meine Angst vor einem allzu sesshaften Leben. Angst vor der Tristesse des Alltags. Vor Gewohnheit und ja, irgendwie auch vor Gewöhnlichkeit.

Aufgewachsen bin ich als Schaustellerkind. Mutter Handleserin, Vater Clown. Schon sehr früh bin ich allein hinaus in die Welt. Nervenkitzel, Leben am Limit, wenn man so will. Ein Tanz zwischen den Extremen. In den letzten Jahren habe ich viele Abenteuer erlebt, eine Ausbildung zur Zirkustrainerin abgeschlossen und einen Bachelor der Ethnologie und Geografie absolviert. Ich habe in verschiedenen Zirkussen weltweit gearbeitet, in einer Unternehmensberatung, in der Suchtprävention, als Clownslehrerin für Banker oder habe zur Abwechslung einfach mal per Anhalter die Türkei umrundet. So viele Lebensentwürfe sind mir schon untergekommen. So vielen Ideen und Vorstellungen bin ich hinterhergejagt. In Ägypten. In

Palästina. Im Libanon. In Indien. Jetzt will ich etwas aufbauen, das ich der Welt, die mir in den letzten Jahren so viel geschenkt hat, zurückgeben kann.

Jahrelang habe ich überall hineingepasst. In ein marokkanisches Berberzelt ebenso wie an den Empfangstresen einer geschmackvollen Brillenmesse oder in ein Waisenhaus in Kenia. Ich liebe mein Leben für diese Fülle an Eindrücken und Erfahrungen, und genau diese Abwechslung war es, die mich glücklich gemacht hat. Jetzt wage ich etwas mir völlig Neues: Einlassen. Dranbleiben. Langfristigkeit. Zurück im Schwarzwald gehe ich *all in*. Und das ist eine der bisher größten Herausforderungen meines Lebens.

Vor etwa einem halben Jahr habe ich in Costa Rica bei 35 Grad im Schatten unter Palmen gesessen, während in Deutschland matschgrauer Nieselschneeregen herrschte, und konnte das Paradies nicht greifen. Meine Schwester Magdalena war der Grund, warum ich überhaupt ans andere Ende der Welt geflogen war. Sie lebt dort. Seit einigen Jahren schon. Sie hat in Costa Rica ihr Bikini-Modelabel, ihre Hunde, ihren Mann Mauricio, ihr Leben. Ich hatte meine Abenteuer, meine tausend Versuche, etwas aus meinem Leben zu machen, und keinen Plan, wie es weitergehen würde.

Was ich habe, ist eine riesige Schatzkiste aus verschiedenen Erfahrungen und Ideen. Außerdem Feuer im Herzen, das in den letzten Jahren mal hier und mal dort gebrannt hat. In der schwülen Hitze Costa Ricas habe ich dann eine kleine, zaghafte Flamme in mir entfacht. Ein inneres Leuchten der Leidenschaft. Ich würde eine Selbstständigkeit anmelden und als Autorin arbeiten. Bücher schreiben, Artikel für Magazine und Zeitungen, Texte für Firmenkunden oder Imagefilme. Ich würde dranbleiben und all meine Kraft aufwenden, ohne Angst vor dem Scheitern. Aber ich fühlte mich noch nicht gut genug, vom Schreiben zu leben. Ich fühlte mich noch nicht erfahren genug, mir eine Selbstständigkeit aufzubauen. Ich fühlte mich noch nicht alt genug, um über Lebenserfahrung schreiben zu dürfen. Aber wann würde ich das sein? Mit sechzig? Oder achtzig? Oder auf dem Sterbebett?

In Costa Rica wurde mir im letzten Winter klar, dass all die Vorbehalte in meinem Kopf Ausreden waren, ein wunderbarer Eiertanz, den ich noch einige Jahre weitertanzen könnte oder den ich mit einer gehörigen Portion Mut in einen feurigen Tango verwandeln würde. Mit all meiner Kraft. Mit all meiner Abenteuerlust auf einer neuen, höheren Ebene. Mit einer klaren Entscheidung. Und so fasste ich einen Entschluss: Einfach anfangen, endlich machen, wonach ich mich tief in mir lange gesehnt habe.

Hier im kühlen, trockenen und ungefährlich-langweiligen Deutschland soll nun ein großes Feuer daraus werden. Hier will ich das Abenteuer Disziplin, Selbstständigkeit, Routine und Alltag auf mich nehmen, um meine Freude an Worten und an der Natur jeden Tag auszuleben. Ein Leben, das nicht jeden Tag neu und inspirierend ist, sondern arbeitsintensiv und im Grunde so langweilig, dass ich nicht umhinkomme, es mit meinen eigenen Geschichten und Gedanken spannend zu gestalten. Meine Leidenschaft für das Schreiben zu pflegen und zu schüren. Die kleine Flamme in mir endlich groß werden zu lassen.

Seit meinem Entschluss in Costa Rica sind etliche harte Monate ins Land gezogen. Viel Gras ist gewachsen, saftig grün geworden und zu duftenden Heuballen gepresst, die seit einigen Wochen in der Scheune lagern. Mit meinem Koffer voller Ideen und Lebenserfahrung bin ich im Frühjahr 2019 nach Deutschland aufgebrochen, um einfach mal anzukommen. Inzwischen ist der Sommer fast vorüber. Nein. Deutschland muss mir nicht peinlich sein. Meine Rückkehr in die »Heimat« muss mir nicht peinlich sein. Im Gegenteil. Ich weiß, wie schön es hier ist und dass ich stolz sein kann auf meinen Mut zu einem erfüllten, kreativen Leben. Egal wo. Egal auf welchen Wegen. Mein Poltergeist und seine Angst vor dem Scheitern können mich trotz aller Zweifel, die dazugehören, nicht mehr aufhalten.

Der Fichtenstummel mit seinen rau aufgesägten Jahresringen unter meinem Allerwertesten wird langsam unbequem. Inzwischen sind meine Tränen getrocknet, und meine Angst und meine Wut haben sich gelegt. Diese kleinen Ausbrüche habe ich öfter, seit ich in Deutschland gestrandet bin. Das geht vorbei. Hoffentlich. Ich blicke noch mal hinüber zu dem Fichtenhang auf der anderen Seite des Wanderwegs und spitze die Ohren. Mein Poltergeist scheint endlich die Klappe zu halten. Die Fichten wirken jetzt nicht mehr so bedrohlich auf mich in ihrer Eintönigkeit. Bäume eben.

Ich atme tief ein, springe wieder auf die Füße und klopfe meine Hose ab. Eigentlich hätte dieser Waldspaziergang länger werden sollen. Aber ich bin zu unruhig. Zu aufgewühlt. Außerdem ist es gut, dass ich überhaupt losgelaufen bin. Diese Morgenroutine mit dem Waldspaziergang, die ich seit ein paar Tagen versuche, in mein noch sehr unstetes Leben zu integrieren, ist eine große Herausforderung für mich. Oft genug vergesse ich sogar, dass ich eine Routine etablieren möchte, weil etwas anderes in meinem Kopf schon wieder viel wichtiger ist.

Das Knirschen meiner Sohlen auf dem nassen, sandigen Waldboden begleitet mich zurück zu dem alten Schwarzwaldhof, auf dem ich jetzt lebe. Ich höre nur meine Schritte, aber ich weiß ganz genau, dass mich jemand begleitet. Ich weiß es, auch wenn ich ihn gerade nicht höre. Der Poltergeist in meinem Kopf. Der Poltergeist, der sich niemals endgültig abschütteln lässt. Egal wohin auf dieser Welt ich gehe. Egal wie lange ich bleibe. Der Poltergeist, der mich seit meiner Kindheit begleitet und mir immer wieder sagt, wovor ich Angst haben muss. Was alles passieren könnte. Dass ich weiterziehen soll. Dass ich mich nicht einlassen darf. Dass ich hier nicht hingehöre. Er ist mir überallhin gefolgt. Eines aber nehme ich mir fest vor: Ich werde meine Entscheidungen nicht mehr von seinem Gekreische abhängig machen.

In meiner Familie sind wir stolz auf unsere Unabhängigkeit, auf unseren Eigensinn, auf die Kunst des unkonventionellen Lebens. Aber auch ein rastloses Herz kann lernen, für einen Moment innezuhalten. Abzuwarten, was sich entwickelt, wenn man sich mutig und ehrlich für die eigenen Leidenschaften entscheidet. Selbstbild hin oder her. Außenmeinung hin oder her. Auch ein rastloses Herz kann lernen, den Poltergeist für einen Moment zum Schweigen zu bringen. Mein Leben ist bis heute vielleicht nicht der Norm entsprechend verlaufen, aber ich weiß, dass ich nicht allein bin mit meinen Herausforderungen. Jeder Mensch hat einen Poltergeist im Kopf, der sich niemals wirklich abschütteln lässt. Und auch wenn jeder Poltergeist eine etwas andere Geschichte vor sich hinmurmelt, so haben sie doch alle etwas gemeinsam: Angst. Leid. Drama. In Dauerschleife. Aber ohne Leid auch keine Leidenschaft, und genau die gilt es jetzt zu entdecken.

Mein Plan heißt ankommen, um in eine neue, unbekannte Richtung aufzubrechen. Richtung Leidenschaft. Richtung Weiterentwicklung. Richtung Natur und gleichzeitig Richtung Selbstständigkeit.

»So ein Mist«, rufe ich und lasse die Griffe der rostigen Schubkarre los. »Jetzt habe ich auch noch die Zahnbürste vergessen!« Mit einem dumpfen Geräusch kommt der hintere Teil der Schubkarre auf dem Betonboden im Stallgang auf. Ich mache auf der Stelle kehrt, stolpere dabei über Patricks viel zu große Gummistiefel an meinen Füßen und grummle vor mich hin. Wo zur Hölle sind eigentlich *meine* Gummistiefel abgeblieben? Na ja, egal. Jetzt erst mal die Zahnbürste holen.

Diese Morgenroutine mit dem Waldspaziergang ist einfach zu zeitraubend. Braucht man das wirklich, wenn man sich eine Selbstständigkeit aufbauen will?

»Etabliere automatisierte, förderliche Gewohnheiten, und du wirst dich nach ein paar Monaten wundern, wie viel du geschafft hast«, das höre ich in jedem Podcast zum Thema Selbstständigkeit erneut. Schön und gut, aber dieser Waldspaziergang erscheint mir trotzdem zu zeitraubend. Und zu strapaziös für meine Nerven. Vor einigen Tagen haben mich die eintönigen Fichten sogar fast in den Wahnsinn getrieben, und ich habe mich selbst dabei erwischt, wie ich Bäume angebrüllt habe. Es mag Menschen geben, die Routinen beruhigen. Mich scheinen sie verrückt zu machen. Es stimmt schon, der allmorgendliche Spaziergang bringt mich immer wieder auf neue Ideen für mein Buch und all die anderen Visionen, die meinen kreativen Geist auf Trab halten. Der Spaziergang ermöglicht es mir, die wichtigsten Aufgaben des Tages in meinem Kopf zu sortieren. Aber das könnte ich doch auch zwischen Kaffee und dem hochfahrenden Laptop am Morgen schaffen, oder nicht? Ich werde mir das mit der Routine in jedem Fall nochmals genauestens überlegen müssen.

Mit Patricks riesigen Gummistiefeln an meinen Füßen kämpfe ich mich den Stallgang entlang, zurück in die Richtung, aus der ich gerade gekommen bin. Eigentlich will ich nur schnell duschen, und dann kann der Tag endlich beginnen, aber momentan sind die Dinge einfach ein wenig kompliziert. Der alte Mehrgenerationenhof, auf dem Patrick und ich leben und auf dem er aufgewachsen ist, hat sich als größere Herausforderung entpuppt, als gedacht. Nicht der Hof eigentlich, sondern das Chaos der Dinge, das uns hier umgibt. Patrick und ich sind selbst schuld daran und auf dem besten Weg, etwas an unserer aktuellen Situation zu ändern, aber momentan sind die Dinge eben, wie sie sind: die pure Anarchie.

Wir wohnen nicht im Haus. Das würde mein Poltergeist nun wirklich nicht zulassen. Von der großen, weiten Welt in ein Bauernhaus mitten im grünen Nirgendwo ziehen, mit einem Schwarzwaldbub an meiner Seite, mit Hühnern, Schafen und einem ganz gewöhnlichen Dorfalltag? Die pure Idylle. Zum Todlangweilen schön. Am besten gleich mit Schürzchen und

Kochlöffel hinter den Herd, und da bleibe ich dann für den Rest meines Lebens? Nein. In ein Haus möchte ich vorerst nicht ziehen. Viel zu groß ist meine Angst vor einem öden Alltag, der sich von Tag zu Tag gleicht. Viel zu schaurig sind die Geschichten, die mein Poltergeist mir einflüstert, wenn er mal gerade nicht schreit.

Vielleicht werde ich irgendwann ein mutigerer Mensch. Mehr als ein ritualisierter Waldspaziergang, um das, was ich *Alltag* nenne, zu erleben, ist seit einem halben Jahr aber nicht zumutbar. Und selbst dieser Vorsatz steht heute Morgen mächtig auf der Kippe.

Trotzdem. So wie jetzt kann und wird es nicht ewig weitergehen – Patrick und ich haben seit dem Frühjahr irgendwo zwischen drei verschiedenen Zirkuswagen, Autos, Küchen und Bädern gewohnt. Mein Hauptquartier hatte ich in den letzten Monaten in dem leer stehenden Wagen von Patricks Schwager hinter dem Hof. Patrick hingegen wohnte auf dem Nachbarhof in einem Wagen, den er noch während seiner Lehre als Zimmerer gebaut hat. Aber wir haben ein großes Ziel: ein eigener, gemeinsamer Zirkuswagen. Selbst gebaut. Von Grund auf. Ein Zirkuswagen ganz aus Holz am Waldrand mit wunderschönen hellen Oberlichtern und einem Kupferdach. Mit einer kleinen Terrasse und einem stilvoll eingerichteten Innenraum, den wir genau so gestalten, wie wir das möchten. Es ist ein weiter Weg dorthin, und gleichzeitig sind wir in den letzten Monaten gut vorangekommen.

Wir haben ein altes Lkw-Fahrgestell gekauft und gemeinsam mit seinem Bruder Gabriel, der ebenfalls hier auf dem Hof lebt und gelernter Schreiner ist, in monatelanger Arbeit eine wunderschöne Hülle auf das Gestell gebaut. Die Fenster sind noch notdürftig mit Plane zugeklebt, trotzdem sind Patrick und ich schon eingezogen. Ein großer Teil unseres Hab und Guts ist aber in den anderen beiden Wagen und in unseren Vans verteilt. Noch ist der neue Zirkuswagen nicht mehr als unser sporadischer Zweitwohnsitz mit einer Matratze auf dem Boden und einem kleinen Schreibtisch, an dem ich arbeiten kann, wenn es draußen im Outdoor-Homeoffice regnet.

Patrick und ich, das ist eine lange Geschichte. Wir sind beste Freunde seit Jahren. Egal wo auf der Welt ich mich herumgetrieben habe. Manchmal sind wir auch gemeinsam gereist. Mit dem Fahrrad von Österreich nach Istanbul oder mit dem Jeep durch die Provence. Aber irgendwann hat Patrick immer »Stalltrieb« bekommen, wie wir sein Heimweh liebevoll nennen. Ich hingegen musste weiterziehen. Wie hätte das mit uns funktionieren können? Also blieben wir Freunde. Egal wie sehr wir beide wussten, dass da vielleicht mehr ist. Mein Poltergeist weiß ganz genau, dass Patrick aufs Land gehört, dass er all die Wurzeln hat, die bei mir völlig verkümmert sind. Aber die Idee mit dem selbst gebauten Zirkuswagen hat uns beiden die Aussicht auf eine Lösung gegeben.

Mit dem Wagen habe ich endlich ein gutes Argument, das ich meinem Poltergeist an den Kopf schmettern kann, wenn er wieder einmal herumkeift, weil ich nun schon seit einigen Monaten im Schwarzwald lebe, anstatt den Winden zu folgen und mich hinaus in die Welt tragen zu lassen. Und Patrick konnte seinen eigenen Poltergeist mit dem Bau unseres Zirkuswagens davon überzeugen, dass ich dieses Mal bleiben würde.

Der Wagen ist ein Kompromiss aus Sicherheit und Freiheit. Wir können hierbleiben und trotzdem viel reisen. Ich kann meine Selbstständigkeit aufbauen, ohne gleich ein gutbürgerliches Dasein fristen zu müssen. Ohne Gartenzaun und ohne SAT-Schüssel. Nicht einmal eine Spülmaschine wird es geben. Der perfekte Plan also.

Inzwischen bin ich auf der provisorischen Treppe vor unserer Zirkuswagen-Baustelle angekommen, halte inne und betrachte das unfertige Bauwerk. Die horizontale Schalung aus original Schwarzwälder Lärche. Das Kupferdach, das mir rötlich entgegenglänzt und so ganz ohne Patina noch edel und frisch wirkt. Und direkt vor meiner Nase die geschlossene Haustür, die ich ganz besonders gerne mag. Patrick und Gabriel haben eine schöne alte Holztür aufgedoppelt, eigenhändig zweifach verglast und in die Vorderseite eine Sonne aus einzelnen Holzelementen eingelegt. Wie all das wohl aussehen wird, wenn wir endlich fertig sind? Ich greife an die schwarze Metallklinke, drücke die Tür auf und streife mir die Gummistiefel von den Füßen. Wenigstens das ist kein Problem mit diesen grünen Gummibooten, die Patrick seine Schuhe schimpft.

Gummistiefel sind für mich ein Muss hier auf dem Hof. Erstens, weil es selbst im Wald leichter ist, die Schuhe sauber zu halten, und zweitens, weil man so schnell und praktisch heraus- und wieder hineinschlüpfen kann. Ich husche über die Schwelle in unser Baustellen-Traumzuhause. Ein großer, noch weitgehend leerer Raum. Ein kunstvoll geschwungenes Dach aus hellen gebogenen Platten, das sich in der Mitte über die

Oberlichter erhebt. Den Wandaufbau und die Innenwände haben wir allesamt aus lokaler Fichte gezimmert. Unwillkürlich muss ich darüber schmunzeln, zu was ein so pragmatischer Baum alles imstande ist. Sind nicht auch die größten Künstler und Philosophen der Zeitgeschichte erst nach ihrem Tod zu voller Geltung gekommen?

Auf dem Eichen-Fußboden haben Patrick und ich mit Kreppband bereits die Umrisse der Möbel aufgeklebt, die wir über den Winter hier einbauen möchten. Dort hinten das Bett in einem halb abgetrennten Raum. Dazu ein paar Staufächer für unsere Klamotten und ein winziger Schreibtisch, auf dem mein Laptop Platz haben wird. Daneben das Bad und die Küche, sodass sich die Wasseranschlüsse alle in derselben Ecke tummeln und keine langen Leitungen entstehen.

Neben die Eingangstür bauen wir eine Garderobe und einen Esstisch mit zwei Bänken, und im Anschluss an die noch imaginäre Küchenzeile steht schon unser Ofen. Das erste und gleichzeitig wichtigste Möbelstück hat bereits Einzug gehalten. Eine antike Küchenhexe mit Herdplatten und einem Backofen, die Patrick aus einem alten Haus gerettet hat. Vor einigen Tagen habe ich am Ofenrohr-Durchbruch mein erstes Lehm-Mosaik an die Wand gezaubert. Bis jetzt ist es noch nicht von der Wand gebröckelt, und ich bin guter Dinge.

Neben der Küchenhexe wird ein Schreibtisch für Patrick stehen, und gegenüber bauen wir ein Sofa mit Schubfächern für weiteren Stauraum. Das muss uns reichen. Verglichen mit dem Leben im Wohnwagen oder Van wird dieser Zirkuswagen der pure Luxus werden. Wann hatte ich in meinem Leben das letzte Mal so viel privaten Platz inklusive einer eigenen

Küche und einem eigenen Bad? Ach ja – noch nie. Das wird großartig. Ist es schon!

Ich tappe hinüber zu meinem provisorischen Schreibtisch und schnappe mir die grellgrüne Zahnbürste, die in einem knorrigen Holzstück mit gebohrten Löchern, das eigentlich für meine Stifte gedacht ist, steckt. Gestern Abend habe ich mir mit einer Wasserflasche in der Hand auf der Bautreppe vor unserem Wagen in der Abenddämmerung die Zähne geputzt, um nicht wieder hinüber zum Bauernhaus laufen zu müssen. Ein ganz normaler Alltag eben. So, wie ich ihn kenne. Auf Reisen ist das auch nicht anders. Wovor hat mein Poltergeist noch mal Angst?

Schon bin ich wieder auf dem Weg zurück zur Schubkarre. Diese Schubkarre, die in den letzten Wochen zu meinem wichtigsten Begleiter geworden ist. Ständig schiebe ich damit Dinge vom Haus zum Wagen oder zu einem unserer Busse. Momentan besitzen wir neben zweieinhalb Zirkuswagen gleich drei Vans. Ein Baustellenfahrzeug, Patricks Urlaubs-Van und meinen »Vanlife-Van«, den ich nun wohl nicht mehr brauche. Ich werde ihn verkaufen, konnte mich nur noch nicht dazu durchringen, es auch tatsächlich zu tun.

Heute ist meine Schubkarre gefüllt mit dreckigem Geschirr, einem Berg Wäsche für die Waschmaschine im Keller des Wohnhauses, einer Garnitur sauberer Kleidung für nach dem Duschen und meinem Kulturbeutel, in dem hoffentlich nur die Zahnbürste gefehlt hat.

Auf dem Rückweg zum Bauernhaus läuft mir Patrick mit seinem Strubbelkopf über den Weg. Ich bin seinen schwankenden Cowboygang gewohnt, aber heute Morgen schwankt er besonders stark. Als ich an ihm herunterblicke, erkenne ich den Grund für seine seltsame Gangart: Patrick hat sich in meine viel zu kleinen Gummistiefel gequetscht.

»Guten Morgen«, sage ich und lache, während Patrick aus meinen Gummistiefeln steigt. Ich tue es ihm gleich, und in Wollsocken tapsen wir über das taunasse Gras, um in das jeweils andere Schuhwerk zu schlüpfen. Wir wundern uns nicht einmal darüber. Jetzt, wo ich meine eigenen Gummistiefel wiederhabe, fühle ich mich trotz feuchter Socken in den Stiefeln schon besser. Was für ein kompliziertes Leben. So geht es nun schon seit Wochen. Anheizen für den Drucker, damit er überhaupt auf Betriebstemperatur kommt, Schuhe, die auf mysteriöse Weise verschwinden, und ständig überlege ich, wo ich welche Dinge zuletzt benutzt habe, um sie wiederzufinden.

»Guten Morgen! Gut geschlafen?«, fragt Patrick. »Wir können gleich die alten Fenster von der Scheune holen, die wir gesammelt haben. Hast du Zeit?«

»In einer Viertelstunde in der Scheune?«, sage ich und grinse. Auf die alten Fenster freue ich mich schon lange.

»Freu dich nicht zu früh, wir müssen sie alle einzeln abschleifen, ausbessern, einölen und die neuen Scheiben verkitten. Das werden ein paar Stunden Arbeit.« Eilig läuft er weiter in Richtung Holzbeige.

Ich stehe noch einen Moment auf der Wiese, hebe den Arm und betrachte die Zahnbürste in meiner Hand. »Schon mal Fenster geschrubbt?«, frage ich sie, aber das borstige grellgrüne Ding gibt keine Antwort. Schade, so zerzaust, wie sie aussieht, hätte ich ihr beinahe genügend Charakter zugetraut, mir zu antworten. Achselzuckend stecke ich die stumme Zahnbürste in meine Hosentasche und laufe endlich stolperfrei in passgenauen Gummistiefeln zum Bauernhaus.

Zehn Minuten später betrete ich mit nassen Haaren, immer noch nassen Socken in den Gummistiefeln und frisch geputzten Zähnen die alte Scheune neben dem Wohnhaus. Heute Morgen war die Dusche nur lauwarm. Das passiert in der Übergangszeit zwischen Sommer und Herbst oft, wenn das Anheizen für die Hofbewohnerinnen noch keine Routine ist, sondern sich erst wieder als Gewohnheit etablieren muss. Etablierte Gewohnheiten ... So was aber auch.

Patrick ist schon an Ort und Stelle und wuchtet ein großes altes Eichenfenster von einer provisorisch aus Planken zusammengeschraubten Zwischenebene in der Scheune. Dabei balanciert er auf einem dreihundert Jahre alten Balken in einigen Metern Höhe, die Gummistiefel an den Füßen und eine ganze Menge Staub auf dem Pullover. Milliarden kleiner Partikel tanzen in der Sonne, die durch Ritzen im Dach in das alte Gebäude dringt.

»Kannst du mal abnehmen?«, ruft er zu mir herüber, als eine knarzende Bodendiele meine Anwesenheit verrät.

»Meinst du meinen Bauchspeck oder eher so das Doppelkinn?«, frage ich und taste kritisch prüfend die jeweiligen Stellen an meinem Körper ab.

»Oh, Mann!«, gibt er zurück. »Komm jetzt, das Ding ist schwer.«

In zwei großen Sprüngen stehe ich unter dem Balken und strecke meine Arme dem alten Eichenfenster entgegen, das langsam aus Patricks Händen in meine rutscht. Stroh, Staub und Spinnweben rieseln auf meinen Kopf und in meine heftig blinzelnden Augen, und ich frage mich, warum ich mich hier draußen auf dem Land überhaupt noch duschen sollte. Egal wie sauber ich mich schrubbe, fünf Minuten später ist alles für die Katz. Nun gut, in Zentralamerika ist Duschen auch nicht sinnerfüllter, weil fünf Minuten nach dem Abtrocknen schon wieder Schweißtropfen von der Stirn perlen, wenn man sich auch nur ein wenig in der schwülen Hitze bewegt.

Ich lehne das tatsächlich sehr schwere Eichenfenster an einen Stützbalken und mache mich bereit für die nächste Fuhre Staub und Eichenfenster von oben.

Wir hätten ja auch einfach neue, maßgefertigte Fenster besorgen können. Ohne Staub, ohne Stress, ohne all die Arbeit, die so ein altes Ding beim Restaurieren macht. Irgendwie wollen wir es aber selbst nicht anders. Wir fordern vom Leben immer wieder, herausgefordert zu werden. Und das ist vielleicht eins der Dinge, die Patrick und mich trotz unserer Gegensätzlichkeit seit Jahren verbindet.

Inzwischen hat der Spätsommer im Schwarzwald Einzug gehalten, und die Arbeiten an unserem Zirkuswagen gehen gut voran. Ein sachter Wind bringt die Notizzettel auf der langen Holztafel vor mir zum Zittern. Mit einer gezielten Handbewegung rette ich die beschrifteten Blätter vor ihrer Flugstunde im Wind und beschwere sie mit einem großen, runden Kieselstein. Neben dem flatternden Stapel aus altmodisch analogen Notizen, von denen ich einfach nicht loskomme, leuchtet mein Laptop schwach im Tageslicht, flankiert von einer Tasse dampfendem Kaffee mit Milchschaum. Dieser Schaum ist wohl der Grund, warum unsere Gäste nur noch selten nach Kaffee fragen. Schafsmilch im Kaffee ist vielleicht etwas gewöhnungsbedürftig, aber Patrick und mich stört der bockige Geschmack nicht. Die Milch kommt von Patricks Bruder, der sich mit seiner Familie auf einem eigenen Schwarzwaldhof fast komplett selbst versorgt und regelmäßig Tauschgeschäfte mit uns macht. Zwar haben wir eigene Schafe, aber die melken wir nicht. Vielleicht fangen wir irgendwann damit an, momentan bin ich aber froh, nicht jeden Tag ans Melken gebunden zu sein. Längere Reisen wären dann nicht mehr drin.

Zum Arbeiten im Grünen trinke ich trotzdem gerne Schafskaffee. Irgendwie passt die ehrliche, etwas bockige Schafsmilch besonders gut zu dem Platz unter der alten Buche im Hof, den ich mir als Outdoor-Homeoffice auserkoren habe. Frische Luft, ein paar Fliegen und jetzt im September massenweise Bucheckern, die in den Ritzen zwischen der Computertastatur hängen bleiben oder im Milchschaum meines Kaffees schwimmen. Heute sind es gar nicht so viele, fällt mir auf. Vielleicht huschen dafür demnächst wieder vermehrt die Eichhörnchen um die Bäume. Im Outdoor-Homeoffice ist immer etwas los, egal welches Plätzchen ich mir aussuche. Ich habe schon jeden Winkel dieses Hofes und die gesamte Umgebung bis hinüber zum Fluss auf seine Office-Tauglichkeit getestet, aber das gute WLAN aus dem Bauernhaus unter dieser Buche ist und bleibt das unschlagbare Argument.

Zufrieden darüber, dass ich endlich ein wenig Zeit für meine Arbeit gefunden habe, beende ich gerade einen Artikel für ein

Onlinemagazin. Danach geht es heute laut Plan mit dem Konzept für die Überarbeitung meiner Website weiter. Ich überlege, welche Rubriken wirklich sinnvoll sind und ob ich nicht doch einige Inhalte streiche. Alles, was ich bis jetzt über die Selbstständigkeit, über Onlinemarketing oder unternehmerische Strategien weiß, lerne ich in Podcasts, Büchern, Webinaren und den Gesprächen mit Menschen, die ähnliche Dinge tun wie ich.

In der Hoffnung, noch einen aussagekräftigen Schlusssatz für meinen Artikel in die Tasten zu hauen, hebe ich den Kopf und lasse meinen Blick auf der Suche nach Inspiration über die sich langsam herbstlich bunt färbenden Buchen schweifen. Es wird schon Herbst. Tatsächlich Herbst. Im Frühling bin ich nach Deutschland gekommen, und sechs Monate später sitze ich noch immer im Schwarzwald. Ist das ein Grund zur Freude oder der endgültige Beweis dafür, dass ich langweilig und träge geworden bin? Was habe ich erreicht seit meiner Strandung in Deutschland? Wie abenteuerlich ist das Landleben wirklich? Eine angemeldete Selbstständigkeit, die auf meinem Konto noch keine Höhenflüge ausgelöst hat. Eine Stelle bei einem Onlinemagazin als Autorin. Ein halb fertiges Buchmanuskript und eine selbst gebastelte Website, die am Newsletter zu scheitern droht. Manchmal qualmt meine Flamme der Leidenschaft bedrohlich. So als würde sie gleich verrauchen wollen. Drei Jahre dauert es, so sagt man, mit einer neuen Idee beruflich Fuß zu fassen. Drei Jahre, in denen ich mir selbst verbieten muss zu zweifeln. Drei Jahre Sturheit, einfach machen und Rückschläge ausblenden. Hinzu kommt der große neue Bereich Landleben, der in der Start-up-Phase von Berliner Großstädterinnen wegfällt. Die landwirtschaftlichen Aufgaben, die mir auf diesem Schwarzwaldhof zugefallen sind, füllen nicht selten den größten Teil meines Tages aus. Je nach Jahreszeit. Da gibt es Apfelsaft zu pressen und einzukochen, Heu zu machen, Nüsse zu sammeln und zu knacken, Beete vorzubereiten, Gemüse anzupflanzen, zu ernten und einzukochen, Obstbäume und Sträucher zu schneiden, Schafe zu scheren, Klauen zu schneiden, die kleine Schafherde auf neue Weiden zu bringen und einzuzäunen, Futterraufen zu bauen und regelmäßig zu befüllen und Stallgänge zu fegen, und ganz nebenbei wartet unser Zirkuswagen auf seinen Innenausbau. Obendrein gibt es dann ja noch die ganz alltäglichen Dinge, die auch Großstadtberliner zu erledigen haben: Kochen, Putzen, Wäsche waschen. Wobei der Döner um die Ecke sicherlich eine gute Alternative zum trauten Herd darstellt. Wo aber sollte ich hier einen schnellen Imbiss auftreiben? Die Karotten muss ich erst aus der Erde ziehen, mit einer Wurzelbürste sauber schrubben und schälen, wenn mir nach einem schnellen Snack zwischendurch ist. Vor einigen Wochen haben Patrick und ich in eine Nudelmaschine investiert. Seitdem stellen wir unsere eigenen Nudeln aus regionalem Dinkelmehl einer nahe gelegenen Mühle mit den Eiern unserer Hühner her. Dazu massenweise Tomatensoße aus eigener Produktion oder Bärlauch-Pesto frisch aus dem Wald mit selbst geknackten Walnüssen. Ein schneller Imbiss sieht anders aus. Selbst wenn es sich nur um Spaghetti mit Pesto handelt. Aber wir wollen es so. Zu wissen, was wir essen, ist für uns ein ebenso großer Luxus wie die Möglichkeit, einfach einen schnellen Döner zu besorgen. Zugegebenermaßen hält Patrick aber trotzdem nur allzu gerne an einer duftenden Dönerbude an, wenn er mit seinen Handwerkerkumpels unterwegs zu einer Baustelle ist. Zu seinem Leidwesen stellt er dann aber immer öfter fest, dass der Salat im Dönerbrot nicht so knackig und frisch schmeckt wie der direkt aus unserem Garten. Dann beschwert er sich darüber, dass wir so gesund essen und dass Döner, Fertigpizza und Dosenravioli einfach nicht mehr so gut schmecken wie früher. So ist das eben. Wo Licht ist, da ist auch Schatten. Aber mit diesem Schatten leben wir meist sehr gern.

Im Gegensatz zu einer ganz normalen Start-upperin (okay, wie nennt man so was?) habe ich neben all dem Aufwand, den wir hier freiwillig betreiben, noch täglich damit zu tun, innerlich zwischen den Welten hin und her zu springen. Schnelligkeit und Pragmatik sind beim kreativen Schreiben und Konzeptionieren nicht gerade das Mittel der Wahl. Beim Ausmisten des Hühnerstalls hingegen ist weniger die Kreativität gefragt als vielmehr die Pragmatik. Im Hühnerstall wird eben getan, was getan werden muss.

Ein plötzlicher Schauer durchfährt mich. Die Hühner!

Eine kleine Explosion in der Magengegend zieht sich kribbelnd bis in meine Fingerspitzen. Wann habe ich die Hühner eigentlich das letzte Mal gefüttert? Seit letztem Monat pfeife ich auf mein Morgenritual mit dem Waldspaziergang, und seitdem vergesse ich ganz offensichtlich auch all die Dinge, die mit Routine verbunden sind. Jetzt. Sofort. Füttern. An etwas anderes kann ich nicht mehr denken. Ich senke den Blick, starre auf den Artikel auf meinem Bildschirm und versuche krampfhaft, einen grandiosen letzten Satz in die Tasten zu tippen. Eigentlich wollte ich den Artikel heute abschicken, aber meine Muse und meine Kreativität haben sich gerade eben einvernehmlich mit meiner Konzentration dazu entschieden, Hand in Hand das Weite zu suchen. Was, wenn die Hühner schon längst verhungert sind? Wann war ich das letzte Mal bei ihnen? Vor zwei Tagen? Drei?

Ich habe das Gefühl, es käme auf Sekunden an, und am liebsten würde ich sofort losrennen und bergeweise Körner in den Hühnerstall werfen. Der Hühnermist türmt sich sicherlich schon bis unter die Stangen. Abgabefrist hin oder her. Fluchend klicke ich auf das kleine Zeichen mit der Diskette in der oberen Ecke des Worddokumentes, um den Text zu speichern. Eine Diskette? Im Ernst? Ist das noch zeitgemäß? Ach, was soll's. Hektisch schwinge ich die Beine über die lange Holzbank, werfe zur Sicherheit einen weiteren Stein auf meine Notizen und renne los zum Hühnerwagen auf der Wiese hinter der Scheune. Im Stallgang tausche ich in Windeseile meine Straßenschuhe gegen die allzeit bereiten Gummistiefel und stürme weiter.

Ich springe ein paar Stufen empor und reiße die Tür des Hühnerwagens auf. Der vertraute Geruch von Hühnermist steigt mir beißend in die Nase. Unter den Stangen, auf denen die Hühner zu übernachten pflegen, haben sich die Ausscheidungen zu Miniatur-Bergketten aufgetürmt, und im Futtertrog ist kein einziges Körnchen mehr. Als ich den Wagen betrete, stürzen die sonst so scheuen Hühner hungrig auf mich zu und gackern und flattern wie wild umher. Ich bin kurz davor, in Tränen auszubrechen. Warum muss ich nur immerzu an mich und meine Selbstständigkeit denken? An Existenz und persönliche Weiterentwicklung, während ich andere Existenzen durch mein unaufmerksames Verhalten beinahe zugrunde richte. Ja, Leidenschaft ist wie das Feuer. Sie kann ersticken, wenn wir nicht nachlegen, oder so hoch lodern, dass man sich und andere an ihr verbrennt. Ich scheine sogar beides gleichzeitig zu schaffen. Vielleicht bin ich einfach nicht gemacht für die Verantwortung auf einem Hof? Oder für das hippe Start-up-Leben? Vielleicht ist das Abenteuer Alltag, Verantwortung und »Dranbleiben« einfach eine Nummer zu groß für mich? Was hat eine kreative Abenteurerin wie ich auch in einem Hühnerstall im Schwarzwald verloren? Aber in diesem Moment bleibt mir keine Zeit zum Zweifeln. Ich muss handeln. Jetzt.

Mit einem dicken Kloß im Hals schöpfe ich eilig Körner aus einer Tonne im hinteren Eck des Hühnerstalls und schütte sie in den Futtertrog. Sofort stürzen sich die hysterischen Hühner auf den von der Decke herabhängenden Behälter und picken eifrig nach den Körnern. Das Gefäß mit dem Hühnerfutter hängt immer von der Decke herab, damit Ratten und Mäuse keine Chance haben, sich hier einzunisten und an der Snackbar auch noch ihre Großfamilien durch den Winter zu bringen.

Mein Blick fällt auf das bereits von Algen grün gewordene Wasser in der Tränke, und ich versuche, den Kloß in meinem Hals irgendwie herunterzuwürgen. »Es ist alles gut. Nichts passiert«, versuche ich mir einzureden. Die Hühner leben noch. Aber noch einmal darf mir das nicht passieren. Ich muss mich entscheiden. Mich besser kümmern. Selbst wenn ich dafür in Kauf nehme, dass aus den drei Jahren Start-up-Phase vielleicht fünf werden.

Während ich den Hühnermist vom Boden kratze und mit einem feuchten »Pflatsch« von der Schaufel in die Mistwanne schleudere, wird das hysterische Flattern und Picken der

Hühner am Futtertrog langsamer, und mit den Tieren versuche auch ich mich zu beruhigen. Lösungsorientiert zu denken. Nein, mein Poltergeist kommt heute nicht durch mit seinen Zweifeln! Vielleicht bin ich so vergesslich, weil ich mir doch zu viel Druck mit all meinen Plänen zwischen digital und analog mache? Zwischen Landleben, Selbstständigkeit und Zirkuswagenbau. Andererseits – war ich nicht schon immer einfach eine Königin des gepflegten Chaos?

Gut möglich, dass mein Weg schlussendlich völlig anders aussieht als der von irgendwelchen Unternehmerinnen, die in Podcasts ihre Lebensgeschichte erzählen. Die wenigsten von ihnen leben zwischen Schafen, Hühnern und Heumaschinen. Und auch wenn ich in Momenten wie diesen am liebsten einfach alles hinwerfen würde, spüre ich doch, dass mir das naturnahe Leben, das ich hier führen darf, unendlich wertvoll und unverzichtbar geworden ist. Ich muss meinen eigenen Weg finden, und vielleicht trifft ja auch nicht alles, was allgemeingültig angenommen wird, auf mich zu. Nicht alles, was die selbst ernannten Experten und Expertinnen der Selbstständigkeit in all den Webinaren und Podcasts erzählen, kann ich auf mein Leben übertragen. Ich kann mir Tipps und Inspiration im Netz und in Gesprächen mit anderen Menschen holen, aber die eigentliche Strategie für mein Leben kann ich nur in mir selbst finden. Jede Lebenssituation ist einzigartig, und so gibt es keine fertigen Antworten im Außen auf meine Fragen im Innen. »Erfolg« bedeutet für mich im Grunde, einfach glücklich zu sein. Und auch wenn es manchmal selbst für mich nicht danach aussieht, weiß ich, dass ich nur in der Natur dauerhaft glücklich bin.

Plötzlich bemerke ich ein sachtes Kitzeln auf meiner Hand. Neugierig schärfe ich meinen Blick, kann aber nichts erkennen. Seltsam. Ich spüre es doch. Eindeutig. Mit zu Schlitzen verengten Augen hebe ich meine Hand noch näher an mein Gesicht, und da entdecke ich sie tatsächlich. Ein paar winzige blassweiße Käfer bahnen sich ihren Weg über meine Haut. Ruckartig wische ich die krabbelnden Pünktchen weg. Da. Auf meinem Pullover sind noch mehr davon. Kaum zu sehen, und dennoch eindeutig. Ich springe auf und schüttle die Ärmel und den Saum meines Pullovers. Plötzlich kribbelt mein ganzer Körper in einem Schauer von Ekel. Was zur Hölle ist das? Mit den Augen suche ich den Hühnermist, die Stallwände, die Stangen und Ritzen ab, und je genauer ich hinsehe, desto deutlicher erkenne ich sie. Überall. In jeder Ritze krabbeln die kleinen Käfer, und zwischen ihnen haben sich ganze Nester aus Tausenden winzigen, schwarzen Punkten gebildet. Wie konnte ich diese Invasion zuvor nur übersehen? Ich wische und schüttle mich ununterbrochen. Plötzlich will ich einfach nur raus aus diesem Stall.

»Igitt!«, rufe ich und rette mich vor die Tür des kleinen Hühnerwagens. Draußen zücke ich mein Handy, öffne den Browser und tippe: »Ungeziefer Hühner«. Sofort werden mir endlos viele Artikel über Mittel gegen Hühnermilben angezeigt. Milben? Für Menschen sind sie wohl ungefährlich, aber für Hühner eine echte Plage. Das muss es sein! Die Krabbeltiere auf den Vergrößerungsfotos im Internet kommen den Winzlingen im Hühnerstall verdächtig nahe. Milben sind laut Internet kein seltenes Phänomen. Sie leben in den Ritzen der Hühnerställe, zwischen den Schuppen der Klauen und auf der Haut unter den Federn und quälen das Federvieh mit ihrem Blutdurst. Spatzen können die Milben einschleppen, und von diesen Ratten der Lüfte gibt es hier auf dem Hof genug. Irgendein weißes, nicht-chemisches Pulver mit einem unaussprechlichen Namen soll helfen, um gegen die Biester anzukommen. Außerdem muss der Stall in den Ritzen und an den Wänden regelmäßig mit einem Bunsenbrenner von den Milben und ihren winzigen Eiern befreit werden.

»Wenn in diesem Wagen jemand Eier legt, dann sind das ausschließlich die Hühner!«, höre ich mich voller Entsetzen rufen. Und vielleicht unsere Gänse, sobald sie alt genug sind, füge ich in Gedanken hinzu. Ich stehe in der Herbstsonne und überlege, was zu tun ist. Das Kribbeln auf meinem Körper, von dem ich mir die Hälfte sicher nur einbilde, wird nicht weniger. Am liebsten würde ich sofort unter die Dusche rennen und den Hühnerwagen einfach nie wieder betreten. Tolles Landleben! Aber die Lösung für das akute Milbenproblem liegt im Grunde glasklar vor mir: Hygiene! Mehr Hygiene bei den Hühnern. Ich versuche, mich zusammenzureißen und meinem Ekel nicht zu viel Aufmerksamkeit zu schenken. Jetzt ist es ohnehin zu spät. Jetzt krabbeln diese Miniaturlebewesen schon überall auf mir herum. Blutegel, Zecken und Läuse sind doch eigentlich schlimmer. Die Milben tun mir so schnell nichts. Ich mache auf dem Absatz kehrt und marschiere hoch erhobenen Hauptes zurück in den Stall. Was soll's? Ich werde diesen Stall bis in die letzte Ritze ausmisten. Ich werde die Verantwortung übernehmen für das, was ich selbst vermasselt habe, und sobald die letzte Schaufel Mist abtransportiert ist, kann ich duschen und mir überlegen, wie ich weitermache. Das Internet hat mir ein wenig Mut gemacht. Zumindest bin ich nicht die einzige unerfahrene Hühnerfee mit diesem Problem. Inzwischen scharren die Hühner schon wieder zufrieden im Auslauf vor dem Stall im Sandbad umher. Ganz so schlecht scheint es ihnen auch mit den paar Milben im Gefieder nicht zu gehen. Also überlebe ich das jetzt auch.

Als ich fertig bin und die Mistwanne schier überquillt, schleppe ich das höllisch schwere Ding zum Misthaufen. Zwischendurch muss ich dreimal absetzen und verschnaufen. Warum habe ich ausgerechnet jetzt nicht an die Schubkarre gedacht? So viel Mist auf einmal hat mit Sicherheit noch nie irgendwer aus diesem Stall geholt.

Nachdem ich den Berg in der Wanne endlich auf dem Misthaufen abgekippt habe, renne ich sofort los in Richtung Bauernhaus. Keine Sekunde länger will ich diese Milben auf meiner Haut und vielleicht sogar in meinen Haaren herumkrabbeln lassen. Vor der Tür zum Haus halte ich inne und schaue mich zu allen Seiten um. Niemand hier. Ich zucke mit den Schultern, entledige mich kurzerhand bis auf die Unterwäsche meiner Klamotten und stürme hinein. Hauptsache, diese Viecher kommen nicht auch noch mit ins Haus. Patrick steht in der Küche und spült ein paar verkrustete Pfannen von vorgestern. Die Küche in unserem Zirkuswagen ist noch lange nicht fertig, und so nutzen wir meist diese hier. Außer ihm ist zum Glück niemand anwesend. Als er mich erblickt, macht sich ein Grinsen auf seinem Gesicht breit. »Was, bitte, hast du vor?«, fragt er lachend.

»Duschen!«, rufe ich und renne weiter in Richtung Badezimmer.

»Du wirst vergesslich«, ruft er mir nach. »Du hast doch vorhin erst geduscht!«

»Nicht witzig!«, brülle ich zurück und renne weiter. Wenn der wüsste, wie recht er mit meiner Vergesslichkeit hat! Erst als ich mich von oben bis unten mit Seife einreibe, lässt der Ekel nach. Eigentlich war ich immer der Meinung, ich hätte ein Naturherz. Ich dachte immer, ich würde die Natur lieben. In Momenten wie diesen aber frage ich mich, ob ich Natur nicht doch lieber im wohlgepflegten Stadtpark, im Zoo oder gleich im Fernsehen genießen will, anstatt mich mit irgendwelchen Hühnerparasiten auf meinem Körper herumzuschlagen. Aber für diese Art Lebensentwürfe kenne ich mich doch zu gut.

»Ich habe Lust auf frischen Hefezopf. Du auch?«, fragt Patrick, als wir früh am nächsten Morgen den schmalen Feldweg zwischen dem Hof von Patricks Eltern und dem Nachbarhof entlangschlendern. Ole, unser treuer vierbeiniger Begleiter, tapst munter umherschnuppernd einige Meter voraus.

»Hab schon verstanden. Du besorgst das weiße Pulver, ich den Proviant«, gebe ich zurück. In meinem Kopf bin ich seit meiner schaurigen Entdeckung gestern im Stall nur noch bei den Hühnern. Und meinen Selbstzweifeln. Heute habe ich schon zweimal nach ihnen geschaut. Ohne den Hühnerwagen zu betreten, versteht sich.

Patrick hingegen denkt schon wieder einfach nur an Essen. Er hat immer Hunger. Manchmal frage ich mich, ob er in seinem Körper irgendeinen Mechanismus eingebaut hat. Ein schwarzes Loch, das sämtliche Hefezöpfe, Butterbrote oder Nudelberge in Luft auflöst, die Patrick den lieben langen Tag verdrückt.

»Ja, das wäre toll, dann sind wir schneller fertig mit allem und können frühstücken. Ich muss mit dem Nachbarn noch ein paar Dinge besprechen wegen unseres kaputten Traktors. Und Kieselgur bekommen wir auch von ihm«.

Kieselgur. Warum kann ich mir dieses Wort eigentlich nicht merken? Kieselgur, das ist ein extrem feines, weißes Pulver, das den Milben das Leben schwer macht, und mit viel Geduld und Pflege kann man das Ungeziefer auf diese Weise wieder loswerden. Das ist auch der Grund, warum Hühner es lieben, sich in feinem Sand oder staubiger Erde zu wälzen. Ihre Art von Körperhygiene. Auf Dusche und Shampoo halten sie ja nicht so viel.

Die Nachbarsfamilie, die in ihrem Hofladen unter anderem eigene Eier verkauft, wird uns vorerst aus der Patsche helfen. Die erste Portion Kieselgur für den Hühnerwagen bekommen wir von ihnen, und dann sollte unsere Bestellung aus dem Internet auch angeliefert worden sein. Milben sind zwar nicht nett, aber im Gegensatz zu dem Ungeziefer, das ich in Indien oder Kenia kennenlernen musste, haben diese winzigen Krabbeltiere nicht gerade viel auf dem Kasten.

Das Milbenproblem kennen sogar Hühnerhalterinnen, die in ihrem Kopf nicht permanent mit ihren freiberuflichen Tätigkeiten, mit Büchern und Zukunftsplänen beschäftigt sind. Seit der Ekel und der Schreck abgeklungen sind, habe ich neuen Mut gefasst.

Dennoch frage ich mich, wie ich einen Weg finden soll, Landwirtschaft und Selbstständigkeit dauerhaft sinnvoll zu verbinden. Will ich einfach zu viel? Oder ist Vereinbarkeit schlussendlich eine Frage von Fokus und Vorstellungskraft? Ich muss ja nicht die fleißigste Landwirtin der Welt, gleichzeitig die erfolgreichste Autorin Deutschlands, die erfahrenste Zirkuswagenbauerin Europas und die talentierteste Geschäftsfrau im ganzen Universum sein. Reicht es vielleicht ganz einfach, dass mir mein Tun Freude bereitet und anderen Lebewesen in irgendeiner Form dienlich ist? Die analoge und auch die digitale Welt bieten so viele Plattformen und Möglichkeiten, mich über mein Tun, meine Träume und Visionen auszutauschen. Gleichzeitig bieten beide Welten aber auch die Gefahr, sich ständig mit anderen Menschen zu vergleichen. Meist sehen wir dann aber nur eine Momentaufnahme, die nichts mit dem wirklichen Leben in all seinen Facetten zu tun hat.

Mein Leben hier im Schwarzwald, egal wie chaotisch es noch sein mag, schenkt mir jedoch jeden Tag etwas, das immer authentisch, immer ehrlich und in einer unperfekten Perfektion ganz ohne Fassade ist. Dieses Etwas können wir überall auf der Welt finden: die Natur mit ihren Elementen. Sie ist nicht immer schön. Sie ist nicht immer perfekt. Manchmal ist sie voller Milben und stinkendem Hühnermist. Manchmal aber auch voll atemberaubender Panoramen und überwältigender Wunder der Schöpfung. Sie folgt ihrem eigenen Kreislauf, ohne ihr Tun zu hinterfragen. Vielleicht ist sie deshalb auch so heilsam für uns Menschen.

Mit einem Korb voll Brot, Käse, etwas Obst und Gemüse stehe ich vor dem Hofladen der Nachbarn und schaue mich nach allen Richtungen um. Ole, der artig draußen gewartet hat, rennt schwanzwedelnd auf mich zu und benimmt sich wieder einmal, als hätte ich ihn ein ganzes Jahr draußen vor der Ladentür alleingelassen.

»Oh, du armer, armer Hund!«, rufe ich lachend und kraule den vor Freude fiependen Border-Collie-Shepherd-Mix hinter den Ohren. Patrick ist noch mit dem Nachbarn in der Scheune beschäftigt. Ich beobachte die beiden einen Moment durch das offene Scheunentor und überlege, ob ich mich zu ihnen gesellen soll. Technische Debatten über Traktormotoren sind allerdings nicht gerade mein Spezialgebiet, obwohl ich sicher noch vieles über Landwirtschaft lernen werde. Aber momentan steht mir nicht der Sinn danach. Also entscheide ich mich, diesen Augenblick der Ruhe zum Nachdenken zu nutzen. Heute werde ich endlich den Artikel abschicken, den ich gestern am späten Abend doch noch fertiggestellt habe, dann bastle ich weiter an meiner Website und beginne, wenn möglich, mit einem neuen Buchkapitel. Dazu möchte ich mir nochmals alle Notizen auf meinem Handy durchlesen. Immer dann, wenn die Inspiration mich mit einer neuen Idee unverhofft beglückt, tippe ich alles sofort in meine App, damit bloß nichts verloren geht. Meist klopft die Inspiration in den seltsamsten Momenten an. Beim Autofahren. Kurz vor dem Einschlafen. Oder wenn ich Geschirr spüle. Inspiration ist unberechenbar, und sie liebt die Momente, in denen der Geist entspannt ist. Das charakteristische Merkmal von spontanen Einfällen und kreativen

Ideen ist allerdings, dass sie meist genauso schnell wieder verschwinden, wie sie aufgetaucht sind. Ideen, egal wie verrückt sie erscheinen, müssen also sofort eingefangen und notiert werden, und damit füllt sich meine Schatztruhe aus Einfällen fast täglich. Manche sind brauchbar. Andere dann doch eher nicht. Wie oft ich mich schon geärgert habe, wenn ich frühmorgens aufwache und genau weiß, dass ich abends beim Einschlafen einen guten Einfall hatte, aber einfach nicht mehr in der Lage bin, mich daran zu erinnern. Unstetigkeit wird nicht nur im Landleben, sondern auch in kreativen Jobs bestraft. Immerhin habe ich damit eine Gemeinsamkeit zwischen diesen beiden Welten gefunden.

Ich zücke mein Handy und schlendere auf einen großen Findling zu, der sich gegenüber vom Hofladen in der herbstlichen Morgensonne aalt und damit ein optimales Plätzchen für mich bietet. In der Hoffnung, dass Patrick nun doch noch eine Weile in seine technische Debatte über den kaputten Traktor verwickelt ist, klicke ich auf die Notiz-App. In diesem Moment tippt mich jemand an der Schulter an. Ganz sachte, aber dennoch mit Nachdruck. Ich bleibe stehen, blicke auf und finde mich einer älteren Dame mit kurzen weißen Locken gegenüber, die mir mit einem höflichen, aber bestimmten Lächeln in die Augen schaut. Ich habe sie nicht kommen sehen.

»Oh, hallo«, stammele ich.

»Guten Tag!« Sie lächelt und mustert mich mit einem Blick, den ich nicht so recht zu deuten weiß. Ich lasse das Smartphone sinken und ertappe mich bei dem Gedanken, die Dame müsse nun wohl über die Jugend von heute brüskiert sein, die ständig mit dem Telefon beschäftigt ist, während die analoge Welt in Vergessenheit gerät. Wo sie recht hat ...

»Sie sind also die Freundin vom Patrick, ja?«, fragt sie erwartungsvoll.

»Äh, ja ...« Ich schiele zur Scheune hinüber, in der Patrick noch immer mit dem Nachbarn debattiert.

»Wissen Sie, den Patrick kenne ich ja schon lange. Der ist hier aufgewachsen. Aber Sie habe ich hier noch nie gesehen.«

»Oh«, mache ich. Dann fällt mir ein, was sie wahrscheinlich von mir hören will. »Ich bin Geraldine. Ich komme ursprünglich aus dem Nachbarort, war aber ein paar Jahre nicht in der Gegend.« Irgendwie fühlt sich das an wie eine Rechtfertigung. Sonst schmücke ich mich doch auch nicht damit, dass ich hier irgendwelche Wurzeln habe. Außerdem habe ich diese Frau auch noch nie gesehen. Moment mal ... Woher weiß sie eigentlich, wessen Freundin ich bin?

»Aha. Ja. Ein ... seltener Name.« Sie legt den Kopf schief. »Nicht in der Gegend gewesen. Soso. Und jetzt sind Sie zurückgekommen und bleiben in der Gegend, ja?«

»Also, ich glaube schon. Ja.« Verunsichert blinzle ich ihr entgegen. Ich fühle mich ertappt und weiß gar nicht so recht, warum eigentlich.

»Und üben Sie einen Beruf aus, wenn ich fragen darf?« Ihre Stimme wechselt von flötend zu streng.

»Ja. Also, das ist gerade etwas ... Na ja. Ich bin selbstständig als Autorin«, stammele ich, während mir klar wird, dass ich an meinem »Elevator Pitch« eindeutig noch zu feilen habe.

»Autorin? Und davon können Sie leben?« Die Augenbrauen der Dame erheben sich zu riesigen geschwungenen Bögen, die an ihrem höchsten Punkt mit den Sorgenfalten auf ihrer Stirn zu knutschen scheinen.

»Ich arbeite daran.«

»Gut, gut. Sie schreiben also Bücher und derlei Dinge? Eine Künstlerin also. Wissen Sie, dann möchte ich Ihnen jetzt einen guten Rat geben.« Die alte Frau rückt ein Stück näher an mich heran und umklammert meinen Oberarm. »Der Patrick«, flüstert sie und deutet mit dem Kinn zur Scheune, »meint er es denn gut mit Ihnen?«

»Natürlich! Warum nicht?« So langsam frage ich mich, wo dieses Gespräch enden wird.

»Unterstützt er Sie beim ... äh ... Schreiben?« Das Kinn der Dame schiebt sich gefährlich weit nach vorn.

»Also, ich schreibe lieber allein. Aber er hält mir den Rücken frei, so gut er kann, falls Sie das meinen.« Ich lache unsicher.

»Gut, gut. Sehr gut.« Die Alte macht eine kurze Atempause, dann raunt sie mir ins Ohr: »Und jetzt schauen Sie mal. An dem Patrick ist ja gar nichts mehr dran. Der fällt ja fast vom Fleisch. Also, wenn Sie gerade mal keine Bücher schreiben, sollten Sie Ihrem Freund wirklich mal ein ordentliches Schnitzel braten.« Ihr vorwurfsvoller Blick wandert zwischen der Scheune und mir hin und her. Patrick steht quietschfidel und glücklich in dem offenen Tor und freut sich des Lebens. Patrick, der den ganzen Tag damit beschäftigt ist, zu essen oder an Essen zu denken, und trotzdem nicht dick wird und ich, die seit ihrem dritten Lebensjahr kein Stück Fleisch mehr angerührt hat. Ja, darüber könnte man lachen. Man könnte das lustig finden und einfach »lieb gemeint« von der Dame. Das ist es sicher auch, aber innerlich explodiere ich beinahe vor Wut. Ich weiß gar nicht, was ich als Erstes brüllen soll. Ihr Klammergriff um meinen Oberarm löst sich ein wenig, und ich atme tief durch. Ein Schwall impulsiver Antworten schießt mir durch den Kopf, und ich versuche, in Sekundenbruchteilen meine Antwortmöglichkeiten und ihre voraussichtlichen Konsequenzen zu erwägen: »Der Patrick ist dreißig Jahre alt und kann sich sein dummes Schnitzel selbst braten, wenn er denn eines möchte!« Nein. Nicht gut. Gar nicht gut. Wie wäre es mit »Was zur Hölle habe ich mit Patricks Figur zu tun, und warum siehst du es als deine Aufgabe, diese zu bewerten?« Hm ... vielleicht doch auch etwas zu direkt. Ach, verdammt. Nein, so geht das nicht. Ich bin ja ein anständiger Mensch, auch wenn ich die Worte dieser Frau gerade ziemlich unanständig finde. Irgendwie muss ich ihren Impuls, mir einen »guten Rat« geben zu wollen, aus einem Verständnis für vergangene Zeiten heraus betrachten. Immerhin hat sie erst einmal gefragt, was ich denn beruflich mache, bevor sie angefangen hat, mir Hausfrauentipps zu geben. Das kommt auf dem Land auch nicht sehr oft vor. Andererseits macht es das gerade noch schlimmer, weil ich mich mit der plötzlichen Wendung unseres Gespräches nun überhaupt nicht mehr ernst genommen fühle.

Es ist bei Weitem nicht das erste Mal, dass ich seit meiner Strandung hier auf dem Land derlei Gespräche führen muss. Jedes Mal bin ich aufs Neue erstaunt, dann überfordert und im Grunde einfach nur sauer, wenn ich auf derart konservative und ignorante Einstellungen treffe. Patrick seinerseits versteht meine große Wut über solche Szenen nicht wirklich. Ich solle das nicht so persönlich nehmen und einfach darüber lachen. Die älteren Leute seien eben noch anders aufgewachsen als unsere verwöhnte Generation. Er hat ja recht. Ich gebe mir einen Ruck, hole tief Luft und lächle so freundlich, dass meine Gesichtsmuskeln verkrampfen. »Ich sehe keinen Zusammenhang zwischen mir und Patricks Essverhalten.«

»Na, na. Er unterstützt Sie. Sie unterstützen ihn.«

»Na ja, also heutzutage läuft das mit der Unterstützung ein bisschen anders ... Außerdem brate ich keine Schnitzel ...« Meine Zurückhaltung gerät in gefährliche Grenzregionen der Beherrschbarkeit.

»Können Sie nicht kochen?«

»Doch!«

»Ach. Sie sind so eine Vege... Vegetarierin?«

»Ja. Genau. So eine bin ich.« Ich spüre, wie sich meine Faust eng um das Smartphone spannt, das ich immer noch in der Hand halte. Das Thema Vegetarismus möchte ich jetzt nicht auch noch durchkauen. Ich möchte einfach nur okay sein, wie ich bin. Warum ist das denn so schwer?

Mit meiner wohl nicht zuletzt familienbedingten »Andersartigkeit«, was Lebensstil und Ansichten angeht, hatte ich schon als Kind auf dem Dorf zu kämpfen. Als Schaustellerfamilie waren wir viel unterwegs und darum bei den älteren Herr- und Frauschaften im Dorf weniger bekannt. Wenn meine Schwester und ich dann doch in den Hinterhöfen gespielt haben, wurden wir regelmäßig mit einem skeptischen Blick über den Gartenzaun gefragt: »Un? Wem gehörsch *du?*« Damit meinten sie eigentlich nur: »Darf ich fragen, wer deine Eltern sind?«, gleichzeitig behaupteten sie mit ihrer Frage aber, ich würde irgendwem »gehören«. Ich wäre damit also kein ernst zu nehmendes Individuum.

»Mir selbst gehöre ich!«, habe ich dann laut gerufen und bin wütend auf meinem Kinderfahrrad davongedüst. Unsere Eltern haben uns als freie Menschen erzogen. Warum konnten die alten Menschen nicht verstehen, dass auch ein Kind ein richtig echter, eigener Mensch ist, so, wie es uns unsere Mutter immer beigebracht hat?

Der Frau, die jetzt gerade vor mir steht, scheint gar nicht bewusst zu sein, wie viele persönliche Angriffe sie mit einem einzigen Satz vom Stapel lässt. Ich solle Patrick ein Schnitzel braten? Damit stellt sie ihn wie einen absoluten Vollidioten dar, der nicht einmal in der Lage ist, sich selbst zu ernähren, obwohl er volljährig und ohne Behinderung zur Welt gekommen ist. Arme, Beine und Kopf funktionieren, und trotzdem kann er scheinbar nicht für sich sorgen. Der Depp. Gleichzeitig teilt sie mir mit, mein Partner sei unattraktiv, da völlig unterernährt. Außerdem müsse ich mich offenbar dafür schämen, dass ich schlecht koche, mich noch nie über Ernährung informiert habe und meinen unfähigen Partner vernachlässige. Es kommt mir so vor, als sei Patrick in den Augen dieser Frau mein ungeliebtes Riesenbaby, das ich verwahrlosen lasse und um das ich mich aus reiner Kaltherzigkeit oder eigener Unfähigkeit nicht kümmere. Ich bin weder unfähig noch uninformiert, was Ernährung angeht, und auf keinen Fall bin ich für Patricks Essverhalten oder gar seine Figur verantwortlich. Auch nicht *obwohl* – und schon gar nicht *weil* – ich Vegetarierin bin. All das sagt die alte Dame zwar nicht, all das höre ich aber zwischen den Zeilen durchklingen.

Wer weiß, im Krieg würde ich wohl auch Fleisch essen, wenn es sonst nichts mehr gäbe. Aber gibt der Krieg dieser Frau das

Recht, mich so zu beleidigen? Es spielt doch keine Rolle, wer öfter kocht. Patrick oder ich. Schlussendlich ist doch jeder für sich und die eigene Figur verantwortlich. Außerdem hat Patrick eine athletische Figur, an der wirklich nichts auszusetzen ist. Und überhaupt. Ich selbst würde niemals auf die Idee kommen, vorwurfsvoll an dem Ehemann der älteren Dame herunterzublicken und ihr zu sagen, dass der Kerl ja einen ziemlichen Ranzen vor sich herschieben würde und generell sehr ungesund aussähe und es sicherlich ihre Schuld sei, dass ihr Mann sich im Bierkonsum ertränken müsse, um seine Ehe irgendwie zu ertragen. Nein, das würde ich niemals tun, denn ich habe keine Ahnung von ihrem Leben.

Frauen sollten zusammenhalten, sich gegenseitig starkmachen und in ihrer Freiheit, ihren Träumen, Visionen und Vorhaben unterstützen. Egal wie alt sie sind.

Von Frauen, egal welchen Alters, werde ich auf dem Dorf aber nur äußerst selten gefragt, wie ich mich beruflich organisiere, meine Selbstständigkeit plane, wie ich mit Finanzen umgehe, neue Projekte umsetzen will, was meine Leidenschaft ist oder was es bedeutet, meine eigene Chefin zu sein. Wenn ich mit Patricks Handwerkerkumpels aber auf ein Bier in der Werkstatt stehe, geht es um nichts anderes als um Selbstverwirklichung, neue große Projekte, Geld und gegenseitige Unterstützung unter Selbstständigen. Noch nie habe ich gehört, dass Haushalt oder die Schnitzel, die sie ihren Frauen braten wollen, von großem Interesse wären. Ob ich etwas überreagiere? Ich doch nicht!

»Sie können dem Patrick gerne ein Schnitzel braten, wenn es Ihnen Freude macht!«, sage ich, so beherrscht ich kann. Ich gebe mir sogar Mühe, keck zu lächeln und ein wenig alemannischen Dialekt in meine Sprache zu legen. Am liebsten würde ich einfach schreiend davonlaufen. So, wie ich das auch als Kind in derlei Situationen getan habe.

»Bist du so weit?«, höre ich Patricks Stimme über den Hof schallen. Ich drehe mich um und sehe, wie er mir vom Scheunentor zuwinkt. Erleichtert atme ich auf und schnappe mir den Einkaufskorb. Nichts wie weg hier. Ole rennt schon schwanzwedelnd in seine Richtung.

»Hallo, Lisbeth. Geht's gut?«, ruft Patrick.

»Jaja, es geht schon!« Meine Gesprächspartnerin winkt ihm zu. Meine Hand greift nach dem geflochtenen Weidenkorb, in dem sich die Einkäufe befinden. Doch bevor ich verschwinden kann, umklammert sie erneut meinen Arm und verfällt wieder in ihren Flüsterton: »Ich weiß schon. Ihr jungen Frauen habt andere Pläne als in der Küche zu stehen. Und glauben Sie mir, ich hatte auch andere Pläne. Und genau deswegen spreche ich mit Ihnen! Wir Frauen sind für mehr geschaffen als den trauten Herd. Wir waren jahrhundertelang unterdrückt. Deswegen braucht es jetzt viel Klugheit von uns.« Lisbeth verstummt abrupt und blickt zu einem grauhaarigen Mann mit Hut hinüber. Er sitzt mit geschlossenen Augen auf einer Holzbank vor dem Hofladen in der Sonne, kratzt sich genüsslich am Bierbauch, der unter seinem zu kurzen Karo-Hemd hervorlugt, und schmatzt vor sich hin. Eine einsame Fliege kreist um seinen halbglatzigen Kopf. Dann wendet Lisbeth sich wieder mir zu und drückt meinen Oberarm noch etwas fester. »Im Grunde ist es doch ganz einfach«, raunt sie. »Als ich als junge Frau zu meinem Herbert auf das Land gezogen bin, hatte ich es nicht leicht hier. Und bald habe ich mich gegen alles gesträubt, das nur annähernd mit irgendwelchen Dorfklischees verbunden ist. Ich komme ursprünglich aus Dresden, müssen Sie wissen. Ich habe mich geweigert, für meinen Herbert zu kochen. Ich habe keine Wäsche gewaschen und nicht gebügelt. Der Herbert hat mich immer unterstützt. In allem. Und ich habe mich geweigert, dasselbe zu tun, weil ich doch eine Dame von Welt bin. Aber ich sage Ihnen etwas. Das macht sehr unglücklich auf Dauer, wissen Sie. Wenn Sie also einen guten Partner gefunden haben, der Sie unterstützt in den Träumen und Visionen, die Sie haben, dann tun Sie dasselbe für ihn. Männer sind manchmal etwas einfacher gestrickt, wenn Sie mich fragen. Ich brate dem Herbert ab und an sein Schnitzel, und schon ist die Welt für ihn in Ordnung. Er fühlt sich von mir verwöhnt und bewundert, und dann ist er zufrieden. Aber wir Frauen, wir sind vielseitig. Wir gehen eigene Wege. Nicht wahr? Die Welt da draußen war Männersache. Ich sehe Ihnen an, dass auch Sie viel Feuer im Herzen haben. Wie alle Frauen. Und genau deswegen vergessen wir manchmal, an die armen Männer zu denken, die den ganzen Tag mit ihren Fäusten versuchen, irgendwelche Dellen ins Universum zu schlagen. Und ich bin mir sicher, dass den Patrick auch ein Soja-Schnitzel, oder wie Sie so was nennen, zufrieden macht. Die Hauptsache ist doch, dass wir Frauen ganz ungestört unsere Wege gehen können und obendrein von den Männern unterstützt werden. Also dürfen wir dasselbe auch für sie tun. Was bringt es uns, die ganze Energie für Kämpfe und Rechtfertigungen zu verpulvern? Hier auf dem Land müssen wir Frauen intelligenter handeln. Hier haben wir noch keine so große Lobby wie die Großstädterinnen. Kämpfen Sie nicht um rein äußerliche Klischees, sondern nehmen Sie sich einfach, was Ihnen zusteht. So haben Sie alle Energie für sich und Ihren Weg.« Bei ihren letzten Worten sieht sie mir fest in die Augen. Ich bekomme keinen Ton heraus. Schluckend lasse ich den Weidenkorb fallen und versuche, all die Informationen zu verarbeiten, die diese Lisbeth mir in den letzten Sekunden an den Kopf geschmettert hat. Dann schiele ich zu Herbert, dessen leises Schnarchen inzwischen bis zu uns dringt.

»Ich liebe meinen Herbert bis heute. So wie er ist. Und er würde alles für mich tun, weil auch ich alles für ihn tue. Von ganzem Herzen. Ich habe lange gebraucht, das zu verstehen. Der Herbert isst gern. Und so wie ich den Patrick kenne, isst der auch gern. Es gibt viele Männer, die können sie mit anderen Dingen glücklich machen. Aber für unsere beiden Exemplare geht die Liebe durch den Magen, denke ich.« Lisbeth deutet auf den mit frischem Brot, Käse und Gemüse gefüllten Weidenkorb und zwinkert mir zu. Dann dreht sie sich zu dem schnarchenden Herbert um und seufzt. »Haben Sie schon mal gehört, dass hinter jedem erfolgreichen Mann eine starke Frau steht? Na, dabei ist es doch genau andersrum! Hinter jeder starken Frau steht ein gut gestärkter Mann. Und dieses Ding mit dem großen Erfolg, das allein macht doch am Ende unserer Tage auch nicht glücklich. Tun Sie einfach, was Ihnen Freude macht, und vergessen Sie nicht die wichtigsten Menschen um sich herum. So. Und nun möchte ich Sie nicht länger mit Lebensweisheiten von alten Damen belästigen. Gehen Sie ihren Weg mit Freude.« Lisbeth hebt den Zeigefinger und zwinkert mir noch einmal zu. Und endlich kann ich wieder lachen. Ich kann gar nicht mehr aufhören damit. Diese Lisbeth und ihr

Herbert. Das Landleben mit seinen Verpflichtungen und dazu der Druck, den ich mir selbst mache, um alles unter einen Hut zu bekommen. Mir treu zu bleiben und mich gleichzeitig anzupassen. Und im Grunde ist das Leben doch ein wunderbares Spiel. Egal ob im Schwarzwald oder sonst wo. Ja. Ich kann es schaffen. Ich kann das Landleben meistern und trotzdem meinen eigenen Weg gehen. Diese Lisbeth hat irgendwie recht. Und dabei ist es im Grunde völlig egal, wer gerade für wen ein Schnitzel brät. Es kommt nur darauf an, dass wir uns gegenseitig unterstützen und dass wir tun, was uns Freude macht. Und damit, dass Patrick die größte Freude am Essen hat, liegt die alte Dame meiner Meinung nach goldrichtig.

Lisbeth entlässt meinen Oberarm und damit mich zurück in die Freiheit, während Patrick uns mit einem Sack voll weißem Pulver auf der Schulter entgegenkommt. Sie nickt Patrick und mir zu, dreht sich auf dem Absatz um und steuert mit überraschend beschwingten Schritten ihrem dösenden Herbert entgegen.

»Hast du die Lisbeth kennengelernt?«

»Ja ... Wohnt sie auch hier?«, frage ich, während wir gemeinsam zurück zu Patricks Elternhof schlendern.

»Ja, im Nachbarort. Sie kommt schon seit Jahren in den Hofladen zum Einkaufen.«

Schweigend gehen wir ein paar Schritte, und ich versuche, Lisbeths Worte auf mich wirken zu lassen.

»Früher, als ich als kleiner Junge in der Backstube hier gearbeitet habe, hat sie mir immer Schokolade aus Dresden mitgebracht«, sagt Patrick plötzlich und grinst. »Da ist sie früher oft hingefahren. Ich mag solche alten Frauen. Die sind immer so herzlich.« Wieder schweigen wir für einen Moment. Dann fährt er fort: »Lisbeth war eine weltberühmte Opernsängerin, und auch wenn sie manchmal einen ziemlichen Sprung in der Schüssel hat, ist sie immer fröhlich und ausgeglichen. Eigentlich erstaunlich, dass sie nie hier weggezogen ist.«

»Ach, jetzt wird mir einiges klar ...«, murmle ich, während wir über den schmalen Feldweg in Richtung Zirkuswagen, Bauernfrühstück, Homeoffice und Hühnerstall schlendern.

Zum ersten Mal kann ich mir wahrhaftig vorstellen, dass ich auch hier auf dem Land alles tun kann, was mir Freude bereitet. Schließlich gestalte ich selbst meine Welt mit den Zutaten, die ich um mich herum nun einmal finde. So, wie wir mit dem Gemüse aus unserem Garten kochen, so dürfen wir auch unser Leben in seinen verschiedenen Phasen gestalten. Lisbeth hat ihren eigenen Weg als Opernsängerin zwischen Ländlichkeit und der großen weiten Welt ja auch gefunden. Und meinen eigenen Weg gehe ich schon längst. Mit oder ohne Schnitzel.

Der nächtliche Wald versinkt in schwarzer Dunkelheit. Es hat zu regnen begonnen, und auf dem holprigen Waldboden spritzt das Wasser um meine Fahrradreifen.

Seit einigen Wochen habe ich zusätzlich zum Landleben und dem Schreiben noch einen Job als Trainerin und Regisseurin in einem Zirkus angenommen. An zwei Nachmittagen die Woche bilde ich Kinder und Jugendliche zu jungen Artistinnen und Artisten aus. Einer von Patricks Zimmererkumpels, der den

Zirkus vor Jahren mitgegründet hat, hatte mich auf die freie Stelle angesprochen, und dann war es ganz schnell gegangen.

Heute Abend ist es etwas später geworden im Training. Ich arbeite bereits an einer Inszenierung für die nächste große Show, und da gibt es viel zu besprechen mit meinen jungen Artistinnen und Artisten. Die Dämmerung hat sich bereits in finstere Nacht verwandelt, als ich mit dem Fahrrad in Richtung Zuhause am Waldrand holpere.

Die Natur erfüllt mich mehr und mehr, je länger ich hier lebe, und das Gefühl, eine einsame Autorin im Nirgendwo zu sein, überkommt mich nur noch selten, solang ich die Vögel zwitschern höre oder dem Plätschern eines klaren Gebirgsbaches lausche. Trotzdem liebe ich Menschen. Und das nicht nur in Onlinekonferenzen, Telefonaten oder Podcasts. Im Gegenteil. Ich habe gerne echte Menschen um mich herum.

Vor ein paar Jahren habe ich neben dem Studium an der Universität eine Ausbildung zur Zirkustrainerin in Köln abgeschlossen. Seitdem hat es mich zu den verschiedensten Zirkussen weltweit verschlagen. Ich war auf Europareise mit einem alten Zirkusbus und habe Straßenkunst gemacht. Außerdem habe ich als Trainerin und Regisseurin in einer Zirkusschule in Palästina gearbeitet und in Deutschland Clownerie-Seminare zu Teambuildingzwecken mit Bankern durchgeführt. Spannend war auch die Zeit, als ich für die Suchtprävention von Kindern und Jugendlichen mit einem kleinen Team aus Zirkuspädagoginnen und einem Haufen bunter Bälle, Keulen und Rola Bolas durch ganz Deutschland auf verschiedene Events gereist bin. Umso schöner, dass das Zirkusleben sogar auf dem Land weitergeht. Der Kinder- und Jugendzirkus, in dem ich arbeite, ist einige Kilometer entfernt, aber so ist das nun mal, wenn man sich dafür entscheidet, in der Natur zu leben. Dass es diese Einrichtung überhaupt in der Nähe gibt, ist großes Glück, auch wenn ich die 18 Kilometer aus reiner Faulheit normalerweise mit dem Auto fahre.

Der Zirkus begleitet mich schon seit meiner Schaustellerkindheit, und er hat immer wieder dafür gesorgt, dass mein Alltag bunt und abwechslungsreich war. Trotz der eintönig gerade gewachsenen Fichten in den Wäldern um mich herum scheint die Abwechslung in meinem Leben auch im Schwarzwald nicht zu versiegen. Schon steht die nächste Herausforderung vor der Tür. Jetzt heißt es also Landleben, Zirkuswagenbau, Autorinnenalltag, Regiearbeit und Zirkustraining. Es gibt Menschen, die haben eine Leidenschaft. Etwas, wofür sie brennen. Etwas, das sie ihr Leben lang begleitet. Das bewundere ich sehr. Bei mir scheint das mit der Leidenschaft aber anders zu sein. Egal wie sehr ich versuche, einen geradlinigen Weg zu gehen, egal mit welcher Strategie ich diese Geradlinigkeit halten möchte, irgendwann hält mein Weg doch wieder Kurven bereit. Bevor ich in den Schwarzwald gekommen bin, habe ich mich damit unter Druck gesetzt, dass ich eine *einzige* Leidenschaft finden muss. Dass ich endlich einmal eine *einzige* Sache in meinem Leben durchziehen und vor allem groß aufziehen muss, um in diese Welt zu passen. Um eine echte Daseinsberechtigung auf diesem Planeten zu erarbeiten. Je länger ich jedoch versuche, geradeaus zu gehen, desto kurviger wird mein Leben. Ich habe das Chaos, die vielen Abenteuerreisen und meine Schnapsideen mit aller Kraft hinter mir gelassen, um endlich »mein Ding« zu machen. Und nur ein paar Monate später ertappe ich mich dabei, mal wieder vier oder fünf verschiedene Dinge auf einmal zu tun. Dinge anzufangen, von denen ich jetzt schon weiß, dass ich sie nicht für den Rest meines Lebens machen werde.

Vielleicht ist es aber einfach in Ordnung so, wie es sich gerade entwickelt? Vielleicht gehört das zu mir? Und vielleicht ist es genauso wertvoll, eine Spezialistin in einer Sache zu sein, wie es auch wertvoll ist, Brücken zwischen verschiedenen Spezialitäten zu schlagen. Welten nicht aufeinanderprallen, sondern miteinander verschmelzen zu lassen. Warum bin ich nie hauptberuflich Zirkustrainerin geblieben, obwohl ich immer schon Freude an dieser Arbeit hatte und obendrein genügend Jobangebote? Warum bin ich keine Ethnologin, obwohl ich dieses Fach studiert habe? Warum bin ich nicht in Vollzeit Texterin, obwohl Worte meine große Leidenschaft sind? Habe ich einfach nur Angst davor, mich einzulassen, oder ist meine Vielseitigkeit eine Qualität, und diese Erde bietet auch ein Plätzchen für Menschen wie mich?

Warum nur denke ich, es müsste feste Kategorien geben, um mein tägliches Schaffen vor mir und der Welt zu rechtfertigen? Mein Treffen mit Lisbeth ist schon ein paar Wochen her, aber ich denke oft an sie. Lisbeth musste sich in ihrer Generation noch weitaus stärker anpassen und sich mit Schnitzeln ihre Freiheit »erbraten«. Ich muss das nicht, wenn ich nicht will. Ich lebe in einer Zeit, in der meine Generation mehr Freiheiten und Chancen hat, als sich Lisbeth und Herbert je ausgemalt haben. Und trotzdem suche und kämpfe ich weiter. Und weil es in meinem Alltag als verwöhnte Deutsche nicht mehr viel zu kämpfen gibt, kämpfe ich offensichtlich mit mir und meinem Poltergeist, anstatt einfach meine Leidenschaften zu leben und der Welt das zu geben, was ich gerade zu geben habe.

Ich konzentriere mich auf den Lenker in meinen Händen. Dicke Wurzeln überziehen den Waldweg. Ich komme nur schwer voran. Im Schein der Stirnlampe kann ich kaum zwei Meter weit sehen. Ist das normal? War diese Stirnlampe schon immer so schlecht? Ich bemerke, wie das Licht auf meinen Kopf unheilvoll zu flimmern beginnt. Die dunklen Fichten zu beiden Seiten des Waldwegs verschwimmen im diffus werdenden Licht. Die Wurzeln auf dem schmalen Pfad sind kaum noch zu erkennen.

»Bitte nicht jetzt! Nur noch einen Kilometer!«, rufe ich verzweifelt, aber es scheint aussichtslos. Ein letztes Flackern. Dann ist es dunkel. Ich bremse ab und stehe schwer atmend im stockfinsteren Wald. Der Regen wird stärker, dringt durch die Baumkronen und sickert langsam, aber stetig durch meinen Pullover bis auf die Haut. Fluchend nehme ich meinen Rucksack ab und krame darin nach meinem Handy. Licht. Ich brauche Licht.

»Das hier wäre der perfekte Anfang für einen Gruselfilm«, schießt es mir durch den Kopf, und ich zwinge mich, diesen Gedanken sofort wieder zu löschen. Löschen geht nicht. Aber vielleicht an etwas anderes denken ... Als Kind hatte ich immer furchtbare Angst im Dunkeln. Das hat sich etwas gelegt, aber so ganz allein bei strömendem Regen ohne Licht im Wald muss ich meine Gedanken doch beherrschen. Bloß nicht in irgendwelchen Blödsinn hineinsteigern. In der Dunkelheit veranstaltet mein Poltergeist liebend gerne schaurige Partys in meinem

Kopf. Endlich. Meine Hand tastet nach einem flachen, glatten Gegenstand, und ich ziehe mein Smartphone aus der Tasche. Mit einem gezielten Druck auf den seitlichen Knopf leuchtet der Bildschirm auf, und wie in einem wirklich schlechten Gruselfilm blinkt mir die Anzeige entgegen: »Akku fast leer.«

»Das war ja so klar!«, fluche ich laut und klicke ein zweites Mal auf den Knopf, um das bisschen Akku, das mir bleibt, nicht zu verschwenden. Wenn man diese blöden Smartphones nur ein einziges Mal nicht lädt! Als der blendend helle Bildschirm wieder schwarz wird, habe ich das Gefühl, auch der Wald sei noch ein wenig dunkler geworden. Unbeweglich stehe ich im Regen und friere. Mitten in der Dunkelheit. Sollte ich versuchen, Patrick oder einen seiner Brüder anzurufen, damit mich jemand abholen kommt? Nein ... Das schaffe ich auch allein. Ich bin nur einen knappen Kilometer vom Hof entfernt. Außerdem würden die Jungs mich nur abholen, weil ich ein Mädchen bin. Sie selbst würden in einer solchen Situation gar nicht erst anrufen. Auf dem Land läuft andauernd etwas schief, und wenn die Jungs vor lauter Ereignissen einfach mal vergessen zu erzählen, dass ihnen ein kompletter Traktoranhänger voller Sand mitten auf einer großen Kreuzung umgekippt ist, werde ich sicher nicht anrufen, weil ich gerade mal allein im Wald stehe. Nein. Nicht der Rede wert. Ich werde das letzte Stück schieben. Auf meinen Reisen in den letzten Jahren habe ich mich immer allein durchgekämpft. Überall auf der Welt. Warum sollte ich ausgerechnet jetzt etwas daran ändern?

Entschlossen stecke ich das Handy in meine Hosentasche, ziehe mir das drückende Gummi der Stirnlampe vom Kopf und verstaue das unnütze Ding in meinem Rucksack. Dann werfe ich den Kopf in den Nacken, ziehe den Rucksack wieder auf und marschiere los.

Nach zwei Schritten bleibe ich stehen. Die Nacht ist im Wald so tiefschwarz, dass ich mit nichts erahnen kann, wo der Weg entlangführt. Oder ob ich gleich unverhofft mit einer Fichte knutsche. Ich schaue mich konzentriert um. Nichts als schwarze Nacht und schemenhafte Umrisse hier und da. Je angestrengter ich versuche, die Dunkelheit zu durchdringen, desto schwärzer wird sie, und meine Fantasie beginnt, sich an die paar erbärmlichen Schemen zu klammern, die meine Augen noch erkennen.

»Das da vorn könnte ein riesiger Gnom sein«, höre ich meinen Poltergeist flüstern. »Oder ein Monster mit spitzen Ohren. Und dort. Ein Umhang? Da. Ist das nicht ein Mensch? Mitten auf dem Weg?« Ich erstarre. Ja. Tatsächlich. Da steht jemand. Regungslos. Wartend. Ich schlucke, während Nadelstiche meine Magengegend durchlöchern. Losrennen kann ich nicht, die Dunkelheit hält mich gefangen. Das Adrenalin in meinem Blut steigt schier ins Unerträgliche. Hält die Person dort vorn etwas in der Hand? Was will sie hier?

»Hallo?«, höre ich mich rufen, und meine eigene dünne Stimme macht mir noch mehr Angst. Einen Moment lang bleibe ich wie angewurzelt stehen. Den Fahrradlenker in der Hand. Die Eingeweide zu einem Klumpen verknotet. Dann nehme ich all meinen Mut zusammen, ziehe mein Handy wieder aus der Hosentasche, schalte die Taschenlampe ein und leuchte der Person auf dem Waldweg mitten ins Gesicht. Natürlich. Ein Busch. Der Weg führt einen guten Meter weiter unten am Hang entlang. Erleichtert atme ich auf. Ich leuchte den Waldweg ab und konzentriere mich voll und ganz auf das, was ich im Licht der Handylampe sehen kann. Dann schalte ich sie wieder aus, und wie erhofft habe ich das Bild des Weges noch ganz genau vor meinem inneren Auge. Ich laufe los, und je zielstrebiger ich laufe, desto deutlicher scheint das innere Bild zu bleiben. Sogar die Wurzeln am Boden kann ich anhand der Umrisse rekonstruieren. Als ich vermute, an dem Punkt auf meinem Weg angekommen zu sein, den ich im Schein der Handylampe anvisiert habe, lehne ich das Fahrrad gegen meine Hüfte und schalte das Handy erneut für ein paar Sekunden ein. Der Waldweg leuchtet vor mir auf. Bloß nicht zu viel Akku verbrauchen. Und weiter. Um nicht wieder über Monster und Verbrecher nachdenken zu müssen, die hinter jedem Baum in diesem Wald lauern könnten, entscheide ich mich dazu, meine Gedanken aktiv auf ein anderes Thema zu lenken.

Jetzt, da ich mir einen Weg durch die Dunkelheit suchen muss, bietet es sich im Grunde an, gleichzeitig über meinen Lebensweg nachzudenken. Die Onlinewelt, auf die ich hier auf dem Land stärker angewiesen bin als in der Stadt, ist voll von perfekten Lebensläufen, motivierenden Sprüchen und Werbe-Ads, in denen Menschen suggerieren, sie wüssten längst, wie der Hase läuft. In den meisten Branchen werden emotionale Geschichten erzählt, die uns vermitteln, dass jeder Mensch den amerikanischen Traum vom Tellerwäscher zur Millionärin leben kann. In diesen Geschichten scheint es gar so, als sei das Leben als erfolgreiche Geschäftsfrau in ihrem großen hellen Haus, mit ihrem SUV, ihrem hübschen Mann, den zwei braven Kindern und einem reinrassigen Dalmatiner im Körbchen neben dem offenen Kamin das Einzige, das wirklich glücklich macht. Kind, Karriere, Familie, Reichtum und Zufriedenheit passen nicht nur unter einen Hut, nein, vielmehr scheinen sie untrennbar zusammenzugehören. In so vielen Kontexten lese und höre ich im weltweiten Netz, dass jede und jeder von uns jeden Tag ein bisschen besser werden kann. Erfolg. Geld. Glück. Aber natürlich nur, wenn wir dieses oder jenes Webinar kaufen oder ein Coaching buchen. Noch vor einigen Jahren hat man beim Marketing vor allem auf »Seriosität« gesetzt. Dienstleisterinnen und Produkte wurden uns über Referenzen und scheinbar faktenbasierte Verkaufsargumente schmackhaft gemacht. Aktuell zeigt sich ein neuer Trend: »Authentizität«. Überall. Scheinbare Natürlichkeit und Verbundenheit, denn über Emotionen lässt es sich noch viel besser verkaufen als über Fakten. Was bleibt, ist der noch größere Druck, mithalten zu können. Heute müssen wir nicht nur seriös sein, sondern gleichzeitig auch noch authentisch, echt und ehrlich. Und manchmal frage ich mich dann: Was ist das eigentlich? Mein Weg? Alles, was ich weiß, ist, dass ich mich ungemein lebendig fühle in den Momenten, da ich meine Leidenschaft spüre. Momente, in denen mein inneres Leuchten kraftvoll strahlt. Momente, in denen ich weiß, dass alles richtig ist, dass ich vertrauen darf in mich. In den Weg, der am besten zu mir passt. Momente, in denen ich nicht mehr zweifle an meinen Träumen und Visionen, weil ich mit mir selbst verbunden bin.

Gleichzeitig bin ich immer wieder überrascht, wie fruchtbar die Netzwerke sind, die das Internet über den ganzen Erdball spannt. Es gibt so vieles zu lernen da draußen. Mit Freude, ohne Druck. Das Internet ist nicht mehr wegzudenken auf dieser Welt, und wenn ich selbst einen gesunden Umgang damit pflege, kann es mich nur bereichern. Manchmal vergesse ich über dieser ständigen Vernetztheit und dem beinahe unbeschränkten Zugang zu allen Informationen dieser Welt jedoch, dass es völlig egal ist, ob mich etwas so Großes wie eine Selbstständigkeit oder ein eigenes Buch mit dem Kribbeln der Lebendigkeit erfüllt oder ob ich meinen eigenen Weg in den kleinen Dingen des Alltags finde. Es ist egal, ob ich eine Tellerwäscherin, eine Millionärin oder eine tellerwaschende Sparbuchbesitzerin bin. Keine von ihnen ist pauschal unglücklicher. Es sind die paar verrückten Ideen, die ganz aus mir selbst heraus entstehen, denen ich zuhöre und denen ich dabei helfe, Realität zu werden. Wie meine Handylampe, die für einige Sekunden aufleuchtet und mir einen klaren Blick erlaubt. Einen leidenschaftlichen Blick auf mein reales und realistisches Leben. Und dann darf es im Leben auch wieder dunkel werden, denn ich weiß, wo es für mich langgeht, auch wenn ich den Weg nicht permanent sehen kann.

Ich möchte meine Leidenschaften leben, auch wenn ich auf meinem kurvigen Weg immer wieder im Dunkeln tappen werde. Auch wenn ich mich in der heutigen Zeit wieder und wieder dabei erwische, dass ich mich mit all den ach so perfekten Lebensentwürfen auf dieser Welt vergleiche. Dieser ständige Vergleich führt dazu, dass ich mir in den Phasen der Dunkelheit, die unweigerlich zum Leben dazugehören, mit meiner blühenden Fantasie irgendwelche Schauermärchen über mein eigenes Leben erzähle. Meinem Poltergeist das Wort überlasse. Selbstzweifel existieren schlussendlich nur dann, wenn wir sie in unserem Kopf erschaffen. Das Gefühl, nicht hineinzupassen. In das Landleben. In die perfekte Onlinewelt. In den eigenen

Freundeskreis. In das Geschäftsmeeting. Das Gefühl, nicht verstanden zu werden. Das Gefühl, noch nicht gut genug zu sein. Oder zu gut zu sein. Zu jung. Zu alt. Zu dick. Zu dünn. Zu naiv. Zu gebildet. Zu weiblich. Nicht weiblich genug. All das sind die Monster und Verbrecher, die ich mir von meinem Poltergeist einreden lasse, nur weil mein eigenes Licht der Leidenschaft gerade einmal nicht leuchtet und ich stattdessen anfange, mich zu vergleichen. Das bringt mein Feuer zum Ersticken. Denn wir alle haben ein Feuer im Herzen, weil wir leben.

Erneut zücke ich mein Smartphone, um mir das nächste Stück Weg einzuprägen. Der Wald wird hell, und für einen Moment kann ich die Welt um mich herum erkennen. Ich schalte die Lampe wieder aus und laufe zielstrebig weiter. Ja. So ist ein kreatives, leidenschaftliches Leben. Es braucht viel Mut. Es braucht viel Zeit. Es braucht viel Vertrauen. Vertrauen in den Weg, den ich in hellen Momenten in mir selbst sehe. Dunkelheit gehört zu Licht. Ohne das eine gibt es auch das andere nicht. Ein kreatives, mutiges Leben wird immer ein Auf und Ab bleiben, aber ich kann es am besten meistern, wenn ich mich nicht selbst unter Druck setze. Die Zweifel anderer Menschen nicht zu ernst nehme. Und meine eigenen schon gar nicht.

Wieder bin ich an einem Punkt angekommen, an dem ich nicht mehr weiß, wie es weitergeht. Ein weiteres Mal schalte ich meine Handylampe ein und leuchte den Waldweg ab. Und da passiert es: Das Licht erlischt. Mit drei protestierenden Pieptönen gibt das Handy den Geist auf. Ich stehe im Regen, und mit dem Handyakku stirbt auch meine gute Laune. Während ich das letzte Stück Weg, das ich vor meinem inneren Auge noch erkennen kann, entlanglaufe, frage ich mich fluchend, was jetzt zu tun ist. Schwarzwald. Na toll. Jetzt weiß ich auch, warum dieser verdammte Wald so heißt! Ich spüre Wut in mir heraufkriechen, und aus einem Impuls heraus schubse ich das Fahrrad ins Unterholz. Scheppernd und klirrend fällt es in die Dunkelheit. »So ein Mist!« Herzlichen Glückwunsch zu diesem mutigen kreativen Leben! Und was, wenn das Leuchten eben nicht mehr zurückkommt? Ich hätte schon längst zu Hause im warmen, hellen Zirkuswagen sein können, stattdessen irre ich mutterseelenallein umher. Soll ich einfach anfangen zu heulen? Eine Runde Selbstmitleid für alle, die gerade allein im dunklen Wald stehen? Nein. Es kann nicht mehr weit sein. Die letzte, besonders große Fichte meine ich erkannt zu haben, und im Grunde trennt mich nur noch eine große Kurve vom freien Feld, das der Mond hoffentlich etwas erhellt. Ich bücke mich und versuche, das Fahrrad noch tiefer ins Unterholz zu schieben, damit niemand darüber stolpert, falls ich morgen früh nicht die Erste hier bin. Ohne dieses Ding habe ich bessere Chancen, schnell voranzukommen. Ich taste mich an den triefend nassen Bäumen und Büschen voran. Der Gedanke, dass ich selbst so umherirrend gerade viel gruseliger wirke als jeder Fahrradfahrer oder Spaziergänger, der ebenfalls noch im dunklen Wald unterwegs sein könnte, hilft mir ein wenig. Wenn jemand hier gruselig ist, dann bin ich das, verstanden? Mit Sicherheit sehe ich aus wie eine durchgeknallte Irre, die irgendetwas zu suchen scheint. Um nicht wieder in unbegründete Panikattacken zu verfallen, beginne ich, eine Melodie zu summen. Klar. So wirke ich nun völlig verwirrt, aber es hilft mir. Was soll's. Viel schlimmer kann es jetzt auch nicht mehr werden.

Das Heulen eines Käuzchens durchbricht mein Gesumme, und ich hebe den Kopf in der Dunkelheit. Und da sehe ich Mondlicht. Kaltes blaues Mondlicht und das freie Feld vor mir. Dort vorn das Bauernhaus mit warm erleuchteten Fenstern. Vor Freude entfährt mir ein Siegesschrei. Ich habe es geschafft. Tatsächlich geschafft. Meine Schritte werden schneller, ich lasse die letzten Bäume hinter mir, und der Feldweg, der die Wiese zwischen dem Wald und dem Bauernhaus säumt, ist nicht mit Wurzeln übersäht. Ich beginne zu rennen. Im strömend kalten Regen. Nach Hause in unseren schützenden Zirkuswagen, in dem ein warmes Feuer prasselt und in dem es Lichtschalter gibt, die man anknipsen kann, wann immer man möchte.

Schwanzwedelnd trottet Ole mit einem dicken vollgesabberten Stock im Maul vor mir her. Seine Begeisterung für Stöcke wird mir wohl für immer ein Rätsel bleiben. Genauso aber wird dieser geschäftige Border-Collie-Mischling auch meine Begeisterung für das Schreiben nie verstehen. Stundenlang regungslos vor einer leuchtenden flachen Kiste sitzen und dem Klappern der Tastatur unter den eigenen Fingern lauschen? Gibt es denn Schlimmeres auf dieser Welt? Die Tage, an denen Ole nicht mit Patrick auf Baustellen fahren kann und an denen mich die Inspiration am Schreibtisch gefangen hält, sind für Ole die Schlimmsten. Dann passiert rein gar nichts. Den lieben langen Tag nichts. Ich sitze am Schreibtisch. Er liegt unter dem Schreibtisch. Ich brenne vor Feuer. Er zerfließt vor Langeweile. In mir erbaue ich Welten, reiße sie wieder ein und beginne noch mal von vorn. Er zerreißt sich mit jeder Minute des vergeblichen Wartens vor Sehnsucht nach der einzig wahren Welt da draußen. Das Kribbeln der kreativen Leidenschaft erlaubt mir an solchen Tagen nur wenige Pausen. Es lässt mich die Zeit vergessen. Den Ort, an dem ich bin. Mich selbst. Meinen Poltergeist.

Ole hingegen hat ganz andersartige Leidenschaften. Fressen, Schlafen, Spielen. Er macht sich nicht so viele Gedanken über das Leben. Über Alltag, Leidenschaft, Routine und über den Mut dazu, unverfälscht er selbst zu sein. Ole ist immer unverfälscht er selbst. Genauso wie unsere Schafe oder die Hühner. Dieses unverfälschte Sein ist es, das ich hier in der Natur und in einem Alltag auf dem Land zwischen Tieren und Pflanzen jeden Tag neu entdecke. In der Natur zählt immer nur der Moment. Hier draußen spüre ich deutlicher als anderswo, dass über allem ein großer Plan steht. Pflanzen und Tiere gehen stets nur den nächsten Schritt in diesem Kreislauf. Ohne Prokrastination. Ohne Wenn und Aber. In vollem Vertrauen in diese Erde und in ihren Kreislauf. Alle Lebewesen tun einfach, was gerade zu tun ist. Sommer wie Winter. Tag wie Nacht. Nur wir Menschen prokrastinieren, theoretisieren und stagnieren dabei manchmal schon, bevor wir überhaupt handeln können. Tiere, so glaube ich, haben keinen Poltergeist in ihrem Kopf. Sie kennen diese Stimme nicht, die sie permanent mit hinderlichen Gedanken, die noch nicht einmal Realität sind, vollsäuselt. Ole hat höchstens einen ziemlich verfressenen Gnom in seinem Dickschädel, der ihm seine Flausen einflüstert.

Ein hölzernes Klopfen lässt mich aufschrecken, und ich entdecke Ole, der in einigen Metern Entfernung mit seinem langen Stock quer im Maul versucht, zwischen zwei eng aneinander stehenden Fichten am Waldrand hindurchzutraben. Mit Anlauf wagt er einen neuen Versuch. »Klong.« Verwirrt dreht er sich zu mir um, so als hätte ich die Fichten ebendort hingepflanzt.

»Nicht dein Ernst, oder?«, rufe ich lachend und patsche mir mit der Handfläche auf die Stirn. Sofort rennt Ole schwanzwedelnd in meine Richtung und rammt mir im Eifer des Gefechts den überdimensionalen Stock gegen die Oberschenkel. Gerade so, als wäre ich ebenfalls eine im Weg herumstehende Fichte.

»Au!«, rufe ich, und der Hund schaut mich mit aufgestellten Ohren an. Er weiß gar nicht, was los ist. Wie immer.

»Nein«, sage ich. »Der Stock bleibt hier. Wir müssen jetzt mein Fahrrad suchen. Komm.«

Ich bin überrascht, wie viel Intelligenz er trotz allem besitzt. Behutsam legt Ole seine Trophäe ins Gras und trottet dicht neben mir die ersten Meter durch den Wald. Mein Blick schweift durch das Unterholz. Hier irgendwo müsste das Fahrrad doch sein. Direkt hinter der Kurve habe ich es fallengelassen. Okay, ja. Hingeworfen.

Ole löst sich von meiner Seite und eilt mit vorgestreckter Schnauze ins Unterholz. Seine weiße Schwanzspitze huscht wie ein Pinsel im Zickzack zwischen den Bäumen umher, und da sehe auch ich den hellblauen Rahmen im braungrünen Dickicht aufblitzen. Zufrieden tätschle ich Ole den Kopf, richte das Fahrrad auf und zerre es aus dem Unterholz auf den Waldweg. Wie unbeschwert ich mich bewegen kann, jetzt, wo es hell ist. Der Wald wirkt heute früh im Sonnenlicht so harmlos wie eh und je. Ich zupfe an ein paar kleinen Ästen, die sich zwischen den Speichen verfangen haben, und lasse nach getaner Arbeit meinen Blick zwischen den sonnenverwöhnten Wipfeln umherschweifen.

Ja. Eines habe ich gestern Nacht begriffen, als ich schon längst im gemütlich warmen Bett lag, während mein armes Fahrrad allein im Wald übernachten musste: Das mutige, kreative, leidenschaftliche Leben, zu dem ich mich mit meiner Strandung im Schwarzwald entschieden habe, ist wie ein wiederkehrendes Leuchten in der Nacht. Vielleicht war mein Leben sogar schon immer wie ein wiederkehrendes Leuchten in der Nacht.

In den hellen Phasen erkenne ich meine Richtung und kann sehen, dass alles irgendwie zusammenpasst. Gerade so, als würde ich für kurze Zeit begreifen, dass auch ich ein Teil des großen Weltenkreislaufs bin. Ein Teil des großen Planes der Natur. In den dunklen Phasen hingegen habe ich alle Hände voll damit zu tun, meinem Poltergeist nicht zu viel Aufmerksamkeit zu schenken. Dann verlange ich mir selbst schon genug dabei ab, das Feuer meiner diversen Leidenschaften irgendwie unter Kontrolle zu halten, von den Schauermärchen, die ich mir dann einrede, ganz zu schweigen. Im Zeitalter des Internets haben wir uns lange genug verglichen. Es ist an der Zeit, dem eigenen Leuchten zu folgen und in der Dunkelheit darauf zu vertrauen, dass der eigene Weg gut ist, wie er ist. Und dass wir das Leuchten in der Nacht immer wieder finden. Auf die eine oder die andere Weise. Weil mein Weg eben der Weg ist, den ich jetzt gerade gehe, und die Gründe dafür sind so individuell wie ich selbst.

In den letzten Jahren hat sich die Kommunikation auf wundervolle Weise weg vom »Sie« hin zum »Du« entwickelt, weg vom »lückenlosen Lebenslauf« hin zu: »Erzähl uns doch mal deine Story.« Das erfüllt mich oft mit Dankbarkeit, denn die Zeiten des imponierenden Machtgehabes sind damit vielleicht mehr und mehr vorüber. Andererseits führt es auch dazu, dass die Anforderungen an die eigene Lebensgeschichte steigen und dass wir einander gegenseitig suggerieren, alles, was wir preisgeben, sei authentisch, sei ehrlich, sei natürlich. Dabei ist wirkliche Natürlichkeit, wirkliche Authentizität und Ehrlichkeit zu ebenso großen Teilen mit Ahnungslosigkeit, Überforderung, Wut und Frust gepflastert wie mit Schönheit, Souveränität, Ganzheit und Freude. Wo Licht ist, da ist auch Dunkelheit. Auf jedem Weg. In jeder Geschichte. Immer. Und das ist sogar wichtig. Ohne Winter kein Sommer, ohne Nacht kein Tag, ohne Trauer keine echte Freude.

Manchmal kann ich mir kaum vorstellen, dass jeder Mensch diese Schatten im Leben kennt, wenn ich in den sozialen Medien Bilder von einem glücklichen Leben sehe, das zwar auch seine »Problemchen« mit sich bringt, aber trotzdem erstrebenswert scheint. Geschichten von Menschen, die ausgewandert sind und auf irgendeiner Insel ihr Glück gefunden haben. Menschen, die allen Mut zusammengenommen und eine große Firma hochgezogen haben, heute Millionen verdienen und auf einer Jacht im Pazifik leben. Menschen, die die ganze Welt bereisen und darin ihre Erfüllung sehen. Oder auch Menschen, die in ihrem selbst gebauten Zirkuswagen am Waldrand wohnen und deren Leben rundum idyllisch zu sein scheint. Aber die Realität hat viele Facetten. Und das ist es, was die Natur uns lehrt, wenn wir ganz genau hinsehen. Es ist ein Naturgesetz: Wo die Tomaten im Garten sprießen, wächst auch das Unkraut gern. Wo der Erfolg wächst, wachsen auch die Probleme. Wo die vermeintliche Freiheit wächst, gedeiht auch die Einsamkeit. Wo echte Freiheit wächst, wuchert auch die Verantwortung. Alles auf dieser Welt ist in seiner Gegensätzlichkeit untrennbar.

Die ersten Meter meines Heimwegs schiebe ich das Rad, während Ole angeregt zwischen den Wurzeln am Wegesrand umherschnüffelt. Wie hübsch dieses Deutschland doch sein kann! Die meisten bunten Blätter der paar Buchen, die sich zwischen den Fichten wacker halten, liegen inzwischen auf dem Boden, und der Wald erstrahlt in wunderschönem, kräftigem Gelb und Rot zwischen dem dunklen Grün der Nadelbäume. Die Luft ist frischer und klarer denn je, und die knorrigen Wurzeln der Bäume malen bizarre Muster auf den Weg.

Wenn ich die Pflanzen und die Tiere beobachte, die Blütezeiten, reifen Früchte und kahlen Äste, dann spüre ich den großen Plan der Natur ganz deutlich. Alle fügen sich ein. Oft aber versuche ich, den großen Plan der Erde, des Schicksals oder von wem auch immer zu verstehen. Ich versuche zu verstehen, welcher Weg für mich richtig ist. Digitale Nomadin? Landleben? Bücher schreiben? Zirkuswagen? Vanlife oder Bauernhaus? An mich, meine Potenziale und den ganz großen Erfolg glauben? Oder einfach jeden Tag tun, was gerade zu tun ist? Im Grunde aber ist all das völliger Nonsens, der einfach nur schön klingt. Das Leben ist hell, und das Leben ist dunkel. Und so wird es immer bleiben. Den eigenen Weg zu gehen heißt also, nach innen zu schauen und dort Antworten zu finden. Leben, wachsen und teilen. So einfach ist das in der Natur und unter uns Menschen.

Ich denke nicht, dass Tiere und Pflanzen den großen Plan immer verstehen. Ole bestimmt nicht. Er fügt sich ein. Alle Lebewesen fügen sich ein. Die Schwalben fliegen im Winter nach Afrika. Die Buchen verlieren ihr Laub. Die Fichten nicht. Den Wildschweinen wächst ein dickes Fell, und die Eichhörnchen haben ihre Vorratslager gefüllt. Müssen sie das verstehen oder gar erklären können, um es zu tun? Würde es ihnen helfen, sich im Außen zu vergleichen, um einschätzen zu können, wie gut sie sind in dem, was sie tun? Ich bewundere die Natur jeden Tag von Neuem, und diese Bewunderung setzt mich nicht unter Druck, weil sie keine Vergleiche hegt.

In unserem Zirkuswagen spüre ich Regen, Kälte, Hitze oder Wind viel deutlicher als überall sonst, und das verstärkt mein Gefühl, ein lebendiger Teil des großen Kreislaufs zu sein. Ein mutiges, kreatives und leidenschaftliches Leben kann ich überall führen. Im Schwarzwald. In Indien oder Kenia. In der Stadt und auf dem Land. Völlig egal.

Der bunte Herbstwald umhüllt mich, und der Duft von nassem Laub erfüllt meinen Weg. Die Natur folgt ihrem Kreislauf. Ich muss gegen nichts kämpfen. Ich darf das Geschöpf sein, als das ich auf diese Erde gekommen bin. Das ist meine Daseinsberechtigung und der größte Wert, den ich habe und je haben werde. Ich darf ehrlich zu mir sein und dem Feuer in meinem Herzen folgen. Auch wenn sich das leichter sagt, als es ist.

»Komm«, rufe ich Ole zu, der sofort begeistert in einen Galopp verfällt, und schwinge mich auf mein Rad. Der kühle herbstliche Fahrtwind bläst mir ins Gesicht, und holpernd rolle ich den Waldweg entlang. Das Leben geht nicht immer nur geradeaus, aber je besser ich die hellen Momente auf meinem Weg verinnerliche, umso weniger Angst muss ich vor der Dunkelheit haben. Denn beides begleitet uns durch das Leben. Mein Weg ergibt sich von selbst, wenn ich den Mut habe, darauf zu vertrauen, dass diese Erde mich liebt, weil ich ein Teil von ihr bin. Weil ich existiere. Weil eine Flamme in meinem Herzen brennt.

Ich blicke durch die Maschen im Zaun der Voliere und bewundere die Hühner, die wie eine Herde von Miniatur-Dinosauriern auf ihren zwei schuppigen Beinchen mit angelegten Flügeln und reptiliengleichen roten Kämmen auf dem Kopf in meine Richtung eilen. Sie wissen, dass es jetzt hinaus in die Freiheit geht. Jeden Nachmittag öffne ich die vergitterte Tür des Außengeheges, und dann flitzen etwa zwanzig gefiederte Zweibeinerinnen und ein Zweibeiner über die Wiese in Richtung Misthaufen, Gemüsegarten und Waldrand. Jetzt, Anfang November, gehört schon etwas Glück dazu, noch ein paar Leckereien auf dem Hof zu finden. Viele Insekten scheinen sich bereits verkrochen zu haben, und die Gräser haben ihre Frische und Kraft verloren. Alles bereitet sich auf den Winter vor.

Unsere Hühner und der Hahn bekommen nur halbtags Freigang, denn sonst hätte der Habicht den ganzen Tag lang Zeit, sich einen gut genährten Hähnchenschenkel auszuspähen und im Sturzflug zu ergattern. Außerdem verwandeln die Hühner den Hof in eine Mondlandschaft, wenn sie den lieben langen Tag Zeit haben, mit ihren Krallen in der Erde zu scharren und jeden Quadratzentimeter auf Würmer, Gräser und Insekten hin zu untersuchen.

Endlich habe ich mein dumpfes Schuldgefühl abgeschüttelt. Endlich bereiten mir die gackernden Ladys und der Herr mit den langen bunten Schwanzfedern Freude. Das Gefieder der Herde glänzt wieder, die Kämme erstrahlen in einem gesunden Rotton und von Milben im Hühnerstall ist nach meinen regelmäßigen Einsätzen mit Bunsenbrenner und Kieselgur keine Spur mehr. Die Fütterung vergesse ich nur noch selten, und inzwischen ist der Samstag zu meinem regelmäßigen Mist-Tag im Stall geworden. Mit einem spannenden Hörbuch oder einem guten Podcast auf den Ohren schaufle ich den Mist mit beinahe meditativer Ruhe und gleichzeitig mit der dazugehörigen Pragmatik in die Wanne. Ich habe keine Eile, denn ich mache mir keine Sorgen mehr, in meiner Selbstständigkeit etwas zu verpassen, wenn ich den ganzen Tag mit Landwirtschaft beschäftigt bin. Seit die Hühner so zufrieden mit mir sind, habe ich einen neuen Wert darin entdeckt, mich den Dingen, die nun mal gerade anstehen, mit Leidenschaft hinzugeben. Es ist gerade nur zu tun, was zu tun ist. Und so lebt es sich viel leichter in meiner Vielseitigkeit.

Begleitet von vorfreudigem Gackern und Gurren ziehe ich an dem rostigen Schieberiegel der Tür am Außengehege. Dann stürmen die Federknäuel an mir vorbei hinaus in die Freiheit. Sofort stürzt sich der Hahn auf eine braun gesprenkelte Henne, die gerade damit beschäftigt ist, die ersten saftigen Grashalme auf ihrem Ausflug in die Freiheit mit dem Schnabel zu bearbeiten. Fünf Sekunden dauert das schamlose Schauspiel, bei dem der aufgeregte Hahn sich offensichtlich abreagieren muss. Dann stolziert er erhobenen Kammes davon, während sich die Henne ihre braunen Flügel schüttelt und weiter im Gras pickt, gerade so, als sei nichts passiert.

»Na pfui …«, murmle ich und beobachte den selbstgefälligen Hahn, der sich schon nach der nächsten Dame umzusehen scheint, dann mache ich auf dem Absatz kehrt und eile zurück zur Zirkuswagen-Baustelle.

In den letzten Wochen haben Patrick und ich die antiken Fenster eingebaut und sogar einen großen Teil des Innenausbaus gemeistert. Lange habe ich Pläne für den Ausbau gezeichnet. Viele Stunden bin ich mit meinem Smartphone in der Hand durch das Internet gesurft, um die neuesten, praktischsten und schönsten Ideen für Tiny Houses, Vans oder Baumhäuser zu sammeln. Die Gründe der digitalen Inspiration sind weit. Und manchmal ziemlich überfordernd. Schlussendlich habe ich aber vieles gelernt über die Flut an Fotos von perfekt gestylten Tiny Houses im Internet: Schön ist nicht immer praktisch. Seit meiner Kindheit im Wohnwagen verabscheue ich beispielsweise komplizierte Klappkonstruktionen, die zwar in der Theorie ach so platzsparend klingen, im dauerhaften Leben auf kleinem Raum aber lediglich zu einem Nervenzusammenbruch führen. Ein Bett, das jeden Abend vor dem Schlafengehen erst einmal ausgeklappt, bepolstert und bespannt werden möchte, bevor man seinen wohlverdienten Schlaf bekommt, ist keine Ruhestätte. Das ist eine Foltermethode. Und mit dem allabendlichen Klappmarathon ist es noch nicht getan. Ein solches Bett möchte direkt nach dem Aufstehen wieder eingeklappt werden, damit der Raum, der eingespart werden soll, überhaupt für andere Dinge genutzt werden kann. Allerdings bleibt tagsüber dann die große Frage, wo nun eigentlich die voluminöse Bettdecke und die gemütlichen Kissen einen Platz finden? Nein danke. Dann lieber Frühstück im Bett als am geräumigen Klapptisch.

Das nächste Thema, das mir auf vielen stylishen Tiny-House-Fotos immer wieder auffällt, ist, dass der Stauraum zugunsten des Styles oft einfach wegreduziert wurde. Die meisten dieser Tiny Houses sind lediglich als Ferienunterkunft geeignet. Nicht aber, um ein Leben darin zu verbringen. Und zu guter Letzt musste ich immer wieder feststellen, wie viel Plastik, Sperrholz oder Steinwolle in den kleinen Häusern verbaut wird. Plastikmöbel oder falsche Fußböden in Holzoptik? Wer zur Hölle möchte so wohnen? Nein. Patrick und ich möchten ehrlich leben. Entweder Plastik, und das sieht man dann auch, oder eben Holz. Unser großes Ziel war es, fast ausschließlich Naturmaterialien wie Holz, Stahl, Kupfer oder Leinen im Wagen zu verbauen. Heute glaube ich, dass diese Ehrlichkeit der Materialien im Inneren des Wagens spürbar ist. Und dass wir trotzdem einigermaßen stylish wohnen.

Nach meiner Odyssee durch das Internet haben Patrick und ich uns endlich für einen meiner ungezählten Planungsentwürfe entschieden. Um zu überprüfen, wie der Innenausbau später auf kleinem Raum wirken wird, hatte Patrick die Idee, die Umrisse aller Möbel, die wir bauen würden, mit Kreppband auf dem Fußboden abzukleben.

Dann kam die Praxisphase. Und alles wurde anders. Die Dusche ist nun im Badezimmer integriert, anstatt wie ursprünglich geplant als eigene Einheit verbaut. Die Küchenzeile ist länger geworden, der Durchgang zwischen Schlafbereich und dem Rest des Wagens hat ganz neue Dimensionen bekommen, und die Sitzecke nimmt Formen an, die in keinem Plan vorgesehen waren. Theorie und Praxis klaffen auch beim Bau eines fast perfekten Zuhauses auseinander, gleichzeitig aber sind sie unzertrennlich. Aber ist das nicht auch logisch? Egal wie viele

Pläne wir im Leben schmieden: Es kommt anders. Ohne Pläne kommt allerdings oft überhaupt nichts.

Ich betrete den Wagen durch die Eingangstür an der Seite, und der intensive Duft von frischem Leinöl auf Holz steigt mir in die Nase. Patrick hantiert mit einem Akkuschrauber am noch nackten Korpus der Küchenzeile herum.

»Bin bereit. Habe noch schnell die Hühner rausgelassen«, keuche ich und knie mich neben ihn auf den Boden.

»Die sehen wieder gut aus, oder? Hast du beim Misten noch Milben entdeckt?«, fragt Patrick, während er mit seinem dicken Zimmererbleistift ein paar Maße auf einem abgesägten Stück Holz notiert.

»Nein, ich glaube, wir haben den Kampf gewonnen«, sage ich. »Die sind entspannt und zufrieden. Und die Kartoffeln, die du ihnen regelmäßig kochst, lieben sie.« Angestrengt versuche ich, Patricks Küchenplan auf dem Holzstück in seinen auffällig vernarbten Händen zu entziffern.

Gemeinsam basteln wir weiter an der Küchenzeile, nehmen Maße und bereiten die Bretter für die Front vor, die ich morgen in einem matten Altweiß lackieren möchte, das ich mir im Baumarkt nach langer Recherche auf Pinterest ausgesucht habe. Meine Gedanken wandern mal wieder zu Lisbeth und ihren Schnitzeln. In dieser Zirkuswagenküche werde ich sicher kein Schnitzel braten. Dafür freue ich mich aber jetzt schon darauf, unsere eigenen Nudeln, das Gemüse aus dem Garten und die Lebensmittel, die wir mit Nachbarn und Familie tauschen, zuzubereiten.

Seit ich Lisbeth kennengelernt habe, oder besser gesagt sie mich, muss ich oft an die alte, etwas eigene Dame denken. Ihre

Sicht auf das Leben einer Frau auf dem Land, die ihren Weg geht. Noch immer muss ich mich hier und da in Gesprächen mit überholten Rollenbildern herumschlagen. Und diese Gespräche nehmen meist keine so überraschende Wendung wie die Unterhaltung mit Lisbeth vor einigen Wochen. Aber ich lerne, seltener mit Aggression und häufiger mit einem entwaffnenden Lächeln zu antworten. Lisbeth musste als junge Frau in dieser Gesellschaft noch viel schlimmere Kämpfe für Gleichberechtigung ausfechten. Ich bin in ein Land hineingeboren, das sich mehr und mehr öffnet und angleicht, auch wenn wir noch lange nicht von Gleichberechtigung sprechen können. Vielleicht aber war mir Deutschland nicht zuletzt deswegen peinlich. Eher gesagt war ich selbst mir in Deutschland peinlich. In einem Land, in dem unsere Vorfahrinnen und auch viele Vorfahren für unsere Freiheit und unsere Gleichberechtigung gekämpft haben. Ein Land, in dem viele Generationen für Wohlstand, Demokratie und Chancengleichheit gelebt haben. Oft ging das auf Kosten anderer Regionen dieser Erde. Ich aber bin als Prinzessin in dieses Land und in diese Zeit hineingeboren. Heute habe ich – auch dank der Digitalisierung – mehr Chancen, mehr Freiheiten, mehr Gleichberechtigung und mehr Wohlstand als alle Generationen vor mir. Und trotzdem bin ich unstet. Trotzdem hadere ich mit mir, mit meiner Rolle als Frau, mit meinem beruflichen Status, mit der Geschichte, die ich zu erzählen habe.

»Kannst du noch mal die Tiefe der Küchenplatte messen?«, unterbricht Patrick murmelnd meine Gedanken und ist schon wieder in seine Zahlenwelt abgetaucht, während ich noch über Frauenrechte grübele. Er reicht mir den Meterstab. Lisbeth hat scheinheilig Schnitzel gebraten, und dann ist sie eisern ihren eigenen Weg gegangen. Das war sicher nicht einfach. Ich habe es da schon leichter. Ich kann alles haben. Ich kann alles sein. Heutzutage kommt es ja scheinbar nur noch darauf an, ob man etwas wirklich will.

All das führt schlussendlich aber auch dazu, dass sich eine ganze Generation Vorwürfe macht, weil sich viele junge Menschen erdrückt fühlen von der Eigenverantwortung, die auf ihren Schultern lastet. Wenn eine »junge deutsche Prinzessin« oder ein »Prinz« etwas nicht schafft, obwohl wir doch heute alle Chancen und allen Wohlstand haben, dann kann das ja nur an ihr oder ihm persönlich liegen. Oder nicht?

»Aber das mit dem Schnitzel kannst du vergessen!«, rutscht es mir gedankenverloren raus. Patrick schaut mich irritiert von der Seite an, sagt aber nichts. Ich lese den Strich am Meterstab ab, der haargenau auf die Kante der Küchenplatte trifft.

»Einundsechzigkommazwei«, sage ich dann beiläufig.

»Na prächtig!«, kommt es zurück.

Nach all den Erfahrungen der letzten Monate bin ich endlich gerne im Schwarzwald. Ich bin mir selbst nicht mehr so peinlich zwischen den gerade gewachsenen Fichten im ungefährlichen Wald. Die Natur hat mir gezeigt, dass dort, wo Schatten sind, auch Licht ist. Dort, wo Freiheit herrscht, dort herrscht Verantwortung.

Ich spüre nicht nur Dankbarkeit dafür, dass Frauen wie Lisbeth ihren Weg gegangen sind und meinen damit geebnet haben. Ich spüre auch den Druck, aus all den Geschenken, die mir frühere Generationen durch ihren Einsatz gemacht haben, etwas »Großartiges« zu erschaffen. Ich spüre den Druck, einem modernen Frauenbild gerecht zu werden, in dem Karriere, Selbstverwirklichung und Kinder gleichzeitig Platz haben müssen.

Jede Generation trägt mit ihrem Zeitgeist und ihrem Feuer der Leidenschaft etwas zu dieser Welt bei. Jeder kocht sein eigenes Süppchen in der eigenen Küche mit den Zutaten und Gewürzen, die eben gerade in der Nähe wachsen. Patrick und ich werden bald schon die meiste Zeit in dieser Küche kochen. In unserem selbst gebauten Zirkuswagen am Waldrand.

Ich sitze auf einem hellen Schaffell auf der Wiese vor unserem Zirkuswagen und habe den Kopf in den Nacken gelegt. Die Sterne sind so angeordnet, als seien sie die Sommersprossen des Himmels. Die Mächtigkeit des Universums, die der dunkle Nachthimmel mir zeigt, lässt meinen Atem stocken und erfüllt mich mit großem Stolz. Stolz, weil ich selbst auf einem Planeten lebe, ein Teil dieser Erde, ein Teil der Natur und somit ein Teil dieses riesigen, atemberaubenden Universums bin.

Seit einigen Tagen ist in unserem Zirkuswagen endlich (fast) alles fertig. Es ist Anfang November, und der Winter kündigt sich immer deutlicher an. Monatelang haben wir aus Holz und alten Möbeln von der Scheune des Hofes unser kleines Zuhause ausgebaut. An diesem Abend machen Patrick und ich eine Einweihungsfeier für unsere hölzerne Seifenblase. Unser Zuhause auf Rädern. Jeden Moment trudeln die ersten Freunde und Freundinnen ein, noch aber genießen wir die Ruhe vor dem Sturm.

Ich sehe mich um. Je mehr ich weiß über Hühner, über den Gemüsegarten und über unsere Schafe, desto größer wird meine Freude an all diesen Dingen. Das Leben auf dem Land macht uns viel Arbeit, und andererseits empfinde ich es inzwischen als Luxus, auf den ich nunmehr ungerne verzichten möchte. Im Sommer leben wir bereits fast ausschließlich von unseren eigenen Lebensmitteln und von dem, was wir mit Nachbarinnen und Freunden tauschen. In den nächsten Jahren wollen wir immer besser darin werden, die heimischen Pflanzen, die Fruchtfolgen und Bodenbeschaffenheiten kennenzulernen und größere Erträge für uns zu erwirtschaften. Dazu werden wir noch viel Erfahrung sammeln müssen. Ich habe Supermärkte noch nie gemocht, und anstatt einen metallenen Einkaufswagen zwischen mit in Plastik verpackten Lebensmitteln vollgestopften Regalreihen hindurchzuschieben, standen wir vom Sommer bis in den Herbst hinein regelmäßig in der Küche, kochten Tomatensoßen, Bohnen und Marmeladen ein oder stellten Salben her und legten unsere Gurken im eigenen Apfelessig ein. Mein Immunsystem ist gestärkt von frischer Luft, gesundem Essen und der vielen Bewegung unter freiem Himmel. So vieles in meinem Leben ist anders, und gleichzeitig muss mein rastloses Herz nicht leiden. Trotz aller Fortschritte, die das Landleben macht, haben wir eine neue Schnapsidee: Sobald die letzten Kartoffeln aus dem Acker ausgegraben sind und im Keller liegen, möchten Patrick und ich dieses Jahr dem nasskalten deutschen Winter entfliehen und eine lange Reise machen. Auch deswegen haben wir heute Abend all unsere Freunde eingeladen. Einweihung und gleichzeitig Abschied auf Zeit. Die nächsten Monate werden wir am anderen Ende der Welt verbringen. So ist das Leben. Es besteht aus Gegensätzen.

Stumm sitzen Patrick und ich nebeneinander auf dem Fell. Vor uns prasselt ein Lagerfeuer. Das Knistern der Flammen klingt wie Musik zur Kulisse des Nachthimmels, und ich wende meinen

Blick von den Sternen ab, um die Flammen bei ihrem Tanz zu beobachten. Lagerfeuer und Sternenhimmel. So viel Schönheit auf einmal, dass ich gar nicht weiß, wohin ich blicken soll. Wer behauptet eigentlich, es gäbe keine Magie auf dieser Welt?

Seit einigen Tagen ist unsere Küche endlich fertig. Selbst gemachte Nudeln in Salbeibutter, verschiedene Currys, bunte Salate aus unserem Garten und Flammkuchen mit Fetakäse von den Ziegen nebenan sind seitdem an der Tagesordnung. All die Rezepte, die ich auf Reisen in den unterschiedlichsten Winkeln der Erde entdeckt habe, kann ich nun mitten im Schwarzwald in meist abgeänderter Form zubereiten. Und nachdem ich all die Kämpfe mit meinem inneren Frauenbild und meinem Poltergeist ausgefochten habe, freue ich mich sogar jeden Tag darauf, zwischen Buchmanuskripten, Podcasts und Zirkusstundenvorbereitungen am Schreibtisch endlich einfach ganz banal ein paar Kartoffeln zu schälen und dabei einen guten Podcast anzuhören. Nach all meinen Reisen durch die Welt habe ich Freude an Kulinarik und an all den Gewürzen und Gerichten, die ich unterwegs kennenlernen durfte. Nicht selten koche ich hier auf dem Hof auch für andere Menschen. Patricks Handwerkerkumpels, unsere Freunde und Familie. In unserer eigenen Zirkuswagenküche macht mir die Kulinarik noch viel größere Freude. Im Gegenzug bekomme ich so viel Unterstützung wie noch nie zuvor in meinem Leben. Noch nie war ich so reich beschenkt. Patrick, seine Brüder und Handwerkerkumpels bauen für mich Kulissen für Aufführungen oder Buchtrailer. Sie übernehmen draußen den Großteil aller stupiden Arbeiten, die anfallen und auf die ich einfach keine Lust habe. Ich will Zeit haben für das kreative Chaos in meinem Kopf. Zeit für meine Selbstständigkeit, meine Träume und Projekte. Ohne

Patrick, seinen Bruder und all die Hilfe, die wir bekommen, gäbe es diesen traumhaften Wagen und so viele andere Privilegien in meinem Leben nicht. Nie und nimmer hätte ich allein ein solches Kunstwerk erbauen können. Nun aber wohne ich in einem Traumhaus an einem wunderhübschen Fleckchen Erde, fahre einen stylishen Oldtimer mit Allrad, der sich scheinbar von selbst repariert, und kann jederzeit die kleine Blockhaus-Sauna anheizen, die Patrick neben unseren Zirkuswagen gebaut hat.

Ich lebe Vielfalt. Aber nicht ich allein habe dieses Leben erschaffen, sondern all die Menschen um uns herum. Ich glaube einfach nur daran, dass es funktionieren kann, wenn jeder Mensch in einem Netzwerk das tut, was er oder sie kann und mag. Ich kann schreiben. Ich kann sprechen. Ich kann Hühner versorgen. Ich kann Bühnenregie führen. Und ich kann kochen. All das versuche ich mit Leidenschaft und ohne Druck zu tun. So, wie Lisbeth gerne Schnitzel brät und dabei Operetten vor sich hinschmettert.

Noch immer verfolgen meine Augen die tanzenden Flammen des Feuers. Lagerfeuerabende sind auf dem Land nicht gerade eine Seltenheit. Es gäbe ein paar Kneipen im Nachbarort, aber die warmen Flammen, der Sternenhimmel und die Geräusche aus dem nächtlichen Wald machen die Abende am Lagerfeuer immer wieder zu ganz besonderen Ereignissen. Meine Gedanken sind auf Streifzug durch die letzten Monate, während meine Augen gebannt auf die tanzenden Flammen blicken.

Unwillkürlich beuge ich mich vor und greife nach einem Holzscheit auf dem Stapel neben der Feuerwanne. Mit fliegenden Funken, die wie Hunderte Glühwürmchen zum Nachthimmel tanzen, landet das Scheit in der hellroten Glut. Die Flammen züngeln wild empor und umgarnen das trockene Stück Holz.

Ja, Leidenschaft im Leben ist wie das Feuer. Wenn es brennen soll, dann muss ich es füttern. Immer wieder nachlegen. Dort, wo meine Lebensfreude im einfachen Tun liegt, dort liegen auch mein Potenzial und meine wahre Natur. Dort finde ich die Antworten in mir. Wenn ich meine Leidenschaft nicht lebe, dann werde ich unglücklich. Dann ersticke ich wie eine Flamme, die keinen Sauerstoff bekommt. Das Feuer, vor dem ich sitze, zeigt mir aber auch, dass ich mich an meinen Leidenschaften verbrennen kann, wenn ich mich zu sehr hineinsteigere. Feuer hat eine impulsive, zerstörerische Kraft. Wenn ich mich selbst und die Situationen, die ich erlebe, zu ernst nehme. Wenn ich alles um mich herum wie wild in Flammen stehen sehen will. Wenn ich ungeduldig werde und schnelle Ergebnisse verlange, anstatt ein kontinuierliches Leuchten immer wieder zu nähren.

Das Element Feuer in der Natur ist wie mein inneres Leuchten im Leben. Ich blicke einigen einzelnen Funken nach, die sich flirrend in den Nachthimmel heben, und der leuchtende Mond über mir erinnert mich wieder an meinen Marsch durch den nächtlichen Wald vor einigen Wochen. Ich darf meinem Weg mit Hingabe im Moment vertrauen, auch wenn ich ihn mal nicht so deutlich erkennen kann.

»Sie sind da«, ruft Patrick, springt auf und zieht mich ebenfalls auf die Beine. Stockbrotteig, Eintopf und Bier stehen noch im Wagen. Außerdem wollte ich schon längst die Kerzen angezündet haben, die ich in Schraubgläsern unter den Bäumen verteilt habe.

Wasser

Von rauschenden Flüssen, fernen Zielen und einer Begegnung mit der Klarheit

Ein Quietschen reißt mich aus meiner Starre. Seit geraumer Zeit blicke ich wie gebannt auf die mit langen Plastikstreifen verdeckte Öffnung des Sperrgepäckschalters. Heimlich ist mir etwas mulmig zumute bei dem Gedanken daran, was die nächsten Wochen auf uns zukommt. Aber das würde ich nie zugeben.

Das Quietschen wird von einem Rucken und Schleifen verstärkt, und endlich setzt sich das Sperrgepäckband in Bewegung. Jetzt geht es also los. Als die erste Fahrradtasche durch die Öffnung in der Wand kommt und über ein schwarzes zerschlissenes Band auf uns zugleitet, springt eine Frau mit kurz geschorenen braunen Haaren neben mir auf und pflückt das große Paket behände vom Band. Entweder das Fahrrad in der Tasche ist ultraleicht oder diese Frau ultrastark. Ich vermute Letzteres. Sie ist eine Ironlady. Zumindest habe ich über dem Atlantik, irgendwo zwischen ungesalzenem Tomatensaft und lauwarmem Kaffee aus Plastikbechern, entschieden, sie so zu nennen. Dort oben in luftigen Höhen waren wir ins Gespräch gekommen, nachdem ich einen Fahrradhelm unter ihrem Sitz entdeckt hatte. Sie und die Gruppe drahtiger Männer, die nun ebenfalls am Gepäckband steht, werden nächste Woche beim Ironman hier in Mexiko teilnehmen. Ich weiß nicht viel darüber. Nur dass es ganz schön hart wird. Und heiß. Und schwül. Und natürlich klingt es ziemlich gut. Ironman. Auch für Ladys. Zehn weitere Fahrräder in sauberen Taschen kommen zum Vorschein, und der Clan aus Hochleistungssportlern um die Ironlady in spe verabschiedet sich nach und nach lächelnd von Patrick und mir, jeder ein in einer schicken Fahrradtasche verpacktes Rennrad unter dem Arm.

»Viel Erfolg!«, rufe ich der Frau hinterher.

»Passt bloß auf euch auf!«, erwidert sie und zwinkert mir zum Abschied zu. Wie das wohl sein muss, den eigenen Körper in der Hitze Südmexikos zu Höchstleistungen zu treiben, wo man jahrelang im kühlen, trockenen Deutschland trainiert hat? Andererseits: Patricks und meine Aussichten sind auch nicht gerade rosiger. Einen ganzen Monat mit Zelt und Hobo-Kocher durch die Wildnis Zentralamerikas radeln. Sieben Länder. Über zweitausend Kilometer. Hier in Cancún soll unsere Tour noch heute Abend beginnen. Und in einem guten Monat möchten wir in Jacó, Costa Rica, bei meiner Schwester angekommen sein. Sie lebt dort seit einigen Jahren und führt ein Bikini-Modelabel mit Laden direkt am Strand. Für uns bedeutet diese Reise nicht nur körperliche Anstrengung, sondern auch mentale Stärke, denn Zentralamerika ist nicht gerade ein Ponyhof für Fahrradreisende. Wir haben lange überlegt. Viel gezweifelt. Vor zwei Tagen noch saßen wir mit unseren Freunden um ein Lagerfeuer vor unserem Zirkuswagen und haben Abschied gefeiert. Jetzt sind wir hier. Und diese Reise beginnt.

Das ruckelnde Quietschen des Förderbandes reißt mich erneut aus meinen Gedanken.

»Na endlich!«, ruft Patrick und geht auf die beiden ausgebeulten und mit Paketband verschnürten riesigen Kartons zu, in denen die Einzelteile unserer Fahrräder den Flug hoffentlich gut überstanden haben. Die Packtaschen, die wir gleich an den fertig zusammengebauten Rädern anbringen wollen, haben wir bereits am Gepäckband eingesammelt. Zwei riesige blaue Plastiktüten mit der Aufschrift »IKEA«, in die wir zu Hause je drei fertig gepackte Fahrradtaschen gestopft haben. Ja. Zu Hause. Das ist momentan dieser schöne Zirkuswagen, mit dessen

Ausbau Patrick und ich endlich fast fertig sind. Fast fertig, weil ich glaube, dass kein Zuhause dieser Welt je wirklich fertig ist, solang die Bewohnerinnen einigermaßen fantasievolle Wesen sind. Fast fertig, und trotzdem zieht es uns gerade jetzt wieder in eine andere Ecke dieser riesigen, durch das Weltall schwebenden Kugel, auf der wir alle wohnen. Aber ist das im Leben nicht immer so? Egal wie viel Kraft, Zeit und Energie wir in ein Projekt gesteckt haben – sobald wir unser Ziel erreichen, rennen wir auch schon der nächsten Herausforderung hinterher. Seltsame Wesen, diese Zweibeiner. Anstatt einfach endlich das Leben zu genießen, wollen sie andauernd ihren Reichtum vermehren, sich in das nächste große Abenteuer stürzen, eine weitere Sprosse auf der Karriereleiter erklimmen oder ihre Reichweite und ihren Bekanntheitsgrad erhöhen. Irgendetwas fällt uns Menschen doch immer ein, um bloß keine Langeweile aufkommen zu lassen.

Vielleicht wollen wir aber auch zu viel vom Leben? Patrick und ich haben bereits viel von dem, was wir uns erträumt haben: Einen eigenen Zirkuswagen, Schafe, Hühner, unsere Selbstständigkeit und damit die Freiheit, unser Leben eigenmächtig zu gestalten. Trotzdem möchten wir, dass sich unser Alltag immer wieder verändert.

Man kann eigentlich nicht reisen, wenn man von sich behauptet, ein nachhaltiges Landleben zu führen, denn es ist nicht gerade umweltfreundlich, mit dem Flugzeug nach Mexiko zu reisen. Außerdem haben wir Hund, Schafen, Hühnern und Gänsen zugesagt, dass wir uns verantwortungsvoll um sie kümmern werden, solang sie bei uns leben, und schon geben wir diese Verantwortung für zwei Monate an Freunde und Familie ab. Und deswegen kann man andersherum auch kein Landleben führen, wenn man wirklich ernsthaft reisen will. Genauso wenig kann man sich zwei Monate freinehmen, wenn man in der Selbstständigkeit vorankommen will. Man kann andererseits aber auch nicht jeden Tag acht Stunden effizient arbeiten, wenn man in der Kreativwirtschaft tätig ist. In den letzten Wochen habe ich vorgearbeitet und alle Fristen so gelegt, dass ich wirklich und tatsächlich zwei Monate keine Arbeit auf dem Schreibtisch habe. Andererseits kann ich mir das nur leisten, weil diese Monate eine unermesslich wichtige Vorbereitungszeit für mich sind. Eine Zeit, die ich nutzen werde, um das Konzept für mein neues Buch zu erarbeiten. Mal am Straßenrand, mal an einem schönen See und mal mit Stirnlampe auf dem Kopf im Zelt. Ich verbringe die freie Zeit in meiner freien Zeit also damit, Pläne zu schreiben, Handlungsstrategien zu optimieren, Arbeitsabläufe zu überdenken und – wann immer wir Internet haben – all meine Überlegungen und Notizen zu überprüfen und Recherchen anzustellen. Auf dieser Reise habe ich frei, und gleichzeitig erarbeite ich mir ein wichtiges Fundament, auf dem ich das ganze kommende Jahr viel effizienter in meiner Selbstständigkeit arbeiten werde. Wie sehr sich mein Leben doch in sich selbst widerspricht.

Ich schaue mich in der Gepäckhalle um. Allein schon dieser Ort. Ein Flughafen. Das widerspricht der Behauptung, wir würden ein naturnahes Leben im Zirkuswagen führen. Andererseits haben wir den Atlantik nicht nur für zwei Wochen überquert, sondern für zwei Monate, und werden ab hier ganze sieben Länder fast klimaneutral erkunden. Zumindest was die Fortbewegung angeht. Einmal im Jahr möchte ich meine

Schwester sehen, und dafür nehmen wir beide in Kauf, dass eine von uns in ein Flugzeug steigen muss. Und die Liebe zu meiner Schwester kann doch wohl nicht meiner Liebe zur Natur widersprechen.

Gibt es vielleicht Menschen, die es leichter haben? Menschen, deren Leidenschaften nicht so widersprüchlich sind? Menschen, die aus vollem Herzen in eine gesellschaftliche Schublade passen und darin glücklich sind? Vollblutmanagerinnen. Vollgas-Hippies. Öko-Aktivisten. Emanzipationskämpferinnen. Vorstadtschrebergärtner. Menschen, die vollkommen und fest mit beiden Beinen auf einer Seite stehen. Ohne Widersprüche. Ohne Kompromisse. Ganz und gar in ihrer Positionierung gefestigt. Oder ist es vielleicht völlig in Ordnung, Kompromisse zu leben? Ist es vielleicht gar nicht schlimm, in keine Schublade zu passen? Und existieren die Schubladen, die ich kenne, vielleicht nur in meinem eigenen Kopf, während meine Mitmenschen ganz andere Schubladen in ihren Köpfen haben? Vielleicht stecke ich mit meinem Lebensstil bei jemand anderem ja schon längst in einer Schublade fest!

Seit dem Abflug habe ich mir vorgenommen, diese Reise auch als Geschenk zu nutzen. Zeit als Geschenk, um Klarheit darüber zu erlangen, dass alles in meinem Leben gut ist, wie es ist. Klarheit darüber, was es bedeutet, als junge Frau im 21. Jahrhundert in einem kleinen Schwarzwalddorf zu leben. Und auch Klarheit darüber, was das eben nicht bedeutet. Klarheit darüber, dass mein Leben sicher irgendwann auch wieder anders aussehen wird. Klarheit über meine Ziele als Autorin. Über meine Ansprüche an Seminare, Vorträge und Kurse. Klarheit über meine ganz eigene Art der Zusammenarbeit mit

Menschen und mit mir selbst. Es gibt so viele spannende Fragen in diesem Leben.

Für Patrick und mich beginnt hier am Flughafen Cancún ein neues Kapitel. Die Wildnis Zentralamerikas wartet mit ungeahnten Abenteuern und Herausforderungen auf uns. Deutschland ist mir schon lange nicht mehr peinlich, und ich bin dankbar für unser Zuhause. Aber Mexiko, Belize, Guatemala, Honduras, Nicaragua und Costa Rica locken mit neuen Abenteuern und Perspektivwechseln. Ab hier heißt es: Adieu, nasskalter deutscher Winter. Adieu, alltägliche Verpflichtungen. Aber auch: Adieu, du gemütliches Bett. Adieu, du lieblicher Zirkuswagen. Adieu, du pragmatisch deutscher Alltagsluxus mit all deinen scheinbaren Sicherheiten.

Patrick stößt mich in die Seite. »Na los, wir müssen uns beeilen. Die Sonne geht bald unter, und ich will nicht gleich am ersten Abend die goldene Regel brechen. Wir müssen die Räder ja noch zusammenbauen. Außerdem habe ich Hunger.«

Eilig springe ich neben ihn, und gemeinsam hieven wir die Kartons mit den gebrauchten Fahrrädern, die wir vor knapp drei Wochen von einem Rentnerpaar gekauft haben, auf unseren Gepäckwagen. Jetzt bleibt nur zu hoffen, dass die alten Drahtesel auch etwas taugen.

Während wir einen letzten Kontrollpunkt im Flughafen passieren und in den endlos langen Gängen versuchen, einen Ausgang aus diesem Gebäude zu finden, beobachte ich die Menschen um uns herum. Ich freue mich auf diese Reise, die ja längst begonnen hat, und gleichzeitig gibt es da noch diese andere Seite in mir. Die Seite, die ich nicht gerne zugebe. Ein weiterer Widerspruch, mit dem ich wohl ab jetzt leben muss: Ich verspüre ein wenig Angst. Angst vor all den Schauergeschichten, die Freunde und Bekannte uns über das Fahrradfahren in Zentralamerika erzählt haben. Betrunkene Lkw-Fahrer, Drogenkartelle, Entführungen, Vergewaltigungen, Erpressungen, Raubmorde und dergleichen seien hier an der Tagesordnung. All diese Warnungen kenne ich von den Reisen, die ich in den letzten Jahren allein durch Nahost unternommen habe. Aber dieses Mal war es ganz besonders dramatisch. El Salvador ist laut der aktuellen Neuausgabe des Reiseführers das Land mit der höchsten Mordrate weltweit. Und genau dort wollen Patrick und ich wildcampen. Herzlichen Glückwunsch. Wer hat sich eigentlich diesen Mist ausgedacht? Ja. Ich weiß. Selbst schuld. Und auch daran, dass wir direkt mit unserer Ankunft am Flughafen in Mexiko ins kalte Wasser springen müssen, habe ich Schuld. Patrick hatte von Anfang an für einen anderen Weg plädiert. Wir könnten uns, wie jeder normale Mensch, mit einem Taxi vom Flughafen abholen lassen und die erste Nacht in einem günstigen Hotel in der Nähe verbringen. So hätten wir wenigstens genügend Zeit, uns zu akklimatisieren und die Räder in aller Ruhe zusammenzubauen, und könnten am nächsten Morgen entspannt unsere Reise über die staubigen Straßen Mexikos antreten. Ich aber habe auf die harte Tour bestanden. Und nun müssen wir das auch ausbaden. Kein Taxi. Kein Hotel. Das lässt der Stolz einer erfahrenen Abenteuerreisenden einfach nicht zu. Also werden wir in wenigen Momenten dieses Gebäude verlassen, uns mit unserem überquellenden Gepäckwagen an den rufenden Taxifahrern vorbeischlagen und eine ruhige Ecke auf dem Flughafengelände suchen, in der wir unsere Fahrräder zusammenbauen und die Taschen anbringen können.

Es ist vier Uhr Ortszeit. Laut Wetter-App wird es in Mexiko im November um sechs schon dunkel. Uns bleiben also gerade mal zwei Stunden. In zwei Stunden müssen die Räder zusammengebaut sein, und Patrick und ich sollten ein sicheres Plätzchen für unser kleines Zelt außerhalb des Flughafens gefunden haben. Auf Google Maps habe ich schon in Deutschland einen Golfplatz gleich in der Nähe des Flughafens entdeckt. Auf diesem Fleckchen Erde ruhen seit Abflug all meine Hoffnungen für die erste Nacht unserer Reise. Bei so viel Rasenfläche sollte man uns doch erlauben, unser Zelt unauffällig in einer Ecke aufzuschlagen. Golfplätze sind meistens eingezäunt und in einem Land wie Mexiko sicher auch gut bewacht. Perfekt für uns!

Die goldene Regel, von der Patrick eben gesprochen hat, besagt: Niemals in der Dunkelheit durch die Vorstädte Zentralamerikas eiern. Niemals. Also muss die Idee mit dem Golfplatz einfach funktionieren.

Vor ein paar Jahren sind Patrick und ich gemeinsam von Österreich nach Istanbul geradelt. Diese Tour hatte uns beiden damals so gut gefallen, dass wir es wieder tun wollen. Damals waren wir die besten Freunde. Seit etwa einem Jahr sind wir ein Paar. Und Zentralamerika ist sicherlich eine völlig andere Welt als der Balkan. Trotzdem. Die Einfachheit des Reiselebens ist es, die wir so genossen haben. Radfahren, essen, Radfahren, noch mehr essen, schlafen. Und wieder von vorn. Und alles inmitten der Natur. Draußen. Bei Wind, Wetter und Sonnenschein. Jede Nacht haben wir an einem anderen Fluss gezeltet und unterm Sternenhimmel dem Rauschen des kühlen Wassers gelauscht oder die Aussicht auf einem Berggipfel genossen. Wir haben uns im salzigen Meerwasser gewaschen und die leckersten Tomaten der Welt von albanischen Bauern zum Frühstück geschenkt bekommen. Jetzt beginnt die Fortsetzung. Vier Wochen Zentralamerika. Dschungel, Sandstrand und Meer. Bananen, Mangos und Avocados per Mundraub unterwegs. So stelle ich mir das in meinem naiven Kopf vor. Und wenn wir erst bei meiner Schwester angekommen sind, werden wir noch einen ganzen Monat Zeit haben, um ihren Bikini-Laden umzubauen. Da wird Patrick als Zimmerer dann wieder vollkommen in seinem Element sein.

Lächelnd schiele ich zu ihm herüber, während er den vollgeladenen Gepäckwagen durch eine sich automatisch öffnende Schiebetür drückt. Ein warmer, feuchter Lufthauch empfängt uns, parkende Mini-Busse, eine große betonierte Bushaltestelle, rufende Taxifahrer und riesige Palmen, die zwischen vertrockneten Gräsern wachsen. Mexiko. Möge das Outdoor-Abenteuer beginnen.

Der Junge mit dem dünnen schwarzen Flaum über der Oberlippe schüttelt erneut den Kopf, ohne uns in die Augen zu blicken. In der Dämmerung erkenne ich, wie die Männer, die lässig an der Schranke zum Golfklub lehnen, zu uns herübernicken. Sie lachen. Mit verschränkten Armen. Sie lachen, weil der Junge nun schon zum zweiten Mal vorgeschickt wird, um mit uns zu reden. Sie lachen wohl, weil sie uns »Gringos« den

Abend vermiesen können. In meinem Bauch formt sich ein dicker Knoten. Diese ach so wichtigen Kerle dort vorn bringen die Seifenblase in meinem Kopf mit dem offensichtlich größten Vergnügen zum Platzen. Wir sind noch nicht einmal richtig angekommen in diesem Land, und schon finde ich die Welt furchtbar ungerecht. Dabei lief bis hierhin alles wie am Schnürchen. Patrick und ich haben die Räder am Flughafen in Höchstgeschwindigkeit zusammengeschraubt. Alle Teile waren dabei. Nichts vergessen. Auf halbem Weg hinaus aus dem Flughafengelände ist Patricks Pedal abgeflogen. Das war's aber auch schon. Wir haben uns kurz verfahren und den ersten toten Hund am Straßenrand bestaunt. Dann den richtigen Highway in Richtung Tulum gefunden und wie zu erwarten festgestellt, dass eben nicht alle Lkw-Fahrer in Mexiko betrunken sind. Erst jetzt, als uns der Zutritt zum Golfklub verwehrt wird, dämmert mir, dass Cancún eine Gegend ist, in der Touristen normalerweise nicht fragen, ob sie irgendwo zelten dürfen. Hier gibt es entweder unbezahlbar teure Hotel-Resorts oder ärmliche Vororte, in denen die Menschen leben, die in diesen Hotels arbeiten. Oder zumindest hoffen, dort Arbeit zu finden.

Der Junge dreht sich um, ohne uns eines weiteren Blickes zu würdigen, und schlurft wieder auf die Männer zu, die jetzt in schallendes Gelächter ausbrechen.

»Komm«, sagt Patrick und versucht, sich sichtlich zu beherrschen. »Wir suchen weiter. Das bringt nichts mehr hier. Ein bisschen Licht haben wir ja noch.«

»So etwas Gemeines!«, rufe ich wütend. »Das schadet denen doch nicht, wenn wir ganz unauffällig hier zelten. Ich verstehe nicht, warum das nicht geht.« Außerdem nervt es mich, dass ich nicht noch mehr Spanisch gelernt habe vor der Reise. Ich schwinge mich ebenfalls auf den Sattel.

»Na los«, ruft Patrick, während wir der Dämmerung entgegenrollen. »Wir fahren einfach ein Stück weiter den Highway entlang. Da kommt bestimmt noch etwas anderes!« Während wir eilig in die Pedale treten und fieberhaft nach einem anderen Zeltplatz Ausschau halten, versuche ich mich zu beruhigen. Nur weil es in Mexiko auch mal Nacht wird, schwebt man doch nicht gleich in Lebensgefahr. Auch wenn das in Deutschland alle erzählen.

Der warme Abendwind weht durch meine Haare, und ich versuche, alle sorgenvollen Gedanken von mir zu schieben, bevor mein Poltergeist sich die Hände reibt und wieder einmal meine Gedanken kapert, während ich in den bereits tiefrosa gefärbten mexikanischen Abendhimmel starre. Gestern noch standen wir bibbernd im nasskalten winterlichen Deutschland am Flughafen und konnten von T-Shirt-Wetter und Palmen nur träumen. Morgen werden wir schon am Meer sein. Am Meer im November. Was für ein Luxus. Diese erste Nacht werden wir ja wohl überleben! Und wenn die Sonne dann wieder scheint, haben wir morgen den ganzen Tag lang genug Zeit, wirklich in diesem Land anzukommen.

Stumm radle ich einige Minuten hinter Patrick den Highway entlang in Richtung Süden. Die Autos haben bereits ihre Scheinwerfer eingeschaltet, und das dichte Urwaldgestrüpp zu beiden Seiten des Highways verschwimmt langsam, aber sicher zu einem Meer aus dunklen Schatten.

In den nächsten Tagen und Wochen werde ich mich an den Anblick von Palmen, Highways und unseren vollgepackten

Fahrradtaschen gewöhnt haben. Noch wirkt all das aber wie in einem Film. Meine Füße fühlen sich in den Klicker-Schuhen auf den Pedalen eingesperrt, und der Knoten in meinem Bauch wird so lang bleiben, bis wir heute Abend irgendwo in Sicherheit sind.

Patrick deutet auf ein Schild, das verdächtig nach einer Tankstelle aussieht. »Wollen wir es dort mal versuchen?«, höre ich ihn durch den Fahrtwind rufen.

»Wenn es an der Tankstelle nicht klappt, sind wir aufgeschmissen«, murmle ich mehr zu mir selbst. Dann rufe ich: »Au ja. Gute Idee!«, so laut, dass Patrick mich hören kann. Gleich ist es finster in Mexiko.

Wir biegen vom Highway ab. Bei den Zapfsäulen sprechen wir mit einem Mann, dessen Job es offenbar ist, die Autos zu betanken. Er scheint mit unseren dürftigen Spanischkenntnissen nicht viel anfangen zu können und schickt uns in den Spritshop. Dort werden wir etwas ignorant abgewiesen. Tipps, wo wir stattdessen einen Zeltplatz finden könnten, kann man uns nicht geben. Dann bleibt uns nichts anderes übrig, als die goldene Regel schon am ersten Abend über Bord zu werfen. Mit hängenden Köpfen und sorgenvollen Mienen montieren wir unsere Lichter an den Fahrrädern und kämpfen uns durch die Dunkelheit weiter den Highway hinunter. Während wir eilig durch die hereinbrechende Nacht radeln, halten wir rechts und links neben dem Highway Ausschau nach einem geeigneten Zeltplatz. Der Dschungel ist so dicht, dass wir mit zwei Fahrrädern nicht weit kommen und keine Chance haben würden, in diesem dicken Gestrüpp auch noch ein Zelt aufzubauen. Die paar freien Flächen neben dem Highway sind allesamt mit dickem Maschendraht eingezäunt und mit knallgelben Schildern mit der Aufschrift »Propiedad Privada« markiert. Den Zusammenstoß mit einem verärgerten mexikanischen Landbesitzer möchten wir nicht gleich in der ersten Nacht riskieren. Also radeln wir weiter. Immer weiter. An einem Freizeitpark und vor den Toren eines »Beach-Resorts« mit riesiger Einfahrt für Reisebusse werden wir ebenfalls abgewimmelt. Auf dem kleinen Tacho, den Patrick am Flughafen an mein Fahrrad geschraubt hat, kann ich erkennen, dass wir bereits über 15 Kilometer zurückgelegt haben. 15 Kilometer, auf denen sich keine einzige Option für einen Schlafplatz ergeben hat. Auf dem Highway rasen die Autos dicht an uns vorbei, und wir passieren ein Ortsschild mit der Aufschrift »Villas Morelos«. Die Bebauung wird dichter, die Beschilderung üppiger und die Zäune um privates Eigentum höher. Müll. Schnellstraßen und nackte Betonhäuser. Wir haben keine Wahl. Wir müssen weiter. Meine Eingeweide sind zu einem festen Knoten verzurrt, und mein Poltergeist schafft es inzwischen, mir alle paar Sekunden einen neuen beängstigenden Gedanken einzupflanzen. Ja, die Dunkelheit ist nicht gerade mein Ding, aber an dem Knoten in meinem Bauch sind eindeutig die Schauermärchen unserer deutschen Bekannten schuld, die mein Poltergeist natürlich längst auswendig und sehr überzeugend in meinen Gehirnwindungen reproduzieren kann. Schluss damit. Alles ist gut.

An einer Autobahnbrücke mitten in der Vorstadt machen wir Halt. Unterhalb des Highways erstreckt sich ein verlassener, notdürftig ausgeleuchteter Bauplatz, der an eine Wiese mit hohem Gras grenzt. Die Wiese wird nur schwach von den Straßenlaternen beschienen.

»Was meinst du? Ist vielleicht besser, als noch länger auf der Straße unterwegs zu sein«, murmle ich und deute auf die Fläche mit dem hohen Gras hinter dem Bauplatz. Patrick nickt.

»Ja. Lass uns den Platz mal unter die Lupe nehmen. Ist vielleicht ein gutes Versteck«. Voller Hoffnung verlassen wir den Highway erneut und schieben die Fahrräder quer über die offene Fläche unter der Autobahnbrücke. Auf halbem Weg stolpere ich über ein altes Stück Metallrohr. Eilig hebe ich es auf.

»Hier, nimm das und trete in der Wiese fest auf, falls sich eine Schlange oder sonst was im Gras versteckt«, rufe ich und reiche Patrick, der vorausgeht, das schwere Rohr.

»Gut«, sagt er knapp und schiebt sein Fahrrad vor mir durch das bereits taunasse hohe Gras. Langsam folge ich ihm. Schritt für Schritt in die Dunkelheit.

»Dort vorn, der kleine Busch.« Patrick deutet mit der Stange in die Dunkelheit. »Wenn wir dahinter unser Zelt aufschlagen, dürfte man uns von der Autobahn doch eigentlich nicht sehen. Und die Räder verstecken wir im Gras.« Viel kann ich nicht erkennen. Seine Stimmlage ist jedoch eindeutig. Hunger. Müde. Gereizt. Damit wäre entschieden, dass wir heute Nacht hierbleiben. Eine andere Option gibt es nun nicht mehr.

Plötzlich schmerzen meine Waden und Arme. Moskitos. Überall Moskitos im hohen taunassen Gras. Während ich mit einer Hand das Fahrrad festhalte und dabei versuche, Patrick dicht auf den Fersen zu bleiben, schlage ich mit der anderen wie wild um mich, um meine nackte Haut an Armen, Beinen und im Gesicht vor den Stichen zu schützen. Patrick ergeht es ebenso. In Windeseile bauen wir das kleine alte Zelt auf, das wir schon damals im Balkan dabeihatten, schließen die Räder mit einem Schloss aneinander, legen sie in die Wiese und werfen einige Büschel Gras darüber. Dann verstauen wir alle Packtaschen im Zelt. Die Moskitos foltern uns regelrecht, und am liebsten würde ich schreiend aus der Wiese rennen. Aber keine Chance. Das hier ist der einzige Fleck weit und breit, an dem wir uns heute Nacht verstecken können. Und endlich schließen wir den Reißverschluss der Zeltplane von innen. Alles ist bereits triefend nass da draußen. Die Luftfeuchtigkeit in Zentralamerika wird uns noch sehr zu schaffen machen in den nächsten Wochen. Wir breiten unsere Isomatten in dem winzigen Zelt zwischen all den Packtaschen aus und versuchen, es uns einigermaßen bequem zu machen. Die Luft hier drin ist feucht und stickig. Verzweifelt versuche ich mit der Stirnlampe auf dem Kopf, all die Moskitos zu erschlagen, die es mit uns in das Zelt geschafft haben. Mit jeder Minute wird es schwüler. Und heißer. Aber wir können auf keinen Fall lüften, denn sonst starten wir ein Moskito-Massaker, bei dem Patrick und ich die Verlierer sein werden. In diesem Moment weiß ich gar nicht mehr, welcher Gegner schlussendlich übler ist. Mensch oder Natur. Aber was sind schon ein paar Moskitostiche gegen all die Schauergeschichten, die wir in Deutschland über Mexiko und all die anderen Länder gehört haben, die noch vor uns liegen?

»Zähneputzen fällt heute aus«, schimpfe ich. »Ich gehe ganz sicher nicht mehr da raus! Das ist die reinste Moskito-Hölle!« Ich rutsche auf der klebrigen Isomatte hin und her. Der Schlafsack ist völlig überflüssig. Es ist heiß, viel zu heiß. Ohne den kühlenden Fahrtwind steht die feuchte Luft wie ein Dampfbad um uns herum im Zelt.

»Dafür gibt es Kekse zum Abendessen. Kochen fällt ja wohl auch aus«, murmelt Patrick, und ich höre das Klappern einer Dose, die wir in weiser Voraussicht in Deutschland mit selbst gebackenen Keksen befüllt haben. Für den Notfall. Und der ist bereits am ersten Abend eingetreten.

In meinem Kopf male ich mir aus, was wohl passieren würde, wenn man uns hier entdeckt. Das gefundene Fressen für einen mexikanischen Narco-Boss. Vielleicht ist diese verlassene Baustelle ja ein Drogenumschlagplatz, und heute Nacht treffen sich hier alle Dealer und Gangster von ganz Cancún und Umgebung?

»Mach das Licht aus!«, zische ich zu Patrick herüber. »Das sieht man bestimmt von der Straße her.« Warum bloß mussten Freunde und Familie uns diese Schauermärchen einreden? Und warum habe ich eine solch blühende Fantasie?

In der Nacht leuchten Scheinwerfer auf dem Bauplatz auf. Ich höre eine Männerstimme. Lautlos setze ich mich auf. Patrick schläft. Er kann einfach immer schlafen. Nur nicht schnarchen, Patrick. Nicht jetzt! Das da draußen sind sie bestimmt. Die Kartell-Killer. Und jetzt werden sie uns entdecken. Durch das kleine Moskitonetz in der Zeltwand beobachte ich den Bauplatz. Außer einem parkenden Auto und einem Mann in dunkler Kleidung, der an dem Auto lehnt und telefoniert, kann ich nichts erkennen. Ich spüre, dass ich Angst habe. Angst vor nichts. So kann das nicht weitergehen auf dieser Reise. Ich kann mir doch nicht jede Nacht neue Bedrohungen ausdenken und dann kein Auge mehr zumachen. Wenn wir dieses Abenteuer einigermaßen genießen möchten, dann müssen wir uns innerlich mehr entspannen. Die Dinge auf uns zukommen lassen.

Der Mann drüben auf dem Bauplatz raucht eine Zigarette. Dann steigt er in sein Auto und fährt davon. Ich höre mich selbst ausatmen. Na also. Er will gar nichts von uns. Beruhigt lasse ich mich wieder auf die Isomatte plumpsen. Nein. So paranoid wie an diesem ersten Abend darf ich nicht bleiben. Sonst ist es besser, wenn wir uns einfach in einen Bus setzen und die sieben Länder wie jeder normale Backpacker per Bus durchqueren.

Schlagartig wird mir klar, dass unser Fokus ab morgen früh auf Positivität liegen muss. Einfach muss. Sonst können wir uns nicht einlassen. Niemanden kennenlernen. Sehen die Schönheit der Landschaften und der Menschen nicht und ärgern uns über jede Panne, jedes »Nein« und jede Entbehrlichkeit des Lebens auf der Straße. So, wie die Ironlady beim Wettkampf ihre Gedanken ans Aufgeben ignorieren muss und Klarheit im Kopf braucht, um den Titel auch wirklich zu erlangen, so muss auch ich das ab heute Abend schaffen. Klarheit. Positivität. Einlassen auf das, was ist. Weitermachen. Auch wenn wir noch oft an unsere Grenzen kommen werden. Nur so können wir auch in den Genuss des Abenteuers kommen. Positivität ist nicht gleichbedeutend mit Naivität.

Während ich schlaflos auf meiner klebrigen Isomatte liege und Patricks und meinem Atem lausche, halte ich innerlich Zwiesprache mit meinem Poltergeist. Und wieder einmal ist er überraschend redegewandt: »Angst ist wichtig. Ich bin wichtig! Stell dir vor, ich wäre nicht bei dir, und niemand könnte dir sagen, wann du weglaufen, angreifen oder ganz still sein musst. Ich beschütze dich doch nur. Angst ist schon sehr alt. Also bin auch ich sehr alt. So alt wie der Instinkt in allen Lebewesen.

Ich habe meine Daseinsberechtigung, und wie du siehst, wirst du mich nicht mehr so schnell los. In der Steinzeit habe ich die Menschen vor wilden Tieren bewahrt, und heute bewahre ich dich vor gefährlichen Menschen. Sei froh, dass ich immer bei dir bin. Du hast doch gehört, was in Deutschland alle sagen: Mexiko ist gefährlich. Und die Mexikanerinnen und Mexikaner sehen das genauso. Überall Zäune und Warnschilder am Highway. Meinst du, die machen das zum Spaß?«

Beinahe hätte er mich wieder eingelullt. Ich nehme mir einen Moment, dann atme ich tief ein und halte dagegen: »Ich spiele dein Spiel nicht mit! Wenn ich mich von dir leiten lasse, dann handle ich mein ganzes Leben lang nur aus Angst. Ich bin aber ein positiver Mensch. Das verlange ich von mir. Und das ist eine klare Entscheidung. Schön, dass es dich gibt, lieber Poltergeist, aber ich brauche dich nicht so sehr, wie du denkst. Deine blöde Angst widerspricht sich ja sogar selbst andauernd. Im Schwarzwald soll ich schleunigst wieder weglaufen und bloß keine Wurzeln schlagen. Bloß nicht langweilig und träge werden und mich in einen Alltag einleben. Und unterwegs ist die Welt dann plötzlich zu gefährlich für mich? Ich weiß, was du willst, lieber Poltergeist. Du machst mir mein Leben schwer. Nichts weiter. Ich werde jetzt schlafen, und morgen scheint mir die mexikanische Sonne ins Gesicht, und diese Reise nimmt so richtig Fahrt auf, mein Lieber. Du wirst schon sehen!« Ich schließe demonstrativ meine Augen und lasse den Poltergeist in meinem Kopf nicht mehr zu Wort kommen. Immer wenn er mir ein weiteres Argument zuschreien will, versuche ich, diesen Gedanken ganz bewusst ziehen zu lassen, lausche wieder meinem Atem und entspanne die Muskeln in meinem Körper.

Meditation gehört zu jeder abenteuerlichen Reise dazu. In Momenten wie diesen gibt es nichts Wichtigeres, als zu üben, den eigenen Geist zu kontrollieren, um auch in extremen Situationen ein wenig Ruhe zu finden. Je länger ich meditiere und meine eigenen Gedanken einfach weiterziehen lasse, desto tiefer werden meine Entspannung, Zufriedenheit und Müdigkeit, und ich gleite in einen fester werdenden Schlaf.

Es ist Mittag, und die mexikanische Sonne scheint erbarmungslos in unsere Gesichter und auf unsere nackten Arme und Beine herab. Unsere Fahrradreifen stecken im feinen weißen Sand fest. Nichts zu machen. Die letzten Meter zum Strand müssen wir schieben.

Die erste Nacht haben wir trotz meiner blühenden Fantasie gut überstanden. Keine Killer. Keine Drogenkartelle. Nur ein paar Moskitostiche und eine Mütze voll Schlaf. Heute, am ersten richtigen Tag unserer Reise, bleiben uns noch einige Stunden Helligkeit, in denen wir einen sicheren Schlafplatz finden können. Der Tacho an meinem Lenker sagt mir, dass wir schon fast neunzig Kilometer ab dem Flughafen zurückgelegt haben. Dank des eintönigen Highways, den wir seit heute Morgen entlangradeln, kommen wir sehr gut voran. Das wird nicht immer so sein. Wir haben uns dazu entschieden, die Strecke durch das flache mexikanische Yucatán zu nutzen, um gleich zu Anfang ein wenig Vorsprung in unseren Zeitplan einzufahren. Guatemala und El Salvador werden hügelig und steil. Für uns gibt es hier in Yucatán ohnehin nicht viel zu sehen. Luxushotels, riesige Werbeschilder und den Seitenstreifen eines endlos langen, schnurgeraden Highways. Einzig und allein die berühmten weißen mexikanischen Sandstrände sind uns einen Abstecher wert.

Ich drehe mich zu Patrick um, der hinter mir ebenfalls mit seinem vollgepackten Rad gegen den weichen Sand kämpft.

»Hörst du das Meer auch schon rauschen?«, rufe ich und steige vom Fahrrad ab. Patrick nickt mir zu.

»Wir sollten uns bei der nächsten Gelegenheit zwei Strohhüte kaufen«, sagt er lachend. »Meine Stirn glüht. Zeit für eine Abkühlung.« Er steigt ebenfalls vom Fahrrad und schiebt das vollbepackte Ding durch den weißen nachgiebigen Sand. Gleich sehen wir das Meer. Mitten im November, während in Deutschland grauer nasskalter Nebel zwischen den hübschen geraden Fichten klebt. Wir aber sind umgeben von dunkelgrünen Palmen, schneeweißem Sand und glühend heißer Sonne. Und ja. Von Müll. Leere Chips-Packungen, Colaflaschen, Dosen und Einmalbesteck liegen überall dort, wo der Wind sie hintragen möchte. Abfall und tote Tiere am Straßenrand sind ein ständiger Begleiter. In so vielen Ländern dieser Welt.

Ich bleibe auf dem schmalen Pfad, der zum Strand führt, stehen, halte das vollgepackte Fahrrad mit einer Hand fest und ziehe mir mit der freien Hand die Fahrradschuhe von den Füßen. Der weiche, warme Untergrund schmiegt sich an meine Zehen, und beinahe glaube ich, meine eigenen Füße aufatmen zu hören. Die verschwitzten Socken hänge ich über den Fahrradlenker. Am besten wasche ich die Dinger gleich im salzigen Meerwasser aus, bevor sie anfangen zu stinken.

Das Rauschen des Meeres wird lauter, endlich lassen wir die letzten Palmen hinter uns. Vor mir erstreckt sich ein endlos langer Sandstrand mit heranrollenden Wellen, in der Ferne der sich biegende Horizont. Ein paar Menschen flanieren am Wasser entlang oder sitzen unter schattenspendenden Tüchern. Viel ist nicht los. Schließlich liegt dieses Stück Sandstrand irgendwo zwischen den Touristenorten Cancún und Tulum. Im Niemandsland.

Seit Wochen habe ich mich auf den Moment gefreut, wenn wir das Meer erreichen. Und jetzt sind wir hier. Lächelnd atme ich die feuchte Meeresluft ein.

Unter einem himmelblau angestrichenen Holzverschlag mitten auf dem Strand richten wir uns ein kleines Lager für die Mittagspause ein. Eilig schlüpfe ich hinter einem Handtuch in meinen Bikini und Patrick in seine Badehose.

»Schnick, Schnack, Schnuck, wer zuerst ins Wasser geht und wer auf die Sachen aufpasst!«, rufe ich, als wir beide in unseren Badesachen dastehen und sehnsüchtig auf die Wellen schauen. Die Mittagshitze des Highways spiegelt sich nicht nur auf Patricks roter Stirn wider. Auch mein Gehirn fühlt sich inzwischen kross gebraten an.

»Ich war zuerst in meiner Badehose!«, protestiert Patrick.

»Das ist aber nicht fair«, halte ich dagegen. »Schließlich muss ich zwei Teile anziehen und du nur eins.«

»Ist ja deine Entscheidung.« Er grinst.

»Sehr witzig. Das ist gesellschaftlicher Zwang! Dich will ich mal sehen, wenn ich hier plötzlich halb nackt über den Strand spaziere und die Mexikaner wie die Schmeißfliegen angeschwirrt kommen. Oder gleich die Polizei rufen. Also, los jetzt!« Ich strecke Patrick die Hand entgegen und balle sie zu einer Faust. Dabei blicke ich ihm fest in die Augen, damit er nicht schummeln kann.

Keine drei Sekunden später renne ich barfuß über den heißen Sand den Wellen entgegen. In meiner Hand schwingen zwei durchgeschwitzte Socken, die gleich mit ausgewaschen werden wollen. Das lauwarme Nass spritzt an mir empor, und ohne innezuhalten werfe ich mich in die seichten Wellen und tauche unter. Mein Kopf fühlt sich an, als würde darin ein Großbrand gelöscht. Obwohl das Meer nicht gerade kalt ist, erfrischt es meinen überhitzten Körper. Ich tauche unter, halte die Luft an. Und blubbernd verstummt die Welt. Erst jetzt fällt mir auf, wie sehr die Autos auf dem Highway in meinen Ohren nachhallen. In diesem Moment ist alles perfekt. Ich fühle mich erfrischt und klar, und wenn ich an die nächsten Wochen auf dem Fahrrad denke, ist mir gar nicht mehr so mulmig zumute. Irgendwie werden Patrick und ich diese Reise meistern.

Alles ist stumm. Nur das dumpfe Gluckern und Rauschen des sich bewegenden Meeres umgibt mich. Hier unter Wasser ist die Welt so still, dass selbst mein Poltergeist den Atem anhält. Und genau das wird er ab jetzt öfter tun. Egal wie gefährlich die Länder sind, durch die wir radeln, egal wie knapp Essen und Trinkwasser manchmal werden und egal ob die Dunkelheit längst über uns hereingebrochen ist. Solang keine akute Gefahr besteht, werde ich mir auch nicht andauernd Gefahren ausmalen. Zwischen Aufmerksamkeit und Angst gibt es einen Unterschied.

Ich tauche auf, plansche im salzigen Wasser umher, lasse mich von den Wellen tragen und genieße den Blick entlang der

Küste. Dann wate ich zurück ins seichtere Wasser, knete und reibe die Socken im nassen Sand und spüle mit salzigem Meerwasser nach. Und genau so, wie das Wasser Dreck und Schweiß wegspült, so versuche ich dem Meer auch meine letzten Zweifel und Sorgen zu überlassen. Das wogende Wasser schenkt mir eine neue Klarheit. Ab jetzt werden wir diese Reise genießen. Jeden Moment. Jeden Tag. In voller Klarheit darüber, dass nur unser Vertrauen in die Welt uns voranbringt.

Ich renne zurück über den Sand, der mit jedem Schritt heißer wird, und löse den sehnsüchtig aufs Meer blickenden Patrick an unserem Lagerplatz ab.

Am siebten Tag unserer Reise haben wir Mexiko hinter uns gelassen. Alle alten Maya-Tempel und Ruinen haben Patrick und ich auf unserem Weg durch Yucatán verschmäht. Man sollte uns ohrfeigen dafür, aber Massentourismus und Fahrradreise, das passt für uns einfach nicht so recht zusammen. Wir Kulturbanausen. Ehrlich gesagt finde ich es aber völlig in Ordnung, den Fokus beim Reisen mehr auf Land und Leute zu legen als auf alte Steine. Natürlich hätten wir die sagenumwobenen Tempel gerne erkundet, aber als wir vor einigen Tagen an der Pforte einer solchen Sehenswürdigkeit haltgemacht haben, ist uns vor lauter Plastiksouvenirs und Zuckerwatte die Lust auf Mayas gehörig vergangen. Anstatt uns brav in die Ticketschlange einzureihen, fanden wir uns schlagartig auf unseren Rädern wieder, um die Weiterreise über den Highway anzutreten.

Mein Poltergeist ist nach wie vor gut darin, alle Arten von Schauermärchen zu sammeln und immer gerade dann hervorzukramen, wenn ich sie am wenigsten gebrauchen kann. Ich übe trotzdem weiter, ihn nicht so ernst zu nehmen. Es ist wie in der Geschichte von Hase und Igel: Egal wie schnell ich fahre, mein Poltergeist ist schon da und wartet in der Abenddämmerung darauf, mir seine Gedanken einzupflanzen. Auch Patricks Poltergeist kommt gelegentlich vorbei. Dessen Lieblingsthemen sind allerdings nicht Kartellbosse, sondern Proviant, Kekse, volle Wasserflaschen und eine kleine Notration Geldscheine, zusammengerollt im Fahrradlenker.

Mit den Eindrücken der Woche in Mexiko im Gepäck haben wir gestern die Grenze nach Belize überquert. Hier sprechen die Menschen Englisch, und ich hätte mir nie träumen lassen, wie viel das für Patrick und mich verändert. Seit gestern können wir wieder richtig kommunizieren. Wir können die Menschen nach den politischen und gesellschaftlichen Hintergründen des Landes fragen und ihren Lebensgeschichten richtig folgen. Vergangene Nacht durften wir im Garten eines Restaurantbesitzers zelten, der in Corozal, einer Stadt nahe der Grenze, lebt. Wir hatten in seinem Restaurant lediglich nach Trinkwasser gefragt, um uns ein lauschiges Plätzchen für die Nacht außerhalb der Stadt im Dschungel zu suchen. Das hatte der lebensfrohe Mike aber nicht zugelassen und uns stattdessen einen Zeltplatz im Garten des Restaurants zugewiesen. Wir möchten unser Trinkwasser nicht kaufen, um in Kontakt mit den Menschen und der Natur zu kommen. Anstatt in die Supermärkte zu laufen, fragen wir also meist auf den Straßen, in Gasthäusern, kleinen Handwerksbetrieben oder bei Landwirten und

Landwirtinnen. Außerdem halten wir immer wieder an Bachläufen, Flüssen und Stränden an, um zur Belustigung der Anwohnerinnen in das erfrischende Nass zu springen und uns zu waschen. Gestern Mittag aber habe ich ein selbst geschriebenes Schild an einem Flussufer entdeckt, das Unwissende vor Krokodilen warnen soll. Seitdem sind wir vorsichtiger geworden mit trüben Gewässern.

Heute, am zweiten Tag in Belize, sind wir seit den frühen Morgenstunden unterwegs. Bei Sonnenaufgang ist die Luft noch milder, und so versuchen wir, die frischen Stunden nach Tagesanbruch zu nutzen. Beim Zeltabbau wäre Patrick heute früh um Haaresbreite von einer Tarantel gestochen worden, die sich in der Nacht unter unserem Zelt verschanzt hat. Nur knapp ist er dem haarigen, giftigen Untier entkommen.

Wir haben uns von Mike verabschiedet, der ebenfalls ein früher Vogel zu sein scheint, und sind weiter durch die staubige Hitze geradelt. Immer wieder müssen wir Pausen einlegen, um unseren Kreislauf vor einem Absturz zu bewahren. Nach einer Woche auf dem Rad habe ich mich an dieses neue Leben irgendwie schon gewöhnt und bin besser darin geworden, die Dinge zu nehmen, wie sie kommen.

»Lass uns dort vorn im Schatten anhalten«, ruft Patrick von hinten. »Kurz runterkühlen.«

Wir haben uns darauf geeinigt, dass ich vorausfahre und das Tempo vorgebe. Auf den viel befahrenen Straßen können wir nicht andächtig nebeneinanderradeln. Es ist schon gefährlich genug, hintereinander auf dem Seitenstreifen herzufahren. Wenn es denn überhaupt einen gibt. Oft müssen die seitlichen zwanzig Zentimeter der Fahrbahn reichen, die wir uns mit den breiten, hupenden Trucks teilen. Feldwege – oder gar Radwege – gibt es nicht. Und wenn wir doch mal eine Alternative zum Seitenstreifen einer großen Straße finden, dann ist die so steinig und staubig, dass wir nur unter Einsatz all unserer Kräfte vorankommen. Feldwege sind hier nur für Fußgänger oder Pferde geeignet. In meinem naiven deutschen Kopf habe ich mir ausgemalt, wie wir über idyllische Dschungelsträßchen auf gepflegten Schotterpisten in Richtung Costa Rica gleiten werden. Die Realität sieht anders aus. Seit Cancún haben wir etwa 450 Kilometer auf breiten Autostraßen zurückgelegt. Mehrere Male mussten wir vom Fahrrad springen, weil ein heranrauschender Truck uns sonst vom Seitenstreifen gemäht hätte. Rücksicht müssen hier Fahrradfahrerinnen und Fußgänger nehmen. Da hilft auch keine Straßenverkehrsempörungstirade nach deutscher Manier.

Gerade will ich Patrick antworten, da donnert der nächste hupende Truck in einem Höllentempo an uns vorbei. Die Antwort spare ich mir und lenke mein Fahrrad stattdessen auf die schattige Einbuchtung am Highway zu, auf der ein Obst- und Gemüsehändler seinen Stand errichtet hat. Keuchend und schwitzend kommt auch Patrick zum Stehen.

»Nur kurz im Schatten herumstehen, ja?«, sagt Patrick. »Wenn wir richtig Pause machen, ist es gleich wieder so anstrengend, in Fahrt zu kommen.« Er greift nach seiner Plastik-Fahrradflasche mit dem Wasser aus Mikes Restaurant.

»Ja. Ist gut.« Ich nicke und setze meine Flasche ebenfalls an. Die warme Plastik-Chlor-Brühe mit einigen ominösen Schwebeteilchen schmeckt furchtbar.

Staunend betrachte ich die üppig beladenen Holztische und zusammengenagelten Bänke des Obstverkäufers. Bananen, Ananas und Melonen türmen sich auf provisorisch zusammengeschusterten Tischen zwischen den Schatten spendenden Palmen in einem Halbkreis. Außer dem Obstverkäufer springt auch ein älterer Junge zwischen den haltenden Autos und dem Obststand hin und her, und im Schatten einer Palme döst ein braunes, gut genährtes Pferd neben einem rostigen Auto mit offener Motorhaube vor sich hin.

»Was für eine Arbeit das sein muss. Meinst du, der baut seinen Stand jeden Tag neu auf?«

»Über Nacht lassen die ihre Sachen bestimmt nicht hier stehen«, murmelt Patrick.

Eine Weile hängen wir schweigend auf unsere Fahrradlenker gestützt da, warten, bis unsere Körper wieder auf Normaltemperatur kommen, und beobachten das Geschehen am Obststand. Ein roter Pick-up mit mindestens drei Großfamilien und unzählbar vielen Kindern auf der Ladefläche hält an. Sie scheinen den Obsthändler zu kennen, und eine der Frauen streckt dem Mann mit dem schicken Strohhut am Obststand eine Plastiktüte entgegen. Ich vermute darin ein Sandwich. Die Kinder auf dem Pick-up winken lachend zu Patrick und mir herüber, und wir winken eifrig zurück.

»Schade, dass der nur Obst und Gemüse verkauft. Ich hätte gerne so einen schicken Strohhut gegen die Sonne wie er«, sagt Patrick und nickt anerkennend zu dem gut gekleideten Obstverkäufer herüber. »Und sein langärmeliges Hemd gegen die Sonne ist auch super. Dass wir nicht daran gedacht haben, etwas luftiges Langärmeliges einzupacken ...«

In diesem Moment kommt der Junge mit den dunkelbraunen Haaren zu uns herübergeschlendert.

»Kann ich euch helfen?«, fragt er in perfektem Englisch und schielt etwas unsicher auf unsere Fahrräder.

»Danke. Wir ruhen uns nur ein bisschen aus«, antworte ich. »Ist ganz schön heiß hier.« Kurz ist es still. Dann sage ich: »Euer Stand sieht so toll aus. Das muss ganz schön viel Arbeit machen.«

Der Junge dreht den Kopf und beobachtet den Mann mit dem Strohhut, der gerade eifrig eine riesige Melone zum Beifahrerfenster eines haltenden Trucks hochhievt. Er lächelt.

»Ja. Jeden Tag bauen wir auf und wieder ab. Das ist mein Vater. Ich helfe ihm, wenn ich kann.«

»Sag mal, weißt du, woher dein Vater diesen Strohhut hat?«, fragt Patrick. »Und das langärmelige Hemd? Wir suchen schon seit Tagen nach so was.«

»Wirklich? So ein Hemd wollt ihr?«, fragt der Junge, und sein Gesicht hellt sich auf. »Wartet hier. Ich gehe schnell nach Hause und hole euch welche. Es dauert nicht lang!« Ohne unsere überraschten Gesichter wahrzunehmen oder eine Antwort abzuwarten, dreht er sich um, rennt zu seinem Vater und redet auf ihn ein. Dann springt er auf das dösende Pferd, das sofort wach wird, und trabt über einen schmalen Pfad durch den Dschungel davon.

»Habe ich das richtig verstanden? Er holt uns jetzt solche Hemden?«, frage ich Patrick und blicke ihn verblüfft an.

»Ich glaube schon.« Er lacht und winkt dem Mann mit dem Strohhut zu, der nun ebenfalls lächelnd auf uns zukommt.

»Speak Spanish?«, fragt er, als er bei uns angekommen ist. Sein sonnengegerbtes Gesicht mit dem grauen Dreitagebart wirkt so passend, als sei es extra für den Strohhut angefertigt worden.

»Poco …«, murmelt Patrick, und wir lächeln ihm zu.

»Me solo speak Spanish. No English.« Er lacht und macht eine entschuldigende Handbewegung. Ich bin etwas überrascht, denn bis jetzt haben all unsere Bekanntschaften in diesem Land fließend Englisch gesprochen. Schließlich ist das die offizielle Amtssprache in Belize.

»Estamos buscando un caming por la noche«, sage ich im wohl schlechtesten Spanisch, das dieser Mann je gehört hat, und klopfe mit meiner Hand auf die Fahrradtasche, in der das Zelt steckt, für das wir auch heute Abend irgendwann ein Plätzchen finden müssen.

»Acampar?«, fragt der Mann mit dem wunderschönen Strohhut überrascht.

»Sí, Camping«, nickt Patrick.

Der Mann scheint etwas ratlos. »Muy peligroso«, murmelt er dann, und das ist nichts Neues. Das Wort *peligroso* kenne ich aus Mexiko zur Genüge, denn dass es gefährlich sei zu zelten, hören wir immer, wenn wir nach einem Platz für die Nacht fragen.

»Ah!«, ruft er und scheint sich über seinen eigenen Einfall zu freuen. »Church!« Er zückt ein altes Tastentelefon aus seiner zerschlissenen Jeans und sucht eine Nummer im Telefonbuch des Handys.

»In der Kirche? Eigentlich gar keine schlechte Idee.« Patrick grinst. In diesem Moment hält wieder ein Pick-up vor dem üppigen Obststand, und der Mann mit dem Strohhut läuft eilig mit dem Handy am Ohr davon, um seine neuen Kunden zu bedienen. Patrick und ich steigen von den Rädern und setzen uns auf die offene Motorhaube des rostigen Autos, um auf den Jungen mit den Hemden und die Antwort der Kirche zu warten, die der Obsthändler offenbar über das Telefon erfragen möchte.

Einige Minuten später raschelt es im Gebüsch neben uns, und das braune Pferd, auf dem der junge Mann mit einem Bündel Karohemden über der Schulter sitzt, bahnt sich seinen Weg durch das Dickicht zu uns. Ich blicke dem Kerl so unauffällig wie möglich ins Gesicht. Wie alt mag er sein? Vielleicht 23? Das Pferd macht neben uns halt, der Junge springt auf die staubige Erde.

»Hier. Das habe ich noch gefunden. Und einen Hut gegen die Sonne.« Er wedelt mit einem leuchtend orangenen Straßenarbeiterhut vor Patricks Gesicht herum.

»Nicht so schön wie der von meinem Vater, aber gegen die Sonne hilft er euch.«

»Wahnsinn! Danke!«, rufen wir wie aus einem Mund und betrachten die Ausbeute. Die Hemden sind zwar gebraucht und uralt, aber sie wirken wunderbar sauber und gepflegt.

Gerade will ich fragen, wie viel der Junge für ein Hemd haben will, da kommt er mir zuvor: »Nehmt alle mit. Ich schenke sie euch gern.«

Wir können unser Glück kaum fassen. Patrick und ich probieren uns durch den Stapel. Ein redseliger älterer Herr mit diversen Zahnlücken und Goldzähnen kommt auf einem rostigen

Drahtesel angeradelt und zeigt Patrick spontan, wie er das Hemd im von ihm sogenannten *Belize style* zu tragen hat.

»Woher kommt ihr?«, will der Junge von mir wissen, während Patrick mit dem älteren Herrn beschäftigt ist, der sich gerade als Schlangendoktor vorstellt und seine Expertise mit einem dicken Bündel Geldscheine zu bestätigen versucht, das er offenbar immer in seiner Hemdtasche mit sich führt. Lachend beantworte ich all die Fragen, die der Junge an uns hat. Wohin wir fahren und was wir unterwegs essen und welche Marke unsere Fahrräder haben und außerdem, was wir beruflich machen, wie alt wir sind und ob wir denn keine Kinder haben. Ich komme kaum hinterher, ihm auf seine Fragen zu antworten, dabei habe ich selbst so viele an ihn. Patrick hat es inzwischen geschafft, sich von dem redseligen Schlangendoktor loszureißen und präsentiert uns stolz seinen *Belize style.* Der Junge und ich prusten beim Anblick von Patricks bauchfrei verknotetem Hemd los, und spätestens jetzt ist das Eis zwischen uns und dem jungen Obsthändler gebrochen. Er erklärt uns, dass der Schlangendoktor jeden Tag am Obststand seines Vaters hält. Er sei ein wenig verwirrt, aber ganz nett und jeden Tag glücklich, wenn der Vater ihm eine Banane schenkt. Er lebe auf der Straße und niemand weiß, woher er das Bündel Geldscheine habe, das er stets stolz präsentiere.

Der Vater des Jungen kommt wieder zu uns herüber und redet auf Spanisch mit seinem Sohn. Er scheint ein wenig aufgeregt, aber nach kurzer Diskussion einigen sich die beiden.

»Ihr braucht einen Schlafplatz heute?«, fragt der Junge.

»Ja. Genau. Wir haben vorhin deinen Vater gefragt, ob er eine Idee hat. Vielleicht bei der Kirche, meinte er.«

»Er hat bei der Kirche niemanden erreicht. Normalerweise wohnen die Pastoren direkt neben der Kirche, aber in unserem Dorf nicht. Mein Vater sagt aber, ihr könnt vor unserem Haus zelten. Es gibt nicht viel Platz, aber es ist relativ sicher für euch. Einfach irgendwo zu zelten ist hier viel zu gefährlich.« Patrick und ich nicken uns zu. Es ist erst Mittag, und wir würden heute sicher noch einige Kilometer auf dem Fahrrad zurücklegen, aber irgendetwas sagt uns, dass wir hierbleiben wollen.

Das Pferd trottet vor uns einen holprigen Schotterweg entlang, der durch ein winziges Dorf mit kleinen Blechhütten führt. Die Hufe des Tieres wirbeln Staub in unsere Gesichter und auf die Fahrradtaschen. Ein paar magere, zerzauste Straßenhunde kläffen uns an, und am Wegesrand liegt so viel Müll, dass sich kein Grashalm mehr zwischen rostigen Coladosen und bunt glitzernden Chips-Packungen seinen Weg in die Sonne bahnen kann. Dennis, der Sohn des Obsthändlers, zügelt sein Pferd. Er deutet auf einen großen, dunklen See, an dessen Ufer unser Pfad inzwischen entlangführt. »Dieser See ist voller Krokodile. Ich hatte mal einen Hund, und als mein Neffe einen Stock ins Wasser geworfen hat, ist der Hund hinterhergesprungen. Die Krokodile haben ihn sofort geschnappt und unter Wasser gezogen. Also haltet euch fern. Wenn hier Hochwasser ist, müssen wir manchmal das Dorf verlassen.« Er gibt seinem Pferd wieder die Sporen. Ich blicke noch einen Moment auf den trüben, unbeweglichen Tümpel und stelle mir die Szene mit dem Hund und den Krokodilen vor. Schluckend trete ich in die Pedale und folge Patrick und Dennis weiter durch das kleine Dorf.

Vor einer halb fertigen Hütte mit Blechdach und unverputztem Mauerwerk machen wir halt. Das Gelände rund um das einstöckige Häuschen steht voll mit allerlei Autoersatzteilen, Reifen und Altölkanistern.

»Schau mal. Hier sieht es aus wie zu Hause bei deinen Onkeln in der Werkstatt.« Ich grinse und stupse Patrick an, während Dennis sein Pferd an einem Holzpflock vor der Hütte anbindet.

Bellend kommen drei Hunde auf uns zu. Es sind die schönsten, dicksten und glänzendsten Hunde, die ich seit unserer Landung in Cancún gesehen habe. Sofort fühle ich mich hier wohl. Wer Tiere gut behandelt und Hemden an wildfremde Menschen verschenkt, kann mein Vertrauen nur im Sturm erobern. Ich lasse die neugierigen Hunde an meinen Händen schnuppern.

»Das ist unser Haus«, erklärt Dennis und deutet auf die winzige Hütte. »Hier wohnen wir mit unserer Mutter, meiner Tante, meinem Onkel, dessen Frau und Kind, meinen beiden Brüdern, dem Großvater, der Frau meines älteren Bruders und ihrem Baby. Unsere Familie ist vor etwa zehn Jahren aus Guatemala hierhergekommen, um in Belize ein neues Leben anzufangen. Deswegen sprechen nicht alle Englisch.« Ich betrachte das Gebäude und frage mich, ob es dort drin vielleicht einen verborgenen Keller oder eine magische Klappe gibt, in der all die Menschen Platz haben, die Dennis soeben aufgezählt hat.

»Sammeln deine Brüder Autos?«, fragt Patrick und studiert interessiert all die Autoteile, die rund um die Blechhütte verteilt auf dem Gelände lagern.

»Mein Vater. Er hat zwei Unternehmen. Den Obsthandel und seine Autowerkstatt. Mein Onkel hilft ihm normalerweise. Aber im Moment machen wir nur das Obst.« Er zögert kurz. »Meine Mutter und der Onkel sind im Krankenhaus. Sie haben beide Denguefieber. Viele Menschen hier haben Dengue«, erklärt er ein wenig unsicher.

»Hoffen wir, dass sie bald wieder gesund sind«, sagt Patrick.

Ich nicke zustimmend und schaue mich weiter um. Der Abfall ist zur Seite gefegt, und auf großen Steinen und in Büschen erkenne ich kleine Kunstwerke aus Müll und alten Autoteilen. Figuren, Tiere oder blinkende Sterne aus Alu, Blech und Kronkorken.

»Wir hatten noch nie Besuch. Seit ich denken kann, waren in diesem Dorf noch nie Touristen. Ich hoffe also, ihr kommt hier zurecht«.

»Wer bastelt all die Kunstwerke hier?«, frage ich neugierig und betrachte eine kleine selbstgeschweißte Wippe aus Stahl, auf der zwei Alumännchen sitzen und sich gegenseitig zuwinken, genauer.

»Das mache ich, wann immer ich Zeit habe«, sagt Dennis und lacht. Wir erfahren von ihm, dass er sein Studium aufgegeben hat, um dem Vater zu helfen, obwohl seine Noten sehr gut waren. Seit das Denguefieber hier wütet, brauche die Familie jede helfende Hand. Außerdem habe er sich ein Rennrad gekauft von dem Geld, das er ein paar Jahre lang gespart hat. Deswegen sei er auch so neugierig gewesen, als er uns vorhin am Obststand entdeckt hat. Er sei ein leidenschaftlicher Radfahrer. Das wundert und freut uns, denn unterwegs haben wir nur sehr selten Menschen gesehen, die aus sportlichen Gründen Fahrrad fahren.

Wir sitzen auf dem Dach der Fahrerkabine eines kleinen weißen Pritschen-Trucks. Der Fahrtwind bläst mir um die Nase, und ich bin froh, mich ausnahmsweise ohne Fahrradsattel unter dem Po fortbewegen zu können. Auf meinem Schoß sitzt ein dunkelhaariges Mädchen in einem grünen zerfledderten Prinzessinnenkleid. Daneben Patrick und Rubén, der junge Onkel von Dennis, der Patrick und mich bei Laune hält, seit er uns eben kennengelernt hat. Unsere Räder und die Fahrradtaschen stecken in der winzigen Hütte mit dem Blechdach. Es ist mir immer noch ein Rätsel, wie die ganze Familie in diesem kleinen Haus Platz findet. Mehr noch, gemeinsam dort unter einem Dach lebt. Der alte Truck kämpft sich holpernd und scheppernd über staubige Straßen in Richtung einer Mennoniten-Siedlung, über die Rubén angeregt referiert. Sein Goldzahn blitzt dabei in der Mittagssonne, und seine halblangen Haare wehen im Fahrtwind. Unter uns, auf der Ladefläche des kleinen Trucks, an dessen Steuer Dennis sitzt, halten sich drei Frauen fest. Ich komme jetzt schon nicht mehr mit beim großen *Who's who* dieser Familie. Eine Schwester und zwei Tanten, oder so ähnlich. Und das Kind auf meinem Schoß muss Rubéns Tochter sein.

Rubén selbst erzählt, scheinbar ohne zwischen seinen Ausführungen Luft zu holen: »Die Mennoniten sind gut für Belize.

Sie haben viel aufgebaut in dieser Gegend. Das sind Einwanderer aus Deutschland und Holland. Sicher sprecht ihr dieselbe Sprache. Sie sehen aus wie ihr. Aber sie tragen ganz andere Klamotten. Sie arbeiten die ganze Zeit. Und sie haben keine Autos, nur Pferdekutschen. Und keinen Strom. Sie bauen ihre Maschinen aus alten Autoteilen. Und sie haben eine eigene Kirche. Sie sind auch Christen, so wie wir, aber sie gehen nicht in unseren Gottesdienst. Aber es ist gut, dass sie hier siedeln. Dennis' Vater kauft sein Obst und Gemüse zu einem guten Preis von ihnen, und das Holz für die Vergrößerung unserer Hütte können wir hoffentlich auch bezahlen. Unser Großvater hat lange gespart, jetzt machen wir die Hütte größer.«

»Ach, wirklich?«, sage ich und grinse Patrick aufmunternd zu. »Patrick ist Zimmermann. Er kann euch sicher helfen mit der Hütte.« Patrick nickt eifrig.

Zwei Stunden und etliche Pannen später haben wir günstiges, krummes Bauholz im Sägewerk der Mennoniten aufgeladen. Auf dem Weg durch die Siedlung betrachte ich im Vorbeifahren die kleinen Farmen der mennonitischen Familien. Jede von ihnen hat einen Gemüsegarten, ein paar Pferde, Hühner und Ziegen oder Kühe, die im Schatten unter einem Busch dösen. Ich bewundere diese fleißigen Menschen, die ohne all die Ablenkungen der modernen Welt klarkommen. An der Tankstelle entdecke ich einen Schriftzug in höchst merkwürdigem altem Deutsch. So vieles hier kommt mir bekannt und irgendwie vertraut vor. Ich muss an unser Leben in Deutschland denken. Der Hof, auf dem unser Zirkuswagen steht. Die Hühner. Die Schafe. Der Gemüsegarten, in dem Patrick und ich im Frühjahr einen Großteil unseres Bedarfes angebaut haben. Ich muss daran denken, wie wir im Herbst oft abendelang gemeinsam im Wagen saßen und Nüsse für Müsli, Brot oder Kekse knackten. Wie wir Heu machten im Sommer, draußen auf den Feldern. Apfelsaft in einer uralten Trotte pressten und einkochten. Wie wir das Gemüse aus dem Garten geerntet und im Keller in Einmachgläsern verstaut haben, sodass wir auch im Winter, der auch bei unserer Rückkehr nach Deutschland Mitte Januar noch lange genug dauern wird, etwas zu essen haben. Ich denke daran, wie wir mit den kälter werdenden Temperaturen Holz gehackt und aufgeschichtet haben und unsere Mahlzeiten auf dem Ofen im Wagen über dem Feuer gekocht haben. Wie wir eigene Nudeln aus den Eiern unserer Hühner herstellten, trockneten und einlagerten. Wie ich im Sommer Heil- und Teekräuter getrocknet, Salben gekocht und Tinkturen angesetzt habe. Oder tagelang Vorhänge und Sonnensegel aus Leinenstoff für unseren Zirkuswagen genäht habe. Wir haben mehr gemeinsam mit diesen Mennonitinnen und Mennoniten, als ich geahnt hätte. Ganz so fleißig, gottesfürchtig und strebsam wie die Menschen hier sind wir natürlich nicht, und wenn ich an die viele Arbeit denke, die Patrick und ich mit dem bisschen Hobbylandwirtschaft schon haben, kann ich nur den imaginären Hut vor diesen Menschen ziehen. Gleichzeitig bin ich froh, dass Patrick und ich trotz unseres Landlebens keine so traditionelle Rollenverteilung zwischen Mann und Frau einhalten, wie das hier der Fall ist. Den Mennonitinnen steht es sicher nicht frei, kinderlos zu bleiben oder ihre Berufung zu wählen.

Eine Kutsche rollt uns entgegen, und wieder reißt mich die idyllische Vorstellung eines rein analogen Lebens mit. Ich habe mir selbst erst mit Anfang zwanzig ein Smartphone gekauft, weil ich feststellen musste, dass die Welt mich sonst abhängt. Inzwischen begleitet mich das Ding immer und überall. Manchmal verfluche ich es. Und wenn ich mich mal wieder mit dem Auto schweißgebadet in einer fremden Stadt verfahren habe, gibt es nichts Seligeres als Google Maps direkt aus der Handtasche.

Die Mennonitinnen müssen keine Zeit mit der Frage verschwenden, wann mal wieder *digital detox* angesagt ist oder ab wann die Bildschirmzeit auf Instagram überschritten wurde. Ob sie einen Moment lieber genießen möchten oder das Smartphone zücken, um diesen Moment mit noch mehr Menschen zu teilen. Ich bin mir oft unschlüssig, ob technischer Fortschritt mich wirklich begeistert oder ob ich diesen Weg mitgehe, weil ich sonst das Leben einer Waldschratin führen müsste. Oder das einer Mennonitin. Über soziale Medien und das Smartphone habe ich schon so viele wertvolle Menschen, Netzwerke und Informationen gefunden. Auch dafür bin ich dankbar. Mein eigener Weg liegt damit irgendwo zwischen digital und analog. Irgendwo da, wo ich aus beiden Welten die Sahne vom Kuchen kratzen kann. Ich liebe die Natur, und ich liebe unsere Hobbylandwirtschaft. Eine eigene Kuh zu halten käme aber für mich momentan zum Beispiel nicht in die Tüte. Wer jeden Tag zum Melken muss, der kann nicht mehr verreisen. Unsere Schafe daheim melken wir deswegen auch nicht. Sie können in Ruhe auf der Wiese grasen und brauchen nicht mehr als einen Eimer Wasser und jemanden, der alle paar Tage nach ihnen schaut, ein Stück trockenes Brot vorbeibringt und Streicheleinheiten dalässt. Sie sind unsere Rasenmäher und Wolllieferanten. Das reicht mir momentan vollkommen. Wir versorgen uns selbst, und für das, was wir nicht anbauen, machen wir Tauschgeschäfte oder lassen uns gerade im Winter eben doch mal im Supermarkt blicken. Natürlich wäre es mein Traum, dass wir uns komplett selbst versorgen und alle Lebensmittel entweder selbst produzieren oder mit Nachbarn und Freunden tauschen. Der Preis für ein solches Leben ist mir aber momentan zu hoch. Ich möchte weiterhin verreisen. Ich möchte Zeit haben für Kreativität, für das Schreiben und dafür, einfach ein paar Löcher in die Luft zu starren, wenn mir danach ist. Also gehe ich einen eigenen Weg. Einen Weg zwischen vegan, vegetarisch und dem Fleisch, das Patrick zu meinem Leidwesen gerne isst. Dafür schlachtet er aber auch selbst. Wir gehen einen Weg zwischen Selbstversorgung, Tauschgeschäften mit Ziegenhirtinnen, Imkern und Gemüsegärtnerinnen und dem sporadischen Besuch im Supermarkt. Es ist ein Mittelweg zwischen Landleben und digitalem Nomadentum. Ein Mittelweg zwischen Emanzipation und Rollenklischees. Ein Mittelweg zwischen *#tinyhouse*, Minimalismus und unserer Sammelleidenschaft für alte Fenster, Türen, Fahrräder und Möbel, die wir auf der Scheune einlagern, weil wir finden, all das ist zu schade, um es wegzuwerfen. Ich pflege meine Social-Media-Accounts, aber wenn ich mal zwei Wochen lang lieber in der analogen Welt unterwegs bin, lasse ich mich online auch nicht blicken. Algorithmus hin oder her. Natürlich kann ich so nie zur Influencerin aufsteigen. Ich kann keine Vollblutunternehmerin werden, wenn ich so viel Zeit mit Hobbylandwirtschaft verschwende. Ich kann aber auch kein tadelloses Selbstversorgerinnenleben führen und mit dem Finger auf Umweltsünderinnen zeigen. Ich kann und will generell auf niemanden zeigen, weil ich selbst so viele Kompromisse eingehe. Weil ich nichts von all den Dingen, die ich anpacke, perfekt, exzentrisch oder ausschließlich tue. Aber ich kann glücklich sein, weil ich mich nicht belügen muss, um in ein Schema zu passen. Weil ich mir nichts verbieten muss. Und weil ich all meine Facetten ausleben kann.

Ich muss meinen Lebensweg nicht mit anderen vergleichen. Weil das gar nicht geht. Jeder Mensch gibt auf seine ganz eigene Art das Beste. Patrick und ich haben ein vielfältiges Leben. Das passt zu uns. Wenn ich mit unseren naturverbundenen studierten Freunden zusammen bin, komme ich mir manchmal nicht »öko« genug vor, weil ich Bäume mit meinem Smartphone fotografiere, anstatt sie zu umarmen. Unter meinen hippen Start-up-Kolleginnen wiederum rede ich mir ein, ich sei zu »öko«, weil ich in einem Meeting sitze, der Ärmel meines Pullis nach Schaf riecht und ich keine Ahnung von der Bedienung bestimmter Apps habe, die das Onlinebusiness vereinfachen sollen. Muss ich mich jetzt für eine der beiden Welten entscheiden? Wäre ich damit nicht mehr angreifbar? Ich müsste mich jedenfalls nicht mehr so oft erklären und rechtfertigen. Schon gar nicht vor mir selbst. Aber das, was ich als verschiedene Welten bezeichne, sind auch nur die Schubladen in meinem Kopf. Keine allgemeingültigen Kategorien. Woran könnte ich mich also anpassen? An Vorurteile?

Nein. Um mich selbst ständig fehl am Platz oder nicht in Ordnung, zu weiß, zu schwarz, zu dick, zu dünn, zu öko, zu kapitalistisch, zu reich, zu arm, zu dumm, zu intelligent, zu jung, zu alt, zu *overdressed*, zu *underdressed* oder sonst irgendwie zu fühlen, ist diese Erde, ist dieses Leben doch viel zu spannend und schön und abwechslungsreich.

Klarheit brauchen wir im Leben nicht in Form von starren Regeln, sondern in Form einer inneren Haltung. Einer Haltung, die einsieht, dass jeder Mensch okay ist. Inklusive mir selbst.

Quietschend hält der weiße Truck vor einer großen, schmucklosen Halle aus weißem Blech. Das muss der Laden sein, von dem Dennis erzählt hat. Außer unserem Truck gibt es auf dem Parkplatz keine motorisierten Fahrzeuge. Stattdessen reihen sich die Pferdekutschen an den Holzbalken der Veranda auf. Ein Bild wie im Wildwestfilm.

»Hier gibt es die Strohhüte, und wir brauchen auch noch ein paar Dinge«, ruft Dennis aus dem offenen Fahrerfenster zu uns hinauf. Die Großfamilie klettert samt Patrick und mir über die Holzbretter vom Truck, und gemeinsam stürmen wir den riesigen mennonitischen Supermarkt. Drinnen staune ich nicht schlecht. Die meisten Produkte, Schulhefte, Stoffe und Accessoires, die es hier zu kaufen gibt, sind eindeutig *made in China.* Kein handgewebtes Leinen. Keine selbstgeflochtenen Strohhüte. Dafür allerlei in Plastik eingeschweißte Lebensmittel und zuckerhaltige Getränke in Tetrapaks. Fast bin ich enttäuscht. Enttäuscht, weil dieser Laden mir meine Vorstellung vom romantisch-altertümlichen Leben in der mennonitischen Großfamilie zunichtemacht. Wie romantisch ist es denn, mit einer Pferdekutsche einkaufen zu fahren, nur um dann einen riesigen Weidenkorb voller billig produzierter Plastikartikel mit nach Hause zu nehmen? Die kleinen Farmen auf unserem Weg wirkten so perfekt. Winzige heile Welten, in denen die Globalisierung noch keinen Einzug gehalten hat. Aber was ist eine mennonitische Siedlung voller Blondschöpfe mitten in Belize denn anderes als die pure Globalisierung? Enttäuschung wäre also naiv. Dieser Laden ist ein weiteres Indiz dafür, dass jeder seinen eigenen Weg geht. Dieser Laden ist kein Grund, den Mennonitinnen und Mennoniten ihre ursprüngliche Lebensweise und den großen Respekt vor ihrer Tatkraft abzusprechen. Meine Überraschung ist lediglich ein Zeichen für meine eigene innere Begrenztheit. Und auch an der ist nichts Schlimmes. Ich arbeite ja an meiner Offenheit und Neugier ohne Bewertung. Jeden Tag.

Patrick und ich kaufen zwei Strohhüte aus Plastik mit Bändern, damit uns die Dinger nicht auf dem Fahrrad vom Kopf wehen, und allerlei Süßigkeiten und Säfte für unsere neuen Freunde. Als wir den Laden wieder verlassen und unsere kleinen Geschenke an die Mitglieder der Familie verteilen, hat auch Dennis eine Überraschung für uns. Offenbar hat er seine letzten Taler zusammengekratzt, um Hustenbonbons für Patrick und mich zu kaufen. Medizin sei wichtig unterwegs, und von dem ständigen Fahrtwind auf dem Rad könnten wir uns schnell erkälten, erklärt er uns besorgt. Es ist unfassbar, wie liebenswürdig diese Menschen sind, die nicht viel mehr besitzen als eine Blechhütte und einen rostigen alten Truck, der alle paar Kilometer den Geist aufgibt.

Am Abend dieses Tages nimmt Dennis uns mit auf eine Fahrradtour durch das nächtliche Orange Walk, eine Stadt ganz in der Nähe. In der Dunkelheit radeln wir über ein unheimliches Fabrikgelände, und ich muss mal wieder an den wichtigsten Grundsatz dieser Reise denken: Niemals im Dunkeln draußen herumeiern. Schon gar nicht in den Vorstädten. Aber ich vertraue Dennis vollkommen. Er wird wissen, was er tut. Ich vertraue darauf, dass Dennis sich in seinem Land und in seiner Stadt besser auskennt als Patrick und ich oder all die Menschen, die uns schon in Deutschland irgendwelche Schauermärchen erzählt haben.

Mit den Fahrrädern erkunden wir alle Sehenswürdigkeiten, die Dennis als solche einstuft. Ein Stück Mauer, das im Zusammenhang mit einem Maya-Kampf hier noch als Mahnmal zu sehen ist. Patrick und ich zwinkern uns zufrieden zu. So haben wir wohl doch noch unsere obligatorische Maya-Ruine besichtigt und müssen uns nicht Kulturbanausen schimpfen lassen. Wir besichtigen die Bibliothek, das Polizeipräsidium und ein Rathaus. Die Begeisterung, mit der Dennis uns herumführt, einlädt, mitnimmt und alles geduldig erklärt, rührt uns zutiefst. Dennis ist charismatisch, intelligent und höflich, und während wir durch die dunkle Stadt radeln, muss ich darüber nachdenken, was er wohl erreichen könnte, wäre er in Deutschland geboren und hätte ebenso viele Chancen in die Wiege gelegt bekommen wie Patrick, ich oder all unsere Freunde.

Zurück im Dorf holen wir lautlos die Fahrradtaschen aus der kleinen Blechhütte. Einige Familienmitglieder schlafen bereits, und wir bauen unser Zelt so leise wie möglich auf der kleinen, betonierten Veranda vor der Hütte auf, die morgen in einen Anbau umgewandelt werden soll. Dennis und Rubén, der bis zu unserer Rückkehr wach geblieben ist, verschwinden für einige Augenblicke hinter der Hütte in der Dunkelheit. Hundegebell ertönt. Dann kommen die beiden jungen Männer mit den drei Hunden, die wir schon am Mittag gesehen haben, an langen schweren Ketten und mit einer riesigen Machete auf dem Arm zurück. Dennis bindet die Hunde um unser Zelt und die Hütte herum an.

»Belize ist ein gefährliches Pflaster.« Rubén drückt Patrick die Machete in die Hand und bittet ihn darum, das Ding heute Nacht mit ins Zelt zu nehmen. »Ich hoffe, du kannst damit umgehen«, sagt er und legt Patrick seine große Hand auf die Schulter.

»Oh, das ist … Danke …« Schluckend betrachtet Patrick die Klinge in seiner Hand, und ich sehe ihm an, dass er nicht gerade scharf darauf ist, das Ding heute Nacht zu benutzen.

Seine Augen können sich nicht von dem riesigen Messer lösen. Wir bedanken uns für alles, und die beiden verschwinden hinter einem großen Riegel in der Hütte.

Die ganze Nacht schleifen die Ketten der Hunde klimpernd über den staubigen Betonboden, und ich traue mich kaum, mich zu bewegen. Drei Hunde und eine Machete sind sicher nicht zum Spaß hier. Auch Patrick ist unruhiger als sonst. Anstatt zu schlafen, unterhalten wir uns flüsternd im Zelt.

So vieles an diesem Tag hat uns in Staunen versetzt. Nicht nur auf Reisen, sondern auch in Deutschland lieben Patrick und ich die Einfachheit. In unserer Küche im Zirkuswagen gibt es außer einem Kühlschrank und einem ziemlich stylishen Toaster aus den Siebzigerjahren vom Flohmarkt keine Elektrogeräte. Deswegen würde ich uns aber trotzdem nicht als Minimalisten bezeichnen. Wir versuchen immer erst das zu nutzen, was schon da ist, und kaufen erst etwas Neues, wenn es wirklich nicht mehr anders geht. Außer bei dem Toaster. Der war eine Ausnahme. Trotzdem fühle ich mich hier in Belize wie eine verwöhnte Prinzessin. Und als weißes Mädchen mit deutschem Pass bin ich das ja auch. Dadurch stehen mir alle Türen offen, und im schlimmsten Fall habe ich immerhin noch Anspruch auf eine soziale Absicherung und eine Mindestrente. Aber ich verstehe es nicht. Nichts macht mich anders oder besser als die Menschen hier. Nichts berechtigt mich dazu, eine deutsche verwöhnte Prinzessin mit einer einigermaßen bezahlbaren Krankenversicherung zu sein. Und trotzdem bin ich es. Egal wie sehr ich mich einschränke. Egal wie viel Geld ich an Hilfsorganisationen spende. Egal wie viel Verständnis und Offenheit ich für andere Lebensrealitäten zeige. Ich kenne dieses Gefühl von meinen früheren Reisen. Aber heute habe ich zum ersten Mal verstanden, dass mein Privileg kein Grund ist, mich selbst zu hassen oder Schuldgefühle wegen der Ungleichheit auf dieser Welt zu empfinden. Deutschland muss mir deswegen nicht peinlich sein. Auch ich darf meinen Weg gehen. Jeder Mensch hat das Recht, der Welt das zu geben, was er oder sie kann. Nicht jeder muss Bundeskanzlerin werden. Nicht jede muss pro Jahr eine halbe Million Euro an eine Hilfsorganisation spenden. Eines aber sollte ich tun: das, was ich kann und was mir Freude macht und was dieser Erde und ihren Bewohnern in irgendeiner Form dienlich ist. Mein Naturherz, mein Respekt vor Tieren und anderen Lebewesen auf diesem Planeten und meine Freude am Schreiben sind es, womit ich der Welt dienen möchte, solang ich das kann. Und damit bin ich gut so, wie ich bin. Genau wie Dennis, Patrick oder die Mennonitinnen in der Siedlung. Jeder geht seinen Weg, und wenn wir uns unterwegs begegnen, dann unterstützen wir uns gegenseitig.

Am nächsten Morgen wachen Patrick und ich mit einer Sammlung juckender Moskitostiche auf. Offenbar habe ich das Zelt nicht richtig zugemacht. Dengue lässt grüßen, denke ich mir, zerbreche mir aber nicht den Kopf darüber. Bringt ja nichts.

Dennis' Vater überreicht uns eine Plastikschüssel voll Reis und Bohnen zum Frühstück. Außerdem dürfen wir duschen. Hinter der Hütte hat die Familie einen Wasseranschluss, und hier befindet sich neben einer notdürftig zusammengeschusterten Dusche auch ein bestialisch stinkendes Plumpsklo. Ich schlüpfe in die notdürftig zusammengezimmerte Dusche und hänge meine Klamotten über ein rostiges Blech, das als Duschwand dient. Das Wasser ist in den frühen Morgenstunden empfindlich kalt.

Nachdem ich unser Hab und Gut sorgfältig in den Fahrradtaschen verstaut habe, zücke ich mein Notizheft und setze mich auf eine Betonmauer in den Schatten einer hohen Palme. Patrick ist mit den Männern der Familie an die große Straße gefahren, um den Obststand aufzubauen. In meinem Kopf schwirren die Gedanken umher, ich bin froh, etwas Zeit zu finden, all das mit Worten auf Papier zu sortieren.

Als Patrick vom Obststand zurückkehrt, hämmern und sägen er und Rubén bis in den Abend hinein am Anbau für die kleine Wellblechhütte herum. Ich sitze die meiste Zeit auf der Mauer unter meiner Palme und flicke kaputte Klamotten mit Nadel und Faden. Es gibt zu wenig Werkzeug, um zu dritt zu arbeiten, und Rubén schaut irritiert, als ich mich beteiligen will. Also mache ich »Frauensachen«. Am Mittag koche ich Eier, Bohnen und Reis für den Großvater und die beiden Handwerker. Normalerweise kocht Dennis' Mutter für den alten Mann, aber jetzt, wo sie mit Denguefieber im Krankenhaus liegt, soll ich das machen. Die winzige dunkle Küche in der Blechhütte besteht aus nicht mehr als einer großen Gasflasche mit einem einflammigen Herd, der nur auf der höchsten Stufe zu brennen scheint. Außerdem gibt es einen Kühlschrank, dessen Tür von einer selbstgeschnitzten Holzkonstruktion geschlossen gehalten wird, und daneben einen kleinen Plastiktisch, auf dem ein paar Plastikteller, Gabeln und Löffel liegen.

Auch der zweite Tag bei dieser Familie vergeht wie im Flug, und Patrick und ich können allerhand lernen über das Leben in Belize. Ein Land, das uns jeden Tag mehr ans Herz wächst.

Früh am Morgen darauf wird es Zeit für uns aufzubrechen. Costa Rica möchten wir noch vor Weihnachten erreichen, und es ist bereits Ende November. Uns bleibt noch ein knapper Monat. Schweren Herzens verabschieden wir uns von Dennis, Rubén und der ganzen Familie, überhäufen einander mit kleinen Geschenken, die wir in den Tiefen unserer Fahrradtaschen und in der kleinen Blechhütte finden, und fahren in der Hoffnung, uns irgendwann einmal wiederzusehen. Was wir hier erleben durften, ist für mich wertvoller als alles Geld der Welt und intensiver und authentischer als Maya-Ruinen mit Zuckerwatte.

Patrick und ich versuchen, wieder in den Fluss der Straße einzutauchen, das Vorankommen als Ziel zu sehen, ohne dabei jeden einzelnen Kilometer zu zählen. Rücksichtslose Trucker, Staub, Hitze, schlechtes Wasser, Straßenlärm, eine Lebensmittelvergiftung, Tausende Moskitostiche und ungewisse Schlafplätze machen uns in den nächsten Tagen zu schaffen. Gleichzeitig kommen wir schneller wieder in unserem Leben auf den Straßen an, als ich dachte.

Am südlichen Ende des kleinen karibischen Staates setzen wir samt Fahrrädern in einem kleinen, wackeligen Boot von Punta Gorda nach Puerto Barrios in Guatemala über. Eine Ländergrenze ist jedes Mal von Neuem eine kleine Schwelle. Ein Kapitel, das aufklappt wie in einem Buch.

Inzwischen sind wir ein eingespieltes Team. Patrick fühlt sich dafür zuständig, dass wir immer genügend Proviant und genug Bargeld – im Fahrradlenker versteckt – dabeihaben. Ich kümmere mich um die Menschen und die tägliche Frage, wo wir bleiben, wem wir vertrauen und welche Situationen wir vielleicht doch besser einfach wieder verlassen. Meine Stärke ist Intuition. Patricks hingegen die Vorausplanung. Beide sind wir froh darüber, dass der andere ist, wie er ist.

In Puerto Barrios müssen wir uns vom Meer verabschieden, das uns bis hierher begleitet hat. Wir werden es erst wieder in Costa Rica zu Gesicht bekommen, und ich vermisse die kleinen Abkühlungen in den Wellen, die Momente des Innehaltens jetzt schon. Gleichzeitig hoffe ich im bergigen

Guatemala auf klare Flüsse und paradiesische Wasserfälle im Dschungel.

Nach den Einreiseformalitäten in der kleinen Hafenstadt folgen wir einige Tage lang einem Highway, der sich durch ein enges, hektisches Tal an der Grenze zu Honduras nach Westen in Richtung El Salvador zieht. Nach unserer Zeit bei Dennis und seiner Familie hatte ich damit gerechnet, weitere so freundliche, hilfsbereite und herzenswarme Menschen zu treffen. Doch aus Gründen, die ich nie verstehen werde, haben wir wenig Glück. Die Schlafplatzsuche gestaltet sich mehr als schwierig, und bei Fragen nach dem Weg oder einer Möglichkeit, Wasser aufzufüllen, werden wir oft abgewiesen. Die Straßen sind eng, voller toter Tiere und die Truckfahrer rücksichtsloser als je zuvor. In einer Vorstadt werden wir von einer Gang in einem schwarzen Pick-up mit verdunkelten Scheiben verfolgt, die sich offenbar einen Spaß daraus macht, uns Angst einzujagen, und selbst ein Priester lässt uns bei Einbruch der Dunkelheit eiskalt vor den Toren seiner Kirche stehen, obwohl es dort eine eingezäunte Rasenfläche für unser kleines Zelt gegeben hätte. Ich vermute, dass es an diesem Highway liegt, der nur dafür gebaut worden zu sein scheint, containerweise Bananen und andere Güter an den Hafen nach Puerto Barrios zu liefern. Die Gegend, die wir hier durchradeln, scheint voll von Unzufriedenheit, geplatzten Träumen und Hektik. In diesem Teil Guatemalas scheint sich alles um Handel und Zeitdruck zu drehen. Keine alten Maya-Ruinen. Keine klaren Flüsse und nur wenige Möglichkeiten, das Zelt abseits der Straße aufzubauen. Wir passieren die Städte Morales und Zacapa und steigen dort kurz entschlossen samt Fahrrädern in einen kleinen Chickenbus, der uns die paar Kilometer hinauf in die Bergstadt Chiquimula bringt. Vor einigen Jahren noch hätte es mein Stolz niemals zugelassen, einen Teil der Strecke mit dem Bus zu fahren. Egal wie kurz der Abschnitt auch sein mochte. Damals war mein eigener Anspruch an die Fahrradreise so hoch gewesen, dass ich es uns zur Auflage gemacht hatte, bis zu unserer Ankunft in Istanbul kein einziges Mal für eine Übernachtung zu bezahlen. Bis auf zwei Ausnahmen hatte das auch funktioniert. Heute bin ich entspannter. Mein Stolz ist nicht mehr so wichtig, mein Poltergeist mit seinen starren Prinzipien vielleicht nicht mehr so mächtig, und ich sehe diese Reise als Abenteuer mit all seinen Höhen und Tiefen. Nicht als Kraftakt, der mir und der Welt irgendetwas beweisen soll, das schlussendlich völlig unwichtig ist.

In Chiquimula begegnen wir statt einem neuen, entspannteren Flair nur mehr Ärger. Auch hier fühlen wir beide uns nicht wohl. Schon bei der Ankunft am Busbahnhof reißen ein paar Männer unsere Fahrräder und Packtaschen so unsanft vom Dach des Busses, dass Patricks Hinterreifen kaputtgeht. Es ist unerträglich laut und voll, und am Busbahnhof steht ein beißender Geruch nach Urin und Kot in der Luft. Erst nach langem Suchen finden wir eine ruhige Ecke in einer Feuerwehrstation, in der wir unser Werkzeug ungestört auspacken und das Fahrrad ohne größere Geruchsbelästigung reparieren können. So schnell, wie wir gekommen sind, entfliehen wir dem hektischen Treiben auf den Märkten am Busbahnhof wieder und radeln weiter in Richtung El Salvador. Guatemala hat uns leider nur wenige schöne Eindrücke beschert, aber ich bin mir sicher, dass es in anderen Teilen des Landes ruhiger, freundlicher und offener zugeht. Vielleicht hatten wir auch einfach ein wenig Pech. Denn auch das gehört so sehr zum Leben dazu wie das Glück.

Der bergige Teil der Strecke hat längst begonnen. Nach dem platten Yucatán und dem ähnlich flachen Belize genießen Patrick und ich die Abwechslung zwischen Strampeln, Schwitzen und dem Fahrtwind um die Nase bergab. Es geht jetzt zügig nach Süden. Bei Frontera Anguiatu überqueren wir am fünften Dezember die Grenze zu El Salvador und begeben uns damit laut aktuellem Reiseführer in das »Land mit der höchsten Mordrate weltweit«. Um hier wild zu zelten, braucht es einen klaren Kopf. Mein Poltergeist führt schon einen Freudentanz auf, weil ihm bereits bei der Einreise viele wunderbare Gruselgeschichten einfallen, die er mir unbedingt erzählen möchte.

Die Landschaft im bergigen Hinterland El Salvadors wirkt beinahe mediterran. Die Luft ist nicht so feucht und schwül wie in den tropischen Küstenregionen, und in der Nacht gibt es fast keine Moskitos mehr, die in den letzten Tagen und Wochen nicht nur an unserem Blut, sondern auch an unseren Nerven genuckelt haben.

Trotz aller Warnungen entscheiden wir uns immer wieder dazu, wild zu campen, uns dabei unauffällig zu verhalten und unserer Intuition zu vertrauen. Die Natur hier ist abwechslungsreich, weniger tropisch und kommt uns damit irgendwie sicherer vor. In Gegenden, in denen wir uns nicht auf Anhieb wohlfühlen, fragen wir dennoch kurzerhand bei Feuerwehr- oder

Polizeistationen nach und bekommen meist ein Plätzchen auf sicherem Terrain angeboten, wo wir unser Zelt aufstellen dürfen.

In den Nächten verstecken wir unser Zelt und die Fahrräder meist im hohen Gras und essen kalte Tortillas mit Avocado, um keine Menschen durch den Rauch eines Feuers auf uns aufmerksam zu machen. Zwar haben wir einen Spirituskocher im Gepäck, den wir noch in Deutschland extra gekauft hatten, aber seit Beginn dieser Reise konnten wir nirgends Spiritus auftreiben. In jeder Stadt und auf allen Märkten haben wir danach gefragt, ohne Erfolg. So sind wir Abend für Abend darauf angewiesen, ein kleines Feuer zu machen oder kalt zu essen. In der Hitze Zentralamerikas ist das aber auch nicht weiter schlimm.

Im Gegensatz zu den Prophezeiungen in unserem Reiseführer haben wir in El Salvador bis jetzt viele freundliche Menschen getroffen und gefüllte Fladen namens *pupusa* als kulinarisches Highlight auf dieser Reise kennengelernt. Neben dem Vorankommen sind Essen und Schlafen die wichtigsten Zutaten auf einer Fahrradreise, und Patricks Freude am Essen steckt auch mich unterwegs an. Unsere Körper verbrauchen viel Energie.

El Salvador verzaubert uns noch mehr als alle anderen Länder auf dieser Reise. Die wenigen Ausländerinnen, die sich in dieses Land wagen, halten sich an der Küste auf. Patrick und ich hingegen durchradeln das Hinterland. So kommt es, dass die Kleinbauern in den Bergen freundlich grüßen und sich über einen seltenen Besuch und ein Schwätzchen über den Stacheldrahtzaun freuen. Wo wir nach Wasser, dem richtigen Weg oder einem Zeltplatz fragen, wird uns geholfen. Zwar erzählen die Menschen auch hier allerhand Geschichten von Straßengangs, Erpressungen und Raubmorden, aber ich hoffe und vermute, dass sich diese Szenen mehr in den Vorstädten abspielen und weniger im Hinterland. Tagtäglich fechten Patrick und ich einen inneren Kampf zwischen unseren wundervollen Erfahrungen mit den Menschen hier und all den Warnungen, die auf uns einprasseln, aus. Unsere Poltergeister sind wach, aber je länger wir in El Salvador sind, desto schwächer werden ihre Argumente.

El Salvador ist bereits das vierte Land auf dieser Reise. Honduras, Nicaragua und Costa Rica liegen noch vor uns. Inzwischen sind wir fester mit dem Leben auf der Straße verwachsen und haben die ersten Unfälle, Lebensmittelvergiftungen, Platten und Sonnenstiche hinter uns. Wir sind angekommen im Unterwegssein.

Über einen schmalen holprigen Pfad, der durch ein winziges Fischerdorf führt, erreichen wir an einem Tag Anfang Dezember gegen Mittag den kleinen See kurz vor Chalatenango im Norden El Salvadors. Wir haben das Gewässer am Morgen auf unserer Landkarte entdeckt und den ganzen Vormittag ordentlich in die Pedale getreten, um uns in der Mittagshitze eine Abkühlung zu gönnen. Voller Hoffnung schieben wir unsere Fahrräder nun die letzten paar Meter zum Ufer. Mit jedem Schritt wächst meine Vorfreude. Im Schatten eine Pause einlegen, unser Obst im kühlen Nass waschen und danach hungrig Ananas und Avocado schlachten.

Seit Belize tragen wir die Strohhüte aus dem Mennoniten-Supermarkt, um unsere Gehirne in der Mittagshitze nicht in Schmorbraten zu verwandeln. Allerdings hat sich seit einigen Tagen ein übel juckender Hautausschlag auf meiner Stirn breitgemacht, der nur langsam abheilt. Grund dafür kann nur der Plastikhut in Strohoptik *made in China* sein. Ohne Hut halte ich es in der zentralamerikanischen Hitze aber fast nicht auf dem Fahrrad aus. Also binde ich mir meist ein nasses T-Shirt auf den Kopf und ziehe den Strohhut so darüber, dass er nicht mit meiner Haut in Verbindung kommt. Eitelkeiten vergehen schnell auf Reisen. An jedem Wasserlauf halten wir an, und ich wasche mir den Schweiß von der Stirn, der die unschönen Pusteln höllisch zum Jucken bringt und zu verschlimmern scheint. Das Element Wasser begleitet uns täglich auf dieser Reise, und der Stellenwert, den sauberes Trinkwasser in unserem Alltag eingenommen hat, ist unermesslich. Im Grunde hangeln wir uns tagtäglich von Flüssen zu Brunnen und an Seen, um zu trinken, uns abzukühlen, Reifen zu flicken oder um uns und unsere Klamotten zu waschen.

»Oh nein!«, ruft Patrick, der zuerst am Wasser ankommt. »Schau dir das an. Ich glaube, hier können wir nicht baden.«

Ich bleibe neben ihm stehen, blicke auf die glitzernde Oberfläche, und erst jetzt fällt mir auf, dass dieser See nichts weiter als ein schwarzer Tümpel ist. Bei der bloßen Vorstellung, in dieser Brühe zu baden, verwandeln sich die Pusteln auf meiner Stirn in kleine Eitervulkane.

»Ach, Mann!«, schimpfe ich, während ich trübsinnig in den dunklen Tümpel starre. »Ich hatte mich so auf eine Abkühlung gefreut.« Kritisch betrachte ich den Füllstand meiner

Wasserflasche. »Unser Trinkwasser reicht nicht aus, um mich damit zu waschen. Lass uns gleich im Dorf fragen, wo wir sauberes Wasser auffüllen können.«

»Da sind bestimmt irgendwelche Atom-Krokodile drin«, murmelt Patrick und rümpft enttäuscht die Nase. »Sieht echt mies aus, das Wasser.«

Um das Stimmungsbarometer wieder zu heben, sage ich: »Na ja, ich würde sagen, dass wir hier trotzdem eine Pause einlegen, uns im Schatten abkühlen und unsere Ananas essen. Was meinst du?«

»Ja. Und Kekse!« Patrick lehnt sein Fahrrad an einen Baum und packt die Zeltplane aus, die uns als mobiles Wohn- und Esszimmer dient.

Die Hitze des Mittags und die steilen Bergstraßen haben mich ins Schwitzen gebracht, der Ausschlag auf meiner Stirn juckt unerträglich. Ich trete dicht ans Ufer des Tümpels und begutachte das Wasser erneut. Vielleicht kann ich ja doch ein wenig klares Wasser abschöpfen, ohne Schlamm und Dreckpartikel aufzuwühlen, um mein Gesicht wenigstens ein bisschen zu waschen. Ein schleimiger Ölfilm glänzt mir entgegen, und meine Hoffnungen schwinden.

»No! No!«, höre ich eine Frauenstimme hinter mir. Ich drehe mich um und entdecke zwischen den Bäumen am Ufer zwei Frauen, die uns offenbar beobachten. Unwillkürlich trete ich einen Schritt vom Wasser zurück. Langsam gehe ich auf die beiden zu.

»Was ist los?«, frage ich in meinem Krypto-Spanisch und lächle freundlich, um ihnen zu zeigen, dass Patrick und ich keine bösen Eindringlinge sind. Viel verstehe ich nicht von ihrer Antwort. Sie sprechen schnell und reichlich. Durch ihre Gebärden und die wenigen Brocken Spanisch, die ich in den letzten Wochen gelernt habe, wird aber klar, dass das Wasser dieses Sees auf der Haut juckt und irgendwie giftig ist. Als Patrick und ich uns für ihre Erklärung bedanken, treten die beiden zwischen den Bäumen hervor, kommen näher und begutachten unsere Fahrräder und die Packtaschen. Die üblichen Fragen nach unserer Nationalität, Start und Ziel unserer Reise und danach, ob wir verheiratet sind, werden geklärt. Dann deutet eine der beiden Frauen auf die Ananas, die Patrick gerade aus unserer Essenstasche kramt.

»Habt ihr Hunger?«, fragt sie und lacht.

»Ja«, sagt Patrick und hält die Ananas triumphierend in die Luft. Für einen Moment scheint die Frau nachzudenken.

»Kommt«, sagt sie dann. »Ich mache euch einen Fisch. Hier ist das Wasser nicht gut. Aber weiter draußen geht es. Dort angelt mein Mann Fische. Die sind gut und frisch.« Sie deutet in die Mitte des Sees und gibt uns ein Zeichen, ihr zu folgen. Wir überlegen nicht lange, packen die Zeltplane wieder ein, stopfen die Ananas zurück in die Tasche und folgen den beiden Frauen den steilen Pfad entlang zurück ins Dorf.

»Patrick isst Fisch. Ich bin Vegetarierin«, erkläre ich der Dame keuchend, während ich das Fahrrad mit den schweren Packtaschen den steinigen Weg hinaufschiebe. Innerlich stelle ich mich schon darauf ein, mich wie immer dafür rechtfertigen zu müssen, dass ich keine Tiere esse, und verwunderte Blicke über mich ergehen zu lassen, die mir deutlich machen, dass ich ohne Fleisch eigentlich schon gar nicht mehr am Leben sein dürfte. Das passiert mir überall auf der Welt. Ob im Schwarzwald, im Libanon oder hier in Zentralamerika.

Die Frau aber lächelt mich mit ihren großen, wachen Augen an und sagt einfach nur: »Avocado, Reis, Bohnen und Ei?«, und mein Herz schmilzt vor Freude und Dankbarkeit dahin.

Auf halbem Weg verabschieden wir uns von der anderen Frau und folgen unserer Köchin zu einer kleinen Hütte mit Wellblechdach. Der Hinterhof sieht aus wie die meisten Höfe in Zentralamerika. Ein staubiger Platz aus festgetretener Erde, der fast täglich mit einem Reisigbesen vom heruntergefallenen Laub befreit wird. Eine Wasserstelle, ein stinkendes Plumpsklo, eine mit Tüchern verhangene Duschecke, ein paar frei laufende Hühner, Hunde, Katzen und Plastikstühle im Schatten unter einem großen, blühenden Busch.

Patrick und ich dürfen uns Hände und Gesicht an einem Hahn waschen, und ich fühle mich endlich wieder wie ein Mensch. Nicht wie ein herumlaufender Ausschlag.

Unsere Gastgeberin schlendert singend in ihre Hütte, während Patrick und ich im Schatten auf den beiden Plastikstühlen Platz nehmen. Ein paar Hunde beschnuppern uns, und aus dem Haus kommen drei Teenager, die uns schüchtern begrüßen. Die beiden Jungen setzen sich in unsere Nähe und spielen irgendwas auf einem antiken Game Boy. Das Mädchen verschwindet sofort wieder im Haus, nachdem sie uns kurz zugewunken hat. Während wir im Schatten auf das Essen warten, repariert Patrick seine Flip-Flops mit einem Stück Wäscheleine aus unserem Bestand. Vor zwei Tagen ist sein Schuh gerissen, seitdem läuft er fast ausschließlich barfuß. Während

Patrick flickt, krame ich mein Logbuch hervor und notiere die Ereignisse der letzten Zeit.

Noch nie bin ich ohne mein Notizbuch verreist, und würde ich nicht jeden Tag aufschreiben, welchen Menschen wir begegnen, welche Orte wir durchradeln, was ich beobachte und wie ich mich fühle, wüsste ich in der Flut der Ereignisse schon nach zwei Tagen nicht mehr, was überhaupt geschehen ist und wie wir hier hingekommen sind.

Die beiden Jungen beäugen uns unauffällig, aber mit großer Neugier, und als Patrick mit seinem reparierten Schuh zufrieden ist, holt er eine Trinkflasche von seinem Fahrrad und schlendert hinüber zu den beiden Kerlen. Ich hebe meinen Kopf und beobachte die Szene. Patricks Spanisch ist noch miserabler als meins, aber er macht sich immer besser. Er zeigt den beiden Jungen die Trinkflasche und deutet fragend auf den Wasserhahn. Die Jungen verstehen sofort. Offensichtlich freuen sie sich darüber, gebraucht zu werden. Der Größere springt auf und schüttelt energisch den Kopf. Erst jetzt fällt mir auf, dass er genauso hübsche Pusteln im Gesicht hat wie ich. Am liebsten würde ich zu ihm hinübergehen und mit ihm einschlagen. Stattdessen hoffe ich im Stillen für uns beide, dass seine Akne und mein Hautausschlag bald schon Schnee von gestern sind.

Der Junge nimmt Patrick die leere Trinkflasche ab und wiegt sie in der Hand. Dann marschiert er quer über den kleinen Hof zu ein paar in der Sonne aufgereihten Fünf-Liter-Colaflaschen ohne Etikett, die bis oben randvoll mit Wasser sind. Patrick folgt ihm, und gemeinsam befüllen sie unsere Trinkflasche mit dem von der Sonne aufgeheizten Wasser. Dann holt Patrick die anderen vier Fahrradflaschen, und auch diese füllt der Junge eifrig. Ich höre, wie sich die beiden in Halbsätzen unterhalten, verstehe aus dieser Entfernung aber kein Wort.

In diesem Moment tritt unsere Gastgeberin in Begleitung des Mädchens wieder aus der Hütte. Jede von ihnen hält einen randvollen Teller mit Essen für Patrick und mich in der Hand. Patrick bedankt sich schnell bei dem Jungen und eilt wieder zu unseren Plastikstühlen, um die Mahlzeit in Empfang zu nehmen. Wie fast überall gibt es auch in diesem Haushalt keinen Tisch. Stattdessen wird auf dem Schoß gegessen.

Das Mädchen überreicht mir einen Teller mit Reis, roten Bohnen, ein paar Stücken Avocado und einem hart gekochten, geschälten Ei. Patrick bekommt zwei gebratene Fische und dazu ein zusammengeschnürtes Päckchen, bestehend aus einem Bananenblatt und einer Füllung mit Maismehl und Fleisch. Überglücklich bedanken wir uns bei den Frauen. Außer uns scheint hier niemand etwas zu essen zu bekommen.

»So toll, diese Frau!«, freut sich Patrick, während er den Fisch auf seinem Teller mit einem Plastikmesser seziert. »Ich glaube, wir haben seit zwei Tagen nichts Warmes mehr gehabt. Wenn die wüsste, was sie uns Gutes tut!« Eifrig lächelnd nickt er der Frau zu.

»Weißt du, warum die ihr Trinkwasser hier in den Plastikflaschen in die pralle Sonne stellen?«, frage ich Patrick und beginne ebenfalls zu essen.

»So wie ich die Jungs verstanden habe, ist das eine Art Filter«, erklärt er kauend und immer wieder zu der Frau und ihrer Tochter herübernickend. »Ich glaube, die UV-Strahlen von der Sonne töten die Bakterien im Wasser ab. Die stellen ihr Wasser immer erst ein paar Tage lang in die Sonne, bevor es trinkbar ist.«

»Das ist ja spannend. Ich dachte schon, man kann sich nie daran gewöhnen, den ganzen Tag brühwarmes Wasser zu trinken.« Ich überlege, ob es eine Möglichkeit gibt, unser Wasser von jetzt an tagsüber so auf die Packtaschen zu schnallen, dass wir so viel UV-Strahlung wie möglich einfangen. In den letzten Tagen haben unsere Bäuche einige Male gegrummelt, wenn wir nur eine dürftige Wasserquelle auftreiben konnten.

Während wir essen, kreisen meine Gedanken um das Element Wasser. Der Tümpel unten im Dorf ist düster und trüb. So trüb, wie auch die Gedanken werden, wenn wir als Menschen nicht in Bewegung sind. Stehendes Wasser wird nach einer Weile ungenießbar. Ein stagniertes Leben ohne Perspektivwechsel, neue Eindrücke und außerhalb des Lebensflusses wird früher oder später ebenso trüb. In Kombination mit Sonnenlicht, dem Feuer des Himmels, kann ungenießbares Wasser aber offensichtlich wieder in einen Zustand gebracht werden, in dem es uns erfrischt und gesund hält. Für das Leben könnte doch dasselbe gelten? Ein Leben mit Leidenschaft ist immer in Bewegung. Es ist warm. Manchmal zu heiß, aber lebendig. Somit wird es auch immer wieder klar, egal wie trüb es manchmal zu sein scheint.

Das Essen schmeckt köstlich. Die Frau hätte uns mit dieser Mittagspause kein schöneres Geschenk machen können. Gern würde ich von der Familie noch mehr verstehen und auch mehr erzählen können. Andererseits sorgen die Sprachbarrieren auch immer wieder für Lacher und lustige Gesten und Verrenkungen, die wir statt der fehlenden Worte zur

Verständigung nutzen. Zum Abschied schenke ich der Familie unsere Ananas. Dann satteln wir frisch gestärkt, mit vollen Wasserflaschen und einem zufriedenen Lächeln auf den Lippen, wieder die Räder. Zurück in den Fluss der Straße. Zurück in die Bewegung des Lebens.

Von Tag zu Tag fühle ich mich wohler in El Salvador, und mein Poltergeist hat fast keine Chancen mehr, mir mit seinen Ängsten auf die Nerven zu gehen. Die Menschen, die wir unterwegs kennenlernen, haben spannende und berührende Lebensgeschichten zu erzählen. Wir treffen einen älteren Herrn, der in seinem kleinen Auto wohnt und Ananas an der Straße verkauft. In jüngeren Jahren sei er Tuna-Fischer gewesen, der auf riesigen Fischerbooten die ganze Welt bereist hat, wie er uns erzählt. Eine junge Frau, die auffallend gutes Deutsch spricht, berichtet, dass sie als Au-pair über eine christliche Frauenorganisation ein Jahr lang in Dortmund gearbeitet habe. Sie kennt sich gut aus in Deutschland und freut sich darüber, endlich wieder einmal Deutsch sprechen zu können. Wir treffen Hausfrauen, Priester und Plantagenbesitzerinnen. Polizisten, Restaurantbetreiberinnen und Feuerwehrmänner. Wir übernachten mit unseren Isomatten auf dem Boden eines Computerladens und bekommen von einem Fußballverein Abendessen inklusive Getränken und Frühstück mit dampfendem Kaffee ans Zelt geliefert, nur weil wir unser Lager zufällig neben deren Festgelände aufgestellt haben. Eine ältere Dame an einem *pupusa*-Stand gibt mir den Tipp, meinen hartnäckigen Ausschlag auf der

Stirn mit Essig zu behandeln, und schenkt Patrick und mir zwei *pupusas* mit extra viel Käsefüllung. Zwei Tage lang reibe ich meine Stirn regelmäßig mit einem selbst gemachten Apfelessig von Patricks Vater aus unseren Packtaschen ein, und tatsächlich werde ich so den rot gesprenkelten Fluch auf meiner Stirn wieder los. Hoffnungsvoll denke ich an die Akne des Jungen bei unserer Gastgeberin vor einigen Tagen und hoffe, dass auch er die Dinger irgendwie wieder loswird.

Am vierten Tag in El Salvador erreichen wir einen breiten, kristallklaren Fluss. Zu unserer Verwunderung tummeln sich am Ufer scharenweise Pick-ups, aus denen salvadorianische Großfamilien quillen, die baden, laute Musik hören, grillen und feiern. Es herrscht eine Stimmung wie an einem deutschen Badesee, mit dem einzigen Unterschied, dass einige Pick-ups direkt durch den Fluss fahren und in der Mitte auf einer Kiesbank parken. Patrick und ich schieben unsere Fahrräder hinunter ans Ufer und suchen uns ein freies Plätzchen, an dem wir unser mobiles Wohnzimmer, die Zeltplane, ausbreiten können.

Es ist noch recht früh am Tag, und trotzdem entscheiden wir uns sofort, heute nicht weiterzuradeln. Den Nachmittag verbringen wir in einem kleinen Paradies der Unbeschwertheit.

Patrick und ich baden unsere verschwitzten, zerstochenen, verschrammten und von Muskelkater geplagten Körper im eiskalten Flusswasser, und das kühle Nass fühlt sich himmlisch auf der Haut an. Straßenstaub und Dreck werden genauso davongeschwemmt wie die Anspannung der letzten Tage, die trotz all der schönen Begegnungen ein ständiger Begleiter auf dieser Reise durch Zentralamerika bleibt.

Am Flussufer räumen wir unsere Taschen aus, spülen das Geschirr endlich einmal wieder richtig sauber und waschen unsere Klamotten in einer kleinen Faltwanne mit dem klaren Flusswasser. Ein bisschen komme ich mir vor wie beim Frühjahrsputz im Zirkuswagen. Ich fühle mich so leicht und frisch wie schon lange nicht mehr. Seit Tagen hatten wir nicht mehr das Glück, an einen so sauberen und krokodilfreien Wasserlauf zu gelangen. Freie Zeit zu genießen und Entspannung zu finden.

Während ich in einem frisch gewaschenen nassen T-Shirt und Badehose auf unserer Zeltplane sitze und an meinen Konzepten für das kommende Jahr arbeite, wird Patrick von einem jungen Mann angesprochen. Die beiden setzen sich nebeneinander auf einen umgefallenen Baumstamm ans Ufer und scheinen sich zu unterhalten. Als sie mir zuwinken, schlendere ich zu ihnen herüber. Grinsend schüttle ich dem Mann die Hand. José heißt er. Patrick erklärt mir, dass die beiden keine langen Konversationen führen können, weil José nur Spanisch spricht und er selbst nicht genug versteht. Also begnügen sie sich damit, dass José Patrick Wörter auf Spanisch beibringt und Patrick seinem neuen Freund die gleichen Wörter auf Englisch. Von Deutsch möchte José nichts wissen. Er hat gehört, es sei eine der schwierigsten Sprachen der Welt. Aber Englisch, das wollte er schon als Kind lernen.

Neugierig höre ich José zu, der mir stolz vorführt, was er in der letzten halben Stunde von Patrick gelernt hat. Und erst jetzt sehe ich die Aufschrift auf seinem knallroten T-Shirt: »Do me a favour and stop talking« steht da in dicken weißen Lettern.

Während ich zurück zu meinen Notizen stapfe und die beiden Männer ihrem Sprachunterricht überlasse, kann ich mir ein Kichern nicht verkneifen. José ist ein echter Witzbold. Aber er hat ja recht. Wenn ich mit all meinen inneren Widersprüchen leben kann, dann kann José auch Patrick nach englischen Worten ausquetschen, während auf seinem Shirt »Tu mir einen Gefallen und höre auf zu reden« in ebendieser Sprache steht. Es geht alles. Man muss es nur machen.

Lachend setze ich mich wieder auf die Zeltplane und nehme das Logbuch zur Hand. Irgendwie ist doch ohnehin alles auf dieser Welt widersprüchlich. Während ich dem Rauschen des Flusses und den singenden Vögeln um uns herum lausche, saust mein Bleistift über die Seiten. Diese ganze Reise ist im Grunde voll von Widersprüchen. Und genau deshalb ist sie so beweglich, spannend und besonders. Vieles scheint nicht zusammenzupassen. Wir treffen die freundlichsten Menschen auf dieser Reise ausgerechnet im Land mit der höchsten Mordrate. Wir leben seit Wochen draußen in der Wildnis und zelten und können die Natur doch nicht so intensiv erfahren wie in Deutschland, wo wir in einem kleinen Haus auf Rädern am Waldrand wohnen. Unsere Tage in Zentralamerika sind stets mit großer Vorsicht verknüpft, und obwohl die Natur hier vielleicht wilder und ursprünglicher ist als die Kulturlandschaft des trauten Schwarzwaldes, in die nur der Wolf langsam zurückkehrt, kann ich ihre wilde Schönheit oft nicht so intensiv genießen wie zu Hause. Die Landschaften hier rauben uns immer wieder den Atem, und das nicht nur vor Anstrengung auf den Rädern. Sobald wir aber wirklich mit Natur in Kontakt kommen, wird es meist recht schnell unschön. Moskitos zerfressen uns, Taranteln, Schlangen und giftige Spinnen suchen sich die falschen Verstecke unter unserer Zeltplane und

Krokodile lauern in den Flüssen. In Deutschland wandern Patrick und ich dagegen ganz unbeschwert durch die Wälder, saugen die frische Luft zwischen den Bäumen ein, sammeln Pilze, Beeren und Wildkräuter, können die Spuren vieler Tiere lesen, das Quellwasser trinken und im Notfall einen Salat aus Bucheckern, Sauerklee, Giersch, Gundermann, Löwenzahn und Spitzwegerich zaubern. Wir wissen, welche Beeren essbar und welche giftig sind und was zu welcher Jahreszeit reif ist. Hier in Zentralamerika verhalten wir uns hingegen wie zwei Großstadthippies. Wir kennen Flora und Fauna nicht, können die Zeichen der Natur nicht deuten, wissen uns nicht zu helfen, wenn Wasser oder Essen ausgehen, und sind so sehr auf die Zivilisation angewiesen wie selten zuvor. Und all das, obwohl wir seit Wochen draußen wohnen.

Ich blicke von meinem Logbuch auf und betrachte den breiten Fluss, der großzügig seine sprudelnden Wassermassen an uns vorbeispült. Erst hier im bergigen El Salvador gibt es klare Quellen, Flüsse und Bachläufe. Orte wie diesen. Die Natur kann so verschwenderisch sein. Zwischen den glitzernden Wellen, die im Strom tanzen, erkenne ich das steinige Flussbett. Wasser in Bewegung ist klar. Wasser im Stillstand ist trüb. Überall auf der Welt. Und genauso geht es doch auch uns Menschen. Seit Patrick und ich auf Reisen sind, in körperlicher Bewegung, fühle ich mich in meinem Körper pudelwohl. Ich spüre meine Kraft, und trotz aller Schrammen, Muskelkater, Hautausschläge und Sonnenbrände bin ich mit meinem Körper verbundener, weil ich ihn wirklich benutze. Ich liebe dieses Gefühl. Aber nicht nur die körperliche Bewegung gibt mir ein gutes Gefühl, auch die vielen Ereignisse unterwegs und der Abstand von unserem Alltag in Deutschland halten meinen Geist ständig in Bewegung. Meine Gedanken sortieren sich, und mit jedem Tag, den wir auf den Rädern verbringen, in körperlicher und geistiger Bewegung sind, werde ich innerlich klarer. Die Widersprüche in mir und in meinem Leben führen nicht mehr dazu, dass ich an mir selbst zweifle, sondern dazu, dass ich mehr und mehr froh bin um meine Vielseitigkeit. Widersprüche sind vielleicht gar nicht dazu da, um aufgelöst zu werden, sondern damit sich das Leben zwischen ihnen hindurchschlängeln kann. Das Leben ist ein Fluss. Wenn ich mich darauf einlasse, dann bin ich permanent in körperlicher und geistiger Bewegung. Mal schneller, mal langsamer. Mal mit Verwirbelungen und mal wie ein leises, seichtes Plätschern. Aber nur die Veränderung ist eine Konstante, solang ich lebe. Gegensätze und Widersprüche ziehen sich gegenseitig an, und Anziehungskraft führt zu Bewegung. So, wie auch das Wasser nur durch Anziehungskraft und Gefälle zum Fließen kommt und seine Reinheit erlangt.

Ich denke an die Mennoniten, daran, wie sie leben, daran, wie Dennis und seine Familie leben und an Patricks und meinen Alltag in Deutschland. Wir alle sind in Bewegung. Jeden Tag, denn eines teilen wir: Die Veränderung in unserem Leben, die zwar immer wieder für Verwirbelungen und Sturzbäche sorgt, die uns aber auch innerlich erfrischt und wieder neue Klarheit bringt. Und das ist es auch, was ich an unserem vielfältigen Leben in Deutschland auf dem Land so lieben gelernt habe. Wenn wir in einer Lebensphase innerlich stagnieren, dann wird unser Geist trüb. So wie ein sumpfiger Tümpel im dunklen Wald.

Das Element Feuer habe ich schon längst als Symbol für die Leidenschaft in meinem Leben auserkoren. Aber am Feuer kann man sich auch verbrennen. Das nennt man dann Burnout. Und da kommt mit diesem Moment, an diesem Fluss irgendwo in El Salvador, das nächste Element ins Spiel: Wasser. Es bringt Abkühlung. Wasser sorgt dafür, dass vom Feuer unserer Leidenschaft nicht irgendwann nur noch das Leid bleibt. Sondern das Schaffen. Klares, reines Wasser sagt uns, dass uns im Leben nur die Veränderung garantiert ist. Egal wie schön, egal wie aussichtslos eine Situation erscheinen mag. Sie wird vorübergehen. Solang ich lebe, werde ich nie irgendwo ankommen. Phasen wechseln sich ab, und alles, was wir glauben zu verstehen, wandelt sich zwischen den Gegensätzen des Lebens. Die Klarheit, die mir dieser Fluss schenkt, gibt mir die Gewissheit, dass nichts gewiss ist außer dem Wandel. Der Fluss des Lebens. Denn wenn die Bewegung ausbleibt, dann kommt der Tod. Innere und äußere Bewegung aber halten uns im Flow. Das ist ein wunderbar kraftvolles Lebensgefühl.

Am 13. Dezember, dem 25. Tag unserer Reise, passieren wir die Grenze zu Honduras. Zum zweiten Mal auf dieser Tour nehmen wir unseren Stolz nicht so ernst und steigen für ein paar Kilometer in einen Bus, um einen Teil der Strecke abzukürzen, der nur aus einem Highway und einer baum- und trostlosen Landschaft besteht.

In Nicaragua besuchen wir die Städte Managua und Granada und übernachten zur Abwechslung in richtigen

Backpacker-Hostels mit Dusche und WLAN, um doch noch ein wenig architektonisches Sightseeing in den bunten Gassen der Kolonialstadt Granada zu machen. Frisch gestärkt setzen wir am 18. Dezember mit einer Touristenfähre über den Nicaraguasee auf die Insel Ometepe über. Patricks dreißigster Geburtstag steht vor der Tür, und den möchten wir auf dem Gipfel des Vulkan Concepción in 1.700 Metern Höhe einläuten.

Mitten in der Nacht laufen wir los, um die Tagestour überhaupt bewältigen zu können. Gemeinsam mit zwei Guides von der Insel und einem Japaner, der mit seinem Fahrrad vor einigen Monaten in Los Angeles, USA, losgefahren ist, besteigen wir den Vulkan. Patrick und ich hoffen, dass wir nach dem Fahrradtraining der letzten Wochen gut mit den Männern mithalten können. Tatsächlich bewältigen wir die Tour mit Auf- und Abstieg in weniger als acht Stunden, können uns aber danach zwei Tage lang nicht mehr auf den Beinen halten. Patricks dreißigsten Geburtstag verbringen wir also jeder mit einem Cocktailglas in der Hand auf zwei Liegen am Pool einer sündhaft teuren Öko-Lodge auf der Isla de Ometepe und schwelgen im Glück der Gegensätze auf unserem Weg.

Die letzten Tage unserer Reise bestehen dann fast nur noch aus der Panamericana, dem Schweiß auf Stirn und Rücken und dem Gedanken daran, dass wir Jacó tatsächlich noch vor Weihnachten erreichen können, wenn wir jetzt nicht schlappmachen.

Wir schlafen kurz und radeln viel, und am Mittag des 24. Dezember stehen zwei verdreckte, verschwitzte, braun gebrannte, ausgelaugte und überglückliche Gestalten samt Fahrrädern vor der Tür des Bikini-Ladens meiner Schwester in Jacó, Costa Rica. Wir sind angekommen. Tatsächlich angekommen.

Nach all den Wochen in der Wildnis und auf der Straße gibt es nichts Schöneres als ein frisch bezogenes Bett, eine Dusche und saubere Handtücher für die nächsten vier Wochen. Und wieder einmal fällt mir auf, dass ich Abenteuerreisen nicht nur wegen all der Abenteuer liebe, die man unterwegs erlebt, sondern auch wegen des Momentes, in dem sie vorbei sind.

In Deutschland könnte ich niemals so viel Dankbarkeit und Freude darüber empfinden, dass in der Küche meiner Schwester sauberes, kühles Wasser aus dem Hahn kommt, dass es Shampoos, Duschgels, duftende Cremes und Toilettenpapier im Badezimmer gibt. Dass ich sauberes Geschirr, Spiegel, Internet, Steckdosen und Familienfotos von uns und unseren Eltern an den Wänden im Haus entdecke. Ohne die Abenteuer und Entbehrungen der letzten Wochen hätten wir niemals die blanke Euphorie dabei empfunden, frisch geduscht den Kleiderschrank von Magdalena und Mauricio zu plündern. Mauricios Mutter ist eine reinliche Person, und nachdem sie Patrick und mich am Tag unserer Ankunft erblickt hat, wurden all unsere Klamotten, die Isomatten, Schlafsäcke und sogar das zerschlissene Zelt umgehend von ihr annektiert und grundgereinigt.

Schon nach einem Tag in Jacó fühlen wir uns wie neue Menschen. Und wir sehen auch so aus. Und wir riechen so. Dario, der Friseur meiner Schwester, kümmert sich unter filmreifen Kommentaren um Patricks wilden Bart und die langen Haare. Wir sind nicht wiederzuerkennen, und trotzdem werden wir noch einige Tage getragen von einer großen Freude und Dankbarkeit. Ich bin dankbar für das Element Wasser, das mir auf dieser Reise begegnet ist. Ein Element, das immer wieder Frische in unser Tun bringt, das für Leben auf dieser Welt sorgt. Wasser ist Bewegung und schafft Verbindung. Den Fluss des Lebens. Das Unterwegssein. Das Wasser formt seinen eigenen Lauf, es formt den Planeten. Ohne Wasser gäbe es auch im übertragenen Sinne wenig Lebendigkeit: Wer sind wir Menschen ohne Austausch, ohne Bewegung, ohne die Kraft und Klarheit des Wassers? Für mich bedeutet es Wandel, Veränderung und Lebensfreude, es erinnert mich jeden Tag aufs Neue daran, dass alles im Fluss ist, ein ewiger Kreislauf, und dass auch ich mich immer wieder neu erfinden darf, um ganz dieselbe zu bleiben.

Mit dem Feuer habe ich nun zwei Elemente auf meinem Weg gefunden – jetzt bin ich fest entschlossen, auch die letzten beiden Elemente, Luft und Erde, in mein Leben zu lassen.

Zwar ist die Zeit auf den Rädern mit unserer Ankunft in Jacó vorbei, aber das Leben in Zentralamerika geht weiter. Als Patrick seine heiß und innig geliebte Zimmererhose, in der er von Mexiko nach Costa Rica geradelt ist, frisch gewaschen von Mauricios Mutter zurückbekommt, beginnen wir mit den Arbeiten an der Ladenfront der Boutique meiner Schwester.

Im Baumarkt kennen wir uns bald besser aus als in den Tiefen unserer Fahrradtaschen während der Tour. Wir schleppen eimerweise Farbe, Schrauben und Holzlatten in den Garten von Magdalena und Mauricio und bauen in den folgenden drei Wochen bei 35 Grad im Schatten ein neues, fünf Meter langes und drei Meter hohes Schild mit Beleuchtung als Ladenfront.

Trotz Alltag, Arbeit und viel Schweiß begleitet mich in Costa Rica ein Gefühl von Reinheit und Klarheit. Nicht nur das Gefühl von sauberen Klamotten, eine Dusche und die Erfrischungen im Pool vor dem Haus meiner Schwester bescheren mir ein großes Stück Lebensqualität, auch das Meer habe ich zurückgewonnen. Jeden Tag radeln wir mit unseren Surfbrettern unterm Arm zum Strand und werfen uns in die Wellen. Wir machen einen kleinen Surftrip entlang der Küste und baden unter Wasserfällen. Ich genieße die Zeit mit meiner Schwester, und die Tage und Wochen fliegen nur so dahin.

Ende Januar ist für Patrick und mich der Tag des Rückflugs gekommen. Die Fahrräder haben wir in Costa Rica verkauft, und mit nicht mehr als je drei Fahrradtaschen und einem Logbuch voller Gedanken und Ideen fliegen wir zurück über den großen Teich nach Deutschland.

Luft

Von Graugänsen, Füchsen, stürmischen Zeiten und der Enthüllung der Leichtigkeit

Dicke Wolken bauen sich am Horizont auf wie ein Heer kampflustiger Soldaten und legen ihre tiefgrauen Schleier über die noch schneebedeckten Bergspitzen. Die Atmosphäre ist geladen. Ein Blitz erhellt die Szenerie. Tosendes Pfeifen jagt durch die kahlen Baumwipfel. Trockene Blätter und kleinere Äste wirbeln durch die Luft. Dann, ganz zaghaft, das erste Platschen eines kalten Regentropfens auf meiner Nase. Ich rieche die Nässe, die sich auf die Erde ergießen will. Es riecht nach einem gemütlichen Abend. Einem Abend in der schützenden Hülle unseres Zuhauses. Einem Abend, an dem ich die Welt von drinnen nach draußen betrachten kann.

Wie so oft in den letzten Tagen denke ich zurück an unsere Zeit in Zentralamerika. Unterwegs waren wir heftigen tropischen Gewittern schutzlos ausgeliefert. Nur die dünnen Zeltwände oder das Dach eines kleinen Wartehäuschens hielten den Regen ab. Meist sind wir aber einfach nass geworden und haben trotzdem weitergestrampelt.

Inzwischen ist es Mitte März. Ich erinnere mich noch gut an den Tag, als wir im Februar aus tropischer Hitze in unseren geliebten Zirkuswagen mitten im Schnee zurückgekehrt sind. Die Wasserleitungen waren wie jeden Winter gefroren, und es hat eine Weile gedauert, den Innenraum wieder auf wohnliche Temperaturen zu bringen. Tagelang mussten wir Wasserkanister in die Küche schleppen, um unser Geschirr zu spülen, und bergeweise Holz hacken, um uns die Wintertage warm zu machen. Trotzdem konnte ich den Geruch des Holzes, die Farben und Formen, die den Innenraum schmücken, mit ganz neuen Augen betrachten. Auf mich wirken lassen. Unser Zirkuswagen war mir nicht fremd, aber nach zwei Monaten am anderen

Ende der Welt hatte ich das Gefühl, uns selbst in der Gestaltung dieses Zuhauses klarer ausmachen zu können. Während der Bau- und Ausbauphase waren wir oft so nah dran an unserem Werk, dass wir es selbst kaum noch erkennen konnten.

Im Grunde war die Reise durch Zentralamerika so hilfreich wie die zwei Schritte rückwärts, die die Malerin vor ihrem Kunstwerk macht, um es in seiner Gesamtheit betrachten zu können. Es muss also nicht immer vorangehen. Reisen, Auszeiten und Rückschritte sind die eigentlichen Katapulte des Lebens, wenn wir Klarheit suchen, um voranzukommen.

Seit ich zurück bin, ist mein Herz noch mehr erfüllt mit Dankbarkeit für unser schönes Zuhause. Aber auch dafür, dass Patrick und ich immer wieder aufbrechen und in Bewegung bleiben, um überhaupt noch Wertschätzung und Klarheit für unser Leben und unsere Luxusprobleme empfinden zu können.

Seitdem der Schnee geschmolzen ist, ziehen wieder öfter Frühlingsgewitter über das Land. Eilig wusele ich über die Wiese vor unserem Wagen und sammle das Werkzeug ein, mit dem ich an der Renovierung unserer Zirkuswagenterrasse gearbeitet habe. Costa Rica hat mir viel Inspiration für das Leben vor der Haustür gegeben. In den nächsten Wochen will ich unsere Terrasse in ein Outdoor-Wohnzimmer mit einem breiten Paletten-Sofa, auf dem wir dann im Sommer regelmäßig draußen schlafen, verwandeln. Dieses Vorhaben ist ein wichtiger Punkt auf der Ideenliste aus meinem Logbuch. In Zentralamerika findet das Leben zum Großteil vor der Haustür statt, und zumindest im deutschen Sommer möchte ich diesem Lebensgefühl nun auch im Schwarzwald Freiraum geben.

Hektisch klaube ich Akkuschrauber und Zollstock auf, rupfe die Wäsche von der Leine und schließe mit Schwung die Klappe am Hühnerstall. Ein weiterer dicker Tropfen landet auf meiner Wange. Ich finde Gewitter toll. Die Energie in der Luft, das wütende Tosen des Windes. Ein Naturschauspiel mit dramatischen Höhepunkten. Ein Meisterwerk der Lüfte in mehreren Akten.

Der Zeitabstand zwischen den einzelnen Tropfen ist inzwischen verschwindend gering geworden, und gerade als der Himmel sich endgültig über der Erde erleichtert, schlüpfe ich mitsamt den Gummistiefeln und der halbtrockenen Wäsche auf dem Arm durch die Tür. Schnaufend stehe ich im schützenden Inneren des Wagens. Ich höre den Regen, der energisch auf das Kupferdach trommelt. Für einen Moment bleibe ich stehen und überlege, ob ich noch etwas vergessen habe. Offene Autofenster? Das Scheunentor? Die Futterraufe für die Schafe? Nein. Alles erledigt.

Die Wagentür schwingt erneut auf. Polternd, rumpelnd und triefend stehen Patrick und Ole in der Tür. Als Ole mich sieht, will er mich sofort begrüßen und schmiert schon mit seinen großen Tatzen auf dem guten Eichenboden herum. Seit wir zurück sind, ist er noch viel anhänglicher geworden, und Patrick und ich haben die Abmachung getroffen, den armen Hund nicht mehr länger als zwei Wochen alleinzulassen. Die nächsten gemeinsamen Reisen werden wir also durch Europa machen. Nicht nur wegen des Hundes, sondern wegen allem. Weil es einfach besser ist. Besser für unsere Seelen, die oft nicht so schnell so weit reisen können, besser für die Umwelt und besser für Ole. Trotzdem werde ich meine Schwester wieder am anderen Ende der Welt besuchen. Ein Ort, der längst zu meinem zweiten Zuhause geworden ist, und dieser Gegensatz aus Vorsätzen stört mich nicht mehr im Geringsten.

»Halt!«, rufe ich. Ole hört nicht auf mich und schüttelt sich stattdessen auf halbem Weg zwischen Tür und mir ausgiebig das nasse Fell. Die braune umherspritzende Suppe hinterlässt ein paar Flecken auf der Sitzbank am Küchentisch. Das untere Drittel des beigen Trennvorhangs zum Schlafzimmer ist ebenfalls völlig verdreckt. Beige. Warum passt schick und praktisch eigentlich so schlecht zusammen?

»Du bist doch wirklich ein ...!«, rufe ich dem Hund zu und werfe die halbtrockene Wäsche von meinem Arm auf das Sofa.

»Stopp!«, ruft jetzt auch Patrick, greift nach dem stinkenden Hundehandtuch, das immer draußen neben der Haustür hängt, zieht den Köter zu sich und gibt ihm eine ordentliche Abreibung. Im Grunde könnte er auch den beigen Trennvorhang dafür verwenden, denke ich etwas resigniert. Wunderbare, fast symmetrisch angeordnete braune Flecken auf hellem Hintergrund. Schön. Wirklich schön. Ich verziehe das Gesicht. Was soll's. Den Zirkuswagen haben wir uns selbst ausgesucht. Genauso wie den Hund. Es gibt Schlimmeres im Leben als ein bisschen Dreck.

»Alles gut da draußen?«, frage ich Patrick, um den versauten Vorhang fürs Erste in einen weniger frequentierten Teil meines Gehirnes zu verbannen.

»Ja, ich glaube schon«, murmelt er, während er den halbtrockenen Ole in den Wagen entlässt. »Bin mal gespannt, was die morsche Fichte an der Straße heute Nacht noch so vorhat.« Fichten, diese Flachwurzler. Kein Wunder, dass die alles umhaut. Diesen Bäumen fehlt einfach die Tiefgründigkeit. Sofort drückt sich der Hund an mich, ganz so, als wolle er das letzte bisschen Matsch in seinem Fell auch noch an mir abschmieren. Ich schicke ihn auf seinen Platz unter dem kleinen Esstisch. Mit einem wohligen Seufzer lässt er sich nieder und schließt sofort die Augen.

»Oh, Mist«, flucht Patrick, als er versucht, die Tür hinter sich zu schließen. »Der Boden quillt schon wieder auf.« Bei jedem stärkeren Regen dasselbe Spiel. Patrick rollt das stinkende Hundehandtuch zu einer langen Wurst zusammen und klemmt es unter den Türspalt. Normalerweise reicht diese Maßnahme aus, und wenn wir den Ofen ein paar Tage lang stärker anschüren, legt sich die Bodenwelle – und mit ihr all die Aufregung – wieder. Falls nicht, hätte ich noch einen beige-braun gesprenkelten Trennvorhang zum Bodentrocknen anzubieten …

Patrick wuselt durch den Wagen, verstaut Dinge und setzt Teewasser auf. Gerade überlege ich, was wir mit dem angefangenen Tag nun anstellen können, da reißt mich ein leises Maunzen aus meinen Gedanken. Milla. Die schwarz-weiße Katze mit den goldbraunen Tigeraugen sitzt auf der Fensterbank und befiehlt mit ihren Blicken, man möge ihr die Pforten öffnen. Ich schüttle den Kopf, schlurfe zum Fenster und öffne es einen Spalt. Sofort schlüpft sie hindurch. Katzen … Milla beginnt damit, das Schaffell auf der Couch mit Milchtritten zu bearbeiten. Phänomenal! Wie schafft sie es bloß, bei diesem Wetter saubere Pfoten zu behalten? Ole springt von seinem Platz auf und schleckt an der nun fauchenden Katze herum.

»Zurück auf deinen Platz!«, zische ich.

»Hat sich der ganze Zirkus endlich einsortiert?«, seufzt Patrick und kniet sich vor den Ofen, um im Inneren des Wagens für etwas Gemütlichkeit zu sorgen.

»Manege frei«, sage ich trocken, und als wollten sie mir zustimmen, schnattern plötzlich die Gänse unter dem Schlafzimmerfenster los.

»Die armen Gänse, was machen die bloß bei dem Sturm?« Ich hüpfe mit Anlauf auf das Bett-Podest im hinteren Teil des Wagens, unter dem wir Wasser- und Stromtechnik, Lebensmittelvorräte und seltener gebrauchte Kleidung lagern, und schiele durch das Fenster runter zu der moderigen Gänsebadewanne, die für das Federvieh den Lebensmittelpunkt ihres Daseins bedeutet. Stehendes Wasser wird trüb, und wenn Gänse darin baden umso schneller. Mit hochgezogenen Augenbrauen begutachte ich die tiefschwarze Brühe in der Gänsewanne. In den letzten Wochen war sie lediglich ein kleines Eisstadion. Inzwischen aber badet das Federvieh schon wieder ausgiebig bei Temperaturen, die oft nur knapp über null Grad liegen. Für die Gänse gibt es nichts Schöneres als eine frische Wanne mit klarem Quellwasser, die ich ihnen einmal in der Woche vorbereite. Zu dumm nur, dass die Gänse es schaffen, das klare Wasser innerhalb weniger Stunden in schwarze Suppe zu verwandeln.

»Die sind doch selbst schuld«, ruft Patrick herüber. »Sie haben ja ihren Gänsewagen. Wenn sie da nicht reingehen, haben sie Pech gehabt.«

Neben der Wanne entdecke ich Lotti und Lotti, die beiden Graugänse. Eingerollt und aneinandergeschmiegt liegen sie auf der noch kargen Wiese und geben ab und an empörtes Geschnatter von sich. Je stärker es stürmt und regnet, desto weiter ziehen sich die Tiere in sich selbst zurück. Ob die beiden auch gerne hier im Wagen Schutz suchen würden? Ich wage es nicht, mir dieses Chaos auszumalen.

Eine heftige Windbö rüttelt am Wagen. Alles schaukelt und knarzt wie auf einem Schiff, und ich hoffe, hier drinnen nicht seekrank zu werden. Es fühlt sich beinahe so an, als sei die Hülle lebendig. Trotz des Schüttelns und Schaukelns fühle ich mich aber sicher. Bei einem Erdbeben gäbe es wohl keinen besseren Ort.

Die Lottis vergraben ihre Schnäbel noch ein Stück tiefer im Gefieder. Sie halten den starken Windböen wie versteinerte Gänsestatuen stand. Vor der Kulisse des dunklen, im Wind wankenden und auf den Spitzen noch bepuderten Schwarzwaldes, der direkt hinter unserem Wagen beginnt, geben die beiden ein bizarres Bild ab. Was passiert dort im Wald wohl bei Sturm? Wer verkriecht sich in welche Höhle, und wie schaffen es die Lebewesen, dem ungemütlichen Wetter im eigenen Körper unter Fell oder Federn zu trotzen, bis alles vorbei ist? Ich bin seit unserer Zeit in der Wildnis Zentralamerikas dankbarer als je zuvor für unser kleines Zuhause, unsere schützende Hülle. Sobald im Ofen ein Feuer prasselt, fühle ich mich geborgen und warm. Das stürmische Wetter ist irgendwie vergleichbar mit den stürmischen Zeiten im Leben. Wenn es turbulent wird, haben die meisten Menschen die Tendenz, sich in sich selbst zurückzuziehen. Je mehr uns das Schicksal herausfordert, desto weiter. Manchmal so weit, dass wir niemanden mehr hineinlassen können in unsere Festung der Einsamkeit. Dann ist es schwierig zu bemerken, dass die Sonne da draußen längst wieder scheint.

Wir suchen geistigen Schutz oft in unserem Innenleben. Physischen Schutz jedoch in Häusern, Wagen, Autos, Zelten oder Höhlen. Die Gänse dort unten hingegen scheinen den physischen Schutz ihres Gänsewagens nicht zu brauchen. Ihnen genügt das Gefieder. Verglichen damit sind wir Menschen unheimlich schutzlos mit unserer empfindlichen, dünnen Haut. Wie schnell Patrick und ich unterwegs rot wurden. Oder rote Pusteln bekommen haben. Ich schiebe den Ärmel meines Pullovers zurück und betrachte meinen Unterarm mit seinen paar hellen weichen Härchen darauf. Nein, die menschliche Haut reicht nicht aus, um vor heftigen Stürmen, starker Sonne oder kalten Wintern zu schützen. Ich beobachte, wie sich die Härchen langsam aufstellen und auf meiner Haut eine Landschaft aus kleinen Beulen bilden. Gänsehaut.

»Ach, so ist das?«, murmle ich den Lottis zu. »Ihr habt also mehrere Hüllen?« Ob die Gänsehaut unter dem Gefieder wohl auch so empfindlich ist wie meine Menschen-Gänsehaut? Im Grunde ist die Haut eine enge Hülle, die den Körper umschließt. Sie schützt die Lebendigkeit und Lebenskraft, die in diesem Körper steckt. Der Körper ist der Tempel unserer Seele, so sagt man. Damit ist es die erste Hülle wert, dass wir uns gut um sie kümmern. Und der Körper ist es wert, dass wir ihn ehren und rein und gesund halten, so gut das mit den Mitteln, die uns zu Verfügung stehen, eben geht.

Die Lottis benötigen nur ihren Schnabel und eine Wanne voll sauberen Wassers, um sich zu putzen. Ohne das schöne Gefieder hätten aber auch sie eine beachtliche Gänsehaut bei dem tosenden Sturm da draußen. Für uns Menschen mit unserer verkümmerten Körperbehaarung ist dann wohl die

Kleidung unsere zweite Hülle. Sie schützt und ziert uns, und ist damit zumindest für Bewohner der nördlicheren Breiten eng mit der ersten Schicht verbunden. In Zentralamerika kamen mir Klamotten dagegen unwichtiger vor. Außer natürlich Hüte und lange, luftige Karohemden. Kleidung bewahrt uns vorübergehend vor Hitze, Kälte, Zugluft, Dreck und der stürmischen Kraft des Windes. Vor Regen, Schnee und Sonne. Zugleich präsentieren wir uns mit ihr aber auch nach außen. Unsere Kleidung, die zweite Hülle, verrät viel über uns. Immer. Ob wir wollen oder nicht. Für jeden Lebensentwurf gibt es einen anderen Dresscode, und selbst wenn wir uns in keine Schublade hineinzwängen wollen, müssen wir etwas anziehen. Und damit bieten wir Raum für Bewertung von außen. Nicht nur die Mennoniten, die coolen Surfer-Dudes oder die Geschäftsleute in schicken Anzügen, sondern auch die Lottis wissen das. Sie putzen sich heraus, plustern sich auf und tragen ihr Federkleid mit ihrer gänseeigenen Attitüde. Sie kommen mir tatsächlich oft vor wie zwei tratschende Vorstadtdamen, die sich über alles und jeden empören. Und das auch noch, seitdem sich die Lottis als zwei Ganter entpuppt haben.

»Ist es nicht oberflächlich, sich mit Äußerlichkeiten zu beschäftigen?«, frage ich mich.

Eigentlich ist Oberflächlichkeit aber nicht zwangsläufig etwas Schlechtes. Die Oberfläche ist die äußere Begrenzung der Dinge, und Oberflächlichkeit bedeutet, den Fokus auf diesen Aspekt zu legen. Ein Aspekt von uns selbst. Somit hat auch Oberfläche – Kleidung, Schminke, Frisur, Fell oder Gefieder – etwas mit uns zu tun. Wer sich also gerne gut oder speziell kleidet, ist nicht eitel, sondern eine Künstlerin, die ihre gestalterische Kraft nutzt. Ein Mensch, der sich gerne um die Außenseite des Kernes kümmert, um den Wert dieses Kernes in der Welt zu zeigen.

Natürlich gibt es auch Menschen und Tiere, die versuchen, ihre äußere Hülle aufzuhübschen wie die Kulisse in einem alten Wildwestfilm: Ein kitschiges Gebilde aus billiger Pappe, das beim ersten Windstoß davonfliegt. Dann fehlt der Arbeit an der Oberfläche schlichtweg die Tiefe. Wenn wir jedoch aus der Tiefe heraus an all unseren Schichten arbeiten, gestalten wir auch unsere äußerste Schicht ganz von selbst mit.

Ein weiterer Windstoß erfasst den Wagen. Dieses Mal so heftig, dass die Weingläser, die mir meine Oma letztes Jahr überlassen hat, im Regal klappern. Ein empörtes Schnattern dringt von den Gänsestatuen hinauf in den Zirkuswagen. Alles wackelt und pfeift. Die Holzkonstruktion, das Kupferdach, Fenster, Türen, kleine Äste, die gegen die Schalung des Wagens geschleudert werden – all das kommt mir in seiner Beweglichkeit beinahe wie ein lebendiger Organismus vor. Nun, wo ich über die Schichten und Hüllen von Menschen und Gänsen nachdenke, wird mir klar, dass dieser Zirkuswagen mich umgibt wie eine dritte Hülle. Wie oft ich dieses sichere Gefühl und diesen Schutz auf den Straßen Zentralamerikas vermisst habe! Mein Zuhause ist eine Hülle, die zwar weiter von mir weg ist als meine Haut oder meine Klamotten, die jedoch für andere Menschen vermeintlich genauso viel verrät wie die Kleidung, die ich trage, oder die Art und Weise, wie ich mit meinem Körper umgehe und ihn gestalte.

Aber was genau sagt es eigentlich über einen Menschen aus, dass er oder sie in einem großen Haus auf dem Land lebt? In einer Stadtwohnung? In einem Wohnwagen oder nackt im Wald in einer Höhle? Einerseits verrät doch allein die Wohnform vernichtend wenig, denn zu der Entscheidung für diese Wohnform gehört immer eine persönliche und einzigartige Lebensgeschichte. Andererseits spiegelt jede Wohnform eine innere Einstellung wider oder ist Ausdruck individueller Vorlieben. Gewisse Spielräume hat jeder. Spielräume in der Gestaltung der ersten, zweiten und auch der dritten Hülle. So gesehen sind all diese Hüllen unsere materialisierte innere Haltung. Sie offenbaren so vieles über uns, und gleichzeitig verraten sie nichts.

Zusammen mit Patrick habe ich meine dritte Hülle über fast zwei Jahre hinweg von Grund auf hochgezogen, ausgebaut und eingerichtet, und auch wenn ich damit nicht bewusst eine spezielle Aussage treffen wollte, so ist dieser Zirkuswagen genauso einzigartig wie Patrick und ich es sind. So einzigartig und damit aussagekräftig wie jeder Mensch auf dieser Welt und jede einzelne Wohnstätte.

Seltsamerweise haben dritte Hüllen eine große Kraft, und bevor ich ein festes Zuhause auf Rädern in diesem Zirkuswagen gefunden habe, war mir gar nicht bewusst, wie intensiv und kraftvoll eine individuelle Wohnstätte sein kann. Lange Jahre waren mir nur die erste und die zweite Hülle wichtig. Viel mehr wollte mein Nomadenherz nicht besitzen. Heute kann ich unser Zuhause aber immer besser annehmen. Im Inneren eines Zuhauses wird die zweite Hülle irgendwie auch unwichtiger, warum sonst habe ich noch nie in Abendgarderobe den Fußboden gewischt? Meine dritte Hülle, so wie Patrick und ich sie gewählt haben, gibt mir gleichzeitig Schutz, Sicherheit und Freiraum. Ich kann mich in diese Hülle – und damit auch in mich selbst – zurückziehen. Gemeinsam haben wir einen Ort erschaffen, an dem wir uns ausruhen, Kraft sammeln, und wenn der Sturm vorüber ist, gehen wir wieder hinaus in die Sonne.

Für mich sind es wunderbare Momente, wenn ich zum ersten Mal das Zuhause eines anderen Menschen betreten darf. Der Geruch einer Wohnung, die Einrichtung, Sauberkeit, Ordnung, Unordnung, Dekoration und all die Gegenstände aus vergangenen Tagen – für mich ergeben sie eine völlig neue Verbindung zu diesem Menschen, weil diese Eindrücke mein Wertesystem und Schubladendenken ansprechen. Viele Menschen teilen ihre dritte Hülle außerdem mit der Familie, dem Partner, Haustieren oder Freunden. Das bringt Herausforderungen, aber auch eine tiefe Verbundenheit mit sich. Wir können unsere dritte Hülle für andere Menschen öffnen. Besuch hineinlassen. Einblicke gewähren. Mit einem Schmunzeln möchte ich erwähnen, dass das natürlich auch mit der zweiten Hülle möglich ist und konsequenterweise auch mit der ersten … aber lassen wir das.

Die dritte Hülle ist viel individueller, als ich lange Zeit vermutet habe. Und ich habe Freude an jeder einzelnen meiner Hüllen, die so viel und gleichzeitig so wenig über mich verraten.

Die große Vision vom kleinen Zuhause hatten Patrick und ich schon, seitdem ich auf diesen Hof gezogen bin. Im letzten Jahr ist sie immer konkreter geworden, inzwischen hat sie Form angenommen. Dieser Zirkuswagen ist ein Ort der Ruhe, der

Inspiration und Ästhetik geworden, den ich auf unserer Reise öfter vermisst habe, als mir lieb war.

Die Gestaltung unseres Zirkuswagens ist schlussendlich eine Kombination aus Machbarkeit, vorhandenen Materialien, Inspiration von unseren Reisen, aus Tiny-House-Büchern, Pinterest, Instagram und ganz eigenen Ideen geworden. Unsere individuellen Bedürfnisse standen dabei immer im Vordergrund. Wir haben verbaut, was wir fanden. Ein Schneckenhaus, das wir uns aus altem Holz und neuen Latten auf den Leib gezimmert haben. Eine dritte Hülle, die uns Schutz, Sicherheit und Freiheit schenkt.

Manchmal werde ich gefragt, ob mich das Leben im Zirkuswagen verändert hat. Das kann ich nur verneinen. Natürlich ändern sich durch neue äußere Umstände ein paar Dinge im Inneren, aber die Gestaltung der eigenen Hüllen, egal ob der ersten, der zweiten oder dritten, verändert mich nicht tiefgreifend. Schließlich *bin* ich nicht meine Hülle. Manchmal kaufe ich mir ein neues Kleidungsstück oder tausche mit einer Freundin oder Bekannten. Das neue Teil auf meiner Haut gibt mir ein gutes Gefühl. Mit dem neuen Mantel fühle ich mich plötzlich souverän, schick und kompetent. Wer kennt das nicht? Dauerhaft verändern wird mich aber auch der teuerste Mantel nicht. Und so macht uns auch das schönste Tiny House oder der coolste selbst ausgebaute Van nicht zu einem glücklicheren Menschen. Im Gegenteil: Ich gestalte über meine Hüllen nicht mich selbst, sondern mein Selbst gestaltet meine Hüllen. Meine Lebenswirklichkeit ist der sichtbare Ausdruck meines Innenlebens. Nicht andersherum.

Bevor Patrick und ich uns entschieden haben, unser Leben gemeinsam zu meistern, wäre ich nicht in der Lage gewesen, mir meine dritte Hülle so zu gestalten, wie sie heute ist. Viel zu mächtig war mein Poltergeist. Viel zu laut hat er geschrien, es sei zu gefährlich, sich auf einen Ort einzulassen. Was, wenn ich dort langweilig und träge würde? Ohne diesen Ort, ohne Patrick und sein Werkzeug, ohne unsere Beziehung gäbe es diesen Wagen nicht. In mir musste erst eine Veränderung stattfinden, bevor dieser Wagen Wirklichkeit wurde. Die innere Bereitschaft, mich einzulassen, damit neue Dinge im Leben entstehen können. Heute habe ich meinem Poltergeist bewiesen, dass ich nicht festgenagelt bin, nur weil ich jetzt ein eigenes kleines Häuschen habe. Dass ich nicht zu einer Fichte erstarrt bin, sondern in Bewegung bleibe. Im ständigen Fluss des Lebens. In der Klarheit der Bewegung, die uns ohnehin immer umgibt, auch wenn wir sie manchmal nicht sehen können. Dieser Wagen ist Ausdruck meiner momentanen Lebenssituation, und in dieser Situation bin ich aufgrund meiner inneren Haltung. Aufgrund meiner Reaktion auf die Dinge, die mir widerfahren. Aufgrund meines Handelns *für* die Dinge, die Realität werden sollen. Ein neues Tattoo auf der Haut, ein neues Kleidungsstück oder eine neue Wohnform wird mich nie verändern und kann immer nur Ausdruck einer Veränderung im Innen sein. Ansonsten ist es schlicht die Pappfassade des Saloons aus einem alten Wildweststreifen.

In Costa Rica habe ich gelernt, wie unendlich glücklich mich ein einfaches, sauberes T-Shirt, das mir noch nicht einmal gehört, für den Moment machen kann. Seit Patrick und ich diesen Wagen gebaut haben, kommen wir immer wieder mit Menschen in Kontakt, die der Meinung sind, sie wären glücklicher, wenn auch sie ein solches Zuhause hätten. Als ihr Eigentum. Ihr Traumhäuschen im Grünen. Mit meinen drei Hüllen kann ich mein momentanes Befinden zwar ein wenig beeinflussen, viel stärker jedoch beeinflusst mein Inneres all die Schichten, die mich umgeben. Tatsächlich macht außerdem auch alles, das uns gehört, einen riesigen Haufen Arbeit. Hühner misten sich nicht von selbst aus, der Preis für frische Eier aus dem eigenen Stall ist hoch. Materielle Dinge können uns also nur dann glücklich machen, wenn wir sie wirklich wertschätzen. Egal wie klein sie auch sein mögen. Seit ich auf dem Land lebe, habe ich Freiheit und Verantwortung ganz neu kennengelernt. Traktoren müssen gewartet und repariert werden, Dächer geflickt und Äcker bestellt, und auch in unserem fast perfekten Zirkuswagen frieren im Winter die Leitungen ein, und wir schleppen wieder Wasserkanister. Eigentum verändert nichts, denn es ist und bleibt eine Hülle. Wertschätzung für unsere Hüllen hingegen verändert alles.

Unser Wagen verbindet die Natur in unserem Alltag mit einer modernen Lebensweise. Unsere Wände sind dünner, der Wohnraum ist kleiner, wir sind ganz nah dran an den Abenteuern da draußen. Und immer, wenn ich gerade denke, es kehrt Ruhe ein, passiert etwas völlig Unerwartetes. Ich blicke aus dem Fenster und beobachte einen dicken Regentropfen, der zielstrebig die Scheibe hinunterrinnt. Deutlicher als der Regen vermag es niemand zu zeigen: Das Leben ist und bleibt Veränderung. Es läuft dahin, und wir können nichts festhalten. Keine der materiellen Hüllen, um die wir uns ein Leben lang kümmern und sorgen. Nicht Perfektion durch ein fertig eingerichtetes Leben entfacht unser Feuer und lässt uns ins Fließen kommen, sondern die ständige Bewegung des Lebens, die auf Widersprüchen und Anziehungskräften beruht.

Patrick kommt den Hügel heraufgeeilt. In seiner Hand schwingt eine große Motorsäge, und auf seinem Kopf thront schief ein orangefarbener Helm mit Ohrenschützern. Meine Zähne klappern, während ich versuche, in dem ohnehin überfüllten Kofferraum des Autos noch etwas Platz zu schaffen. Eigentlich hatte der Frühling sich bereits vor einigen Wochen angemeldet, aber hier oben, mitten im Schwarzwald, hält sich der Winter gerne ein bisschen länger. Das ganze Wochenende haben wir im Wald verbracht und Holz gemacht. Sieben Bäume, die der letzte Sturm umgeworfen hat, sind jetzt entastet und in einen Meter lange Stücke gesägt. Brennholz für den ganzen nächsten Winter wird das geben.

Hier oben scheint die Zeit immer stillzustehen. Es gibt keinen Handyempfang und kein Internet. Die Zivilisation ist weit weg. Die letzten beiden Abende waren wir in der kleinen Mühle am Waldrand, die Patricks Familie vor einigen Jahren gekauft hat, um den Ofen gesessen, haben Wein getrunken und Spiele gespielt. Es gehört schon etwas Glück dazu, dass Patrick und ich in dem Häuschen wohnen konnten, normalerweise wird es an Feriengäste vermietet. Heute geht es zurück in den Zirkuswagen. In die Realität. Den Trubel. Den Alltag. Zurück zu WhatsApp, Instagram, meinen drei verschiedenen E-Mail-Accounts und einem Handyklingelton, den ich alle paar Wochen wechseln muss, damit er mir nicht auf den Wecker geht. Mein Projekt Zirkuswagenterrasse wartet auf mich, und im Zirkus gibt es viel Regiearbeit am neuen Varieté-Stück zu erledigen.

Manchmal kommt mir unser Wagen vor wie eine Seifenblase mit Tür. Im Inneren ist die Welt in Ordnung, egal was draußen so passiert. Zwar spüre ich diese Ruhe und Geborgenheit auch hier oben in der Abgeschiedenheit des Schwarzwaldes, alltagstauglich ist dieser Ort aber nicht gerade. Außer zum »Waldschraten«. Im Berufsleben und für private Höhen und Tiefen brauche ich unseren Wagen als verlässlichen Rückzugsort inzwischen mehr, als ich mir jemals hätte vorstellen können. Nach einem intensiven Zirkuswochenende oder zur Vorbereitung auf wichtige Termine bin ich einfach glücklich, dass diese Hülle existiert, in der ich Kraft sammeln kann für alles, was da draußen auf mich wartet, und mich erholen kann von dem, was bereits auf mich eingeprasselt ist. Manchmal, da ist es beinahe schon ärgerlich, dass unser Wagen so schön ist. Wäre er hässlich und ungemütlich, würde ich viel lieber hinaus in den Trubel. Viel öfter auf Reisen sein. Schön blöd, wenn man irgendwann feststellen muss, dass das eigene Zuhause einfach zu schön geworden ist. Und dass so was ausgerechnet mir passiert ...

Patrick sitzt am Steuer, ich auf dem Beifahrersitz und Ole im Kofferraum zwischen dem Waldarbeiterwerkzeug. Wir rollen durch hohe Fichtenwälder über den schmalen Schotterweg, der die Mühle mit der Zivilisation verbindet. Ich hänge meinen Gedanken nach. In zwei Kilometern gibt es wieder Handyempfang, und ich überlege, wie immer nach einem Wochenende hier oben im Wald, ob die Welt wohl eine bessere war, als es die unbegrenzte Erreichbarkeit unserer Zeit noch nicht gegeben hat. Eine Welt ohne Internet, soziale Netzwerke und Smartphone. Ich versuche, die Vor- und Nachteile dieses Szenarios abzuwägen, frage mich, was mir dann fehlen würde. Erinnere mich an meine Kindheit, in der es lediglich ein Festnetztelefon in jedem Haushalt gegeben hatte. Um Verabredungen zu treffen, hatte das völlig genügt. Natürlich war früher nicht alles besser, aber eine kleine Zeitreise in vergangene Jahrhunderte wäre sicherlich spannend, und es gäbe so viel altes Wissen über die Natur, über Heilkräuter, Mondphasen und dergleichen wiederzuentdecken, das heute verloren gegangen ist. Nun ja, alles hat zwei Seiten, sage ich mir. Alles.

Patricks Handy läutet zuerst.

»Ja, hallo?«

Ich spiele am Radio herum, um einen rauschfreien Sender einzustellen. Ich möchte noch nicht auf mein Handy schauen, denn dann gibt es kein Zurück mehr. Das Radio ist mein erster Schritt in die Zivilisation.

»Wir sind gerade losgefahren!«, höre ich Patrick sagen.

»Alles klar?«, fragt er dann.

»Okay, bis später.« Er legt auf. Ich schaue ihn fragend an.

»Das war Papa. Ich glaube, er hat irgendwas. Er hat nur gefragt, wann wir zurückkommen. Mehr wollte er nicht sagen.« Patrick wirft mir einen kurzen Seitenblick zu.

»Komisch«, murmle ich. »Vielleicht hat er wieder irgendeine neue Idee und kann es kaum erwarten, das mit dir zu besprechen. Ich hoffe mal, es ist nichts passiert ...«

»Wir werden es erfahren«, gibt Patrick nachdenklich zurück.

Jetzt zücke ich doch mein eigenes Handy und überfliege meine Pushnachrichten. Auch auf meinem Handy hat Patricks Vater ein paar Mal versucht durchzukommen. Seltsam. Er weiß ja, dass wir hier oben keinen Empfang haben.

Auf der Heimfahrt unterhalten wir uns über unsere großen Pläne. Patricks Baustellen, die Zirkuswagenterrasse, die einen Umbau bekommen soll, die nächste lange Reise und die neue Einteilung der Schafweiden. Meine Bücher, Artikel, die Website und Regieprojekte im Zirkus. Irgendwie scheinen wir es heute nicht eilig zu haben.

Nur noch eine halbe Stunde, dann sind wir wieder zurück in der Realität. Mein Handy piept. Bevor es den nächsten Nachrichtenstau gibt, folge ich dem Ruf meines allzeit große Macht über mich ausübenden Smartphones und schaue auf das Display. Ich lese den Namen einer Freundin aus dem Nachbarort. Darunter die kurze Nachricht: *Ich habe gehört, dass es in eurem Ort brennt. Hoffe, es geht euch gut!!*

»Patrick, ich weiß, was er hat! Es brennt im Ort!« Ohne Rücksicht darauf, dass Patrick am Steuer sitzt, halte ich ihm mein Display unter die Nase.

»Scheiße!« Patrick starrt mich an. Ich weiß, welche Bilder in diesem Moment in seinem Kopf aufflackern. Vor etwa zehn Jahren ist der Nachbarhof abgebrannt. Die Löscharbeiten hatten sich über mehrere Tage hingezogen. Erst brannte die komplette Scheune. Einen Tag später dann das Wohnhaus. Trotz Brandwache der Feuerwehr. Die Glut hatte sich in den alten Balken festgefressen, und sogar mit Wärmebildkameras hatte die Feuerwehr nicht alle Glutnester finden können. Die Gebäude hatten trotz des Großeinsatzes immer wieder Feuer gefangen, bis nichts mehr da war, das brennen konnte. Eine riesige Tragödie. Patrick hat das damals alles miterlebt.

Ich lege mein Handy auf meinen Schoß und klammere mich am Türgriff fest. Ich rechne damit, dass er aufs Gas drückt, dass er alle Geschwindigkeitsbegrenzungen ignoriert. Unwillkürlich starre ich auf den Tacho. 50. Immer noch 50. Ich starre Patrick an. Er atmet ganz ruhig und schaut geradeaus. Ein Stich durchzieht meine Magengegend. Wir wissen noch nicht, auf welchem der vier Höfe im Ort es brennt, aber beide sehen wir die große alte Scheune mit den Traktoren, Patricks Werkstatt, das Wohnhaus, all das in Flammen stehen. Mit einem Mal ist mir klar, was Patrick längst weiß. Es brennt bei uns. Es ist der Hof, auf dem wir leben. Patricks Vater hätte uns am Telefon mehr erzählt, würde es auf einem Nachbarhof brennen. Warum sollte er sonst einfach wieder auflegen? Er wollte uns schützen, uns eine sichere Heimfahrt gewähren.

Die nächste halbe Stunde quält mich die Ungewissheit. Sind alle in Sicherheit? Wo brennt es? Wie groß ist der Brand? Alle möglichen Szenarien schießen mir durch den Kopf. Wir versuchen, einander nicht noch schlimmere Bilder einzupflanzen. Anzunehmen. Uns zu beruhigen. Abzuwarten. Konzentriert Auto zu fahren.

»Na ja, wenigstens unser Zirkuswagen wird nichts abbekommen«, sagt Patrick. »Da hinten kommt das Feuer nicht hin.« Dann spricht er von den Aktenordnern seines Vaters. Vom Ferienhaus, das hoffentlich unbeschädigt bleibt. Von der Versicherung. Keine Panik. Das bringt nichts. Nicht darüber nachdenken, ob tatsächlich jemand verletzt ist … oder Schlimmeres.

Von Weitem erkenne ich das große Bauernhaus und davor die Kapelle. Alles noch da. Das kleine Gästehaus vor dem Haupthaus scheint ebenfalls unberührt von den Flammen. Alles unverändert. Patrick lenkt den Jeep die Einfahrt hinauf. Wir kommen aus dem Staunen gar nicht mehr raus. Nichts. Keine Feuerwehr. Kein Qualm. Während wir zum Stehen kommen, entdecke ich durch die Scheibe des Autos Patricks Vater, die Mutter und einen von Patricks Brüdern. Langsam kommen sie auf uns zu. Wir bleiben sitzen. Patrick öffnet die Fahrertür. Sein Vater beugt sich hinunter zu uns.

»Versucht jetzt bitte, ganz ruhig zu bleiben.«

Ich reiße die Beifahrertür auf und steige aus. Patrick wird von seiner Mutter in den Arm genommen.

»Was ist los?«

»Nur Sachschaden. Es ist nur ein Sachschaden«, höre ich Patricks Eltern flüstern.

Sie bitten uns darum, erst einmal mit ins Wohnhaus zu kommen. Eine Explosion? Gas? Aber wie kann es sein, dass nichts zu sehen ist? In meinem Kopf rasen die Gedanken noch schneller als zuvor.

»Was ist los?«, ruft Patrick erneut. Die ganze Szene kommt mir vor wie in Zeitlupe. Patricks Mutter spricht leise mit ihm. Dann höre ich ihn schreien. Patrick schreit. Ich höre Wut und Schmerz in seiner Stimme. Ich konnte die Worte seiner Mutter nicht verstehen.

»Was ist los?«, frage ich seinen Vater, der einen Meter neben mir steht. Ich versuche, mich beim Reden nicht zu überschlagen.

»Der Zirkuswagen. Euer Wagen hat ...«, sagt er, aber ich habe schon auf dem Absatz kehrtgemacht. Der Wagen? Aber wie kann das sein? Fieberhaft überlege ich, was ich angestellt oder vergessen habe abzuschalten, auszupusten oder zu verschließen. Habe ich vergessen, den Gashahn zuzudrehen? Die Elektrik? Unsere alte Küchenhexe? Was um Himmels willen haben Patrick und ich übersehen? Eine Kerze? Nein, da war keine Kerze ... Wie konnte es erst heute brennen? Wir sind doch schon drei Tage weg. Die Realität kommt mir inzwischen vor wie ein Film. Gleich sehe ich die nächste Szene. Gleich, denke ich, sehe ich ein rabenschwarzes Fahrgestell, ein paar letzte Rauchwölkchen vielleicht. Noch ein Schritt. Ich gehe weiter. Ich biege um die Ecke an der Scheune, und da steht er. Ein halber Zirkuswagen.

Die Terrasse ist weg. Die Balken der Seitenwände sind schwarz und verkohlt. Die Schalung verbrannt und heruntergerissen. Das halbe Kupferdach existiert nicht mehr. Durch Wände und Dach laufen schöne, gerade Motorsägen-Schnitte von den Löscharbeiten der Feuerwehr. Drumherum alles voller kohlrabenschwarzer Holzbalken. Ruinenstücke liegen in Haufen auf dem ganzen Grundstück verteilt. Ich spüre Patrick für einen Moment neben mir. Er hat mich eingeholt. Meine Füße tragen mich langsam weiter. Noch ein Stück näher heran. Wir gehen gemeinsam, und doch ist jeder gefangen im eigenen Körper. Ich möchte schreien, aber kein Ton verlässt meine Kehle. Noch ein Schritt. Patrick schreit. Ich höre, wie er neben mir mit den Knien auf die schwarze Erde zwischen den verkohlten Holzplanken sinkt. Höre ihn mit der Faust auf den Boden schlagen. Wieder brüllt er vor Wut. Ich kann nicht.

Kann nichts. Kann nur einen Fuß vor den anderen setzen. Noch näher. Habe ich es überhaupt schon verstanden? Mein Bewusstsein scheint auf eine andere Ebene gerutscht zu sein. Ich sehe alles. Ich bewege mich, aber ich tue das nicht selbst. Wie ferngesteuert laufe ich. Ich laufe und starre. Stufe für Stufe hinauf in den Wagen. Warum diese Seite? Wie konnte es dort brennen? Der Ofen steht doch fast in der Mitte. Ich gehe durch die offene Tür und sehe das Desaster von innen. Ein riesiges Loch klafft unter einer notdürftigen Plane an der Stelle hervor, wo sich einmal die Stirnwand und unser antikes Panoramafenster befunden haben. Ein eingeschmolzener Drucker, schwarze nasse Dämmung überall. Chaos. Bücher, Flaschen, Gläser, Patricks Computer. Was hat gebrannt? Wie kann das sein? Die Gasflaschen unter dem Wagen stehen am anderen Ende. Um die alte Küchenhexe herum ist kein Ruß zu sehen. Die Terrasse? Wie um alles in der Welt konnte es dort brennen? Eine Zigarette? Patrick ist wieder neben mir. Ich drehe mich zu ihm. Blicke in sein Gesicht. Wir nehmen uns in den Arm, und endlich kann ich weinen.

Unsere Seifenblase ist geplatzt. Unsere dritte Hülle hat ein großes Loch, sie stinkt nach Qualm, wirkt fremd. So vieles sehe ich vor meinem inneren Auge wegbrechen. Mein Zuhause, mein Buch über das Leben in der Natur, die Arbeit der letzten beiden Jahre. Nichts von alledem wird es geben. Nichts. Mein Herzblut ist verkohlt. Verraucht. Mit einem Schlag. Einfach so. Warum wir? Warum unser Wagen? Unser Zuhause? Unsere Liebe zum Detail? All unser Schweiß umsonst vergossen.

»Ihr habt euch beide. Das ist das Wichtigste«, höre ich Patricks Mutter flüstern, während Patrick mir über den Kopf streicht. Seine Wut hat er bereits herausgeschrien, das merke ich. Das war gut so. Gleich, das weiß ich, wird er wieder nur eines im Sinn haben: Lösungen. Und genau dasselbe nehme ich mir ebenfalls vor. Nichts infrage stellen. Weitermachen. Mit der Zeit werden wir es verstehen. Wir werden herausfinden, warum diese Tragödie zu unserem Leben gehört. Denn das tut sie, auch wenn ich es noch nicht greifen kann. Der Brand ist Realität. Kein Traum. Ab jetzt ist dieses Drama ein Teil meines Lebens.

»Wie ist es passiert?«, fragt Patrick seine Eltern, die in der Türöffnung des Wagens stehen und sich ebenfalls im Arm halten. Ich frage mich kurz, wo denn bloß die Tür hin ist, und starre auf die nackten Türangeln neben Patricks Vater. Mein Gehirn läuft wohl nicht mehr so rund. Die Tür ist doch gerade völlig egal! Ich blinzle und versuche, mich zu konzentrieren auf die Erklärung, die nun folgt.

»Ein paar Jungs haben Lagerfeuer gestern Abend gemacht«, sagt Patricks Vater und gibt sich Mühe, ruhig zu bleiben. »Heute Mittag wollten sie aufräumen, damit ihr es schön habt, wenn ihr heimkommt. Dabei ist es irgendwie passiert. Der Wind muss glühende Asche unter den Wagen geweht haben. Die Terrasse hat zuerst gebrannt. Wir haben es vorn auf dem Hof nicht mitbekommen, bis die Feuerwehr dann plötzlich hier war. Eine Autofahrerin hat den Rauch zufällig von der Straße aus gesehen. Die Feuerwehr war in sechs Minuten da. Es muss circa eine Stunde gebrannt haben ...«

Eine Stunde zerstört zwei ganze Jahre. Das Leben ist unberechenbar. Nichts bleibt, wie es war. Alles verändert sich. Wieder und wieder. Wir können nichts festhalten auf dieser Welt.

Zwei Tage lang sind unsere Freunde, Familien und Bekannten da, schleppen Kisten und putzen Gegenstände. Gemeinsam versuchen wir, das verkohlte Dach mit Planen gegen den Regen zu schützen, der noch am Tag des Brandes beinahe hämisch auf uns niedergeprasselt ist. Der Regen hat das Feuer gewähren lassen. Nichts dagegen ausgerichtet. Feuer und Wasser haben wild getanzt. Gemeinsam mit der Luft. Bei strömendem Regen hat es gebrannt, und in den nächsten Tagen und Wochen wird es noch viele Male regnen.

Ich ziehe einen übervollen Bollerwagen hinter mir her in Richtung Gästehaus. Kleider, Teller und Einmachgläser habe ich bei dieser Fuhre geladen. Eine Ordnung gibt es schon lange nicht mehr. Bald aber haben wir es geschafft. Bald ist der Zirkuswagen leer und das Ferienhaus, das uns in den nächsten Wochen und Monaten ein vorübergehendes Zuhause sein wird, voll.

Ich blinzle vor Müdigkeit und gleichzeitig, weil mich der erste Sonnenstrahl seit Tagen zaghaft auf der Nasenspitze kitzelt. Ich kann nicht denken. Ich fühle mich gut. Beinahe euphorisch. Und gleichzeitig fühle ich gar nichts. Die Ereignisse der letzten Tage haben einen kleinen Roboter aus mir gemacht. Ich funktioniere. Alles kein Problem, habe ich in meinem Kopf abgespeichert. Mehr weiß ich nicht. Vor wenigen Monaten erst sind wir von unserer Reise durch Zentralamerika zurückgekehrt, und noch nie habe ich es so sehr genossen, überhaupt ein Zuhause zu haben. Jetzt ziehen wir schon wieder um. Wir haben keine dritte Hülle mehr. Nackt, schutzlos und verkohlt, mit riesigen klaffenden Löchern steht unser Zirkuswagen auf seinem angebrannten Fahrgestell.

»Hey, warte mal!«, ruft meine Freundin Lilli hinter mir. Ich drehe mich zu ihr um und beobachte, wie sie mit einem kleinen, verkohlten Gegenstand in der Hand auf mich zueilt. Sie ist ein riesiges Geschenk. Den ganzen Tag schon schleppt sie Kisten, trennt Verbranntes von noch Brauchbarem und trocknet unser völlig durchnässtes Hab und Gut in der zaghaften Frühlingssonne. Ich will mir gar nicht ausmalen, wie viele Liter Wasser die Feuerwehr in unser schönes Zuhause gepumpt hat, um die Flammen daran zu hindern, noch größeren Schaden anzurichten. Die Gegenstände aus dem Wagen sind nicht nur schwarz und verkohlt, sondern obendrein auch noch triefend nass. Die Tastatur von Patricks PC hat eine schöne Menge Wasser zwischen ihren Ritzen aufgenommen, aber der Drucker nebendran ist völlig verschmort. Ich kann mich nicht entscheiden, welches Element mächtiger ist. Das Wasser oder das Feuer?

»Das Buch habe ich, glaube ich, auch.« Lilli hält mir den kleinen, nassen, verkohlten Gegenstand unter die Nase.

»*Der Prophet* von Khalil Gibran«, murmle ich. Das Cover ist angesengt, aber ich erkenne das Buch trotzdem. Schließlich ist es eines der Ersten, das ich in meinem Leben je besessen habe. Und bis heute eines meiner Lieblingsbücher. Oder das, was davon übrig ist.

»Ich werfe das hier weg. Aber morgen bringe ich dir meins mit. Du kannst es haben. Okay?« Sie lächelt und wedelt mit dem schwarzen Fetzen in Richtung Müllhaufen vor unserem Wagen.

»Oh, du bist toll! Danke schön«, rufe ich und nehme meine Freundin in den Arm. Ich dachte immer, dieses Buch wäre wichtig in meinem Leben. In diesem Moment weiß ich, wie sehr ich mich geirrt habe. Lillis Geste ist wertvoller als jedes Buch der Welt. Einfach, dass sie hier ist. Ohne Wenn und Aber. Dass sie anpackt und mir damit zeigt, dass das, was passiert ist, nicht egal ist. Und plötzlich fühle ich wieder etwas. Dankbarkeit.

»Ach«, winkt sie ab. »Ist doch nur ein Buch.« Sie lacht und drückt mich ebenfalls.

Hinter Lilli entdecke ich meine Mutter, die auf dem geteerten Weg hockt und eine schier endlos lange Reihe Bücher zum Trocknen in der Sonne ausbreitet. Am Wagen stehen einige Nachbarn und noch mehr Freunde, die gerade mit Patrick darüber debattieren, wie und ob wir ihn wieder aufbauen können. Seit dem Brand fahren meine Emotionen Achterbahn. Gleichzeitig fühle ich mich oft leer. Aber ganz plötzlich könnte ich vor Dankbarkeit und Freude beinahe platzen. Das, was wirklich wichtig ist in unserem Leben, das haben wir noch immer.

Mit diesem chaotischsten und spontansten Umzug, den ich je erlebt habe, sind Patrick und ich über Nacht zu Hausbewohnern geworden. Wir leben in vier gemauerten Wänden mit doppelt verglasten Fenstern, zwei Badezimmern, einer großen Wohnküche, einem separaten Wohnzimmer, glänzendem Fliesenboden und einem großen Schlafzimmer mit einem riesigen

Schrank, in dem all meine Klamotten zum ersten Mal in ihrem Leben an richtigen Kleiderbügeln abhängen. Ich könnte sogar bügeln, wenn ich das wollte. Will ich aber nicht.

Ich fühle mich wie eine Prinzessin in einem viel zu großen Schloss. Das Ferienhaus bietet genügend Platz, um in den nächsten Wochen all unser Hab und Gut in den hektisch zusammengewürfelten Kisten und Haufen zu sortieren, zu reinigen und zu entscheiden, was wir retten möchten. Der Brandgeruch hat sich überall hineingefressen und begleitet uns Tag und Nacht. Patricks Mutter wäscht seit einigen Tagen Waschmaschinen im Akkord. Alles, was nicht verbrannt ist, stinkt nach beißendem Qualm, und unsere Jacken und Pullover sind voll von weißem Feuerlöschpulver.

Dass wir so spontan überhaupt in dieses Ferienhaus ziehen konnten, ist im Grunde ein großes Glück für uns und ein ebenso großes Pech für die Welt. Als wäre der Brand nicht Schicksalsschlag genug, herrscht seit einigen Tagen auch noch Lockdown in Deutschland. Schuld daran ist natürlich nicht das Feuer, sondern eine Pandemie. Alle Ferienunterkünfte müssen für Urlaubsgäste leer bleiben. Angesichts all dieser Umstände ist meine Welt in so vielen Bereichen aus den Angeln gehoben, dass ich noch viele Tage Zeit brauchen werde, um die verstreuten Einzelteile meiner Seele wieder zusammenzupuzzeln. Ich habe mein Zuhause verloren. Gleichzeitig bricht mein Job weg. Auf unbestimmte Zeit. Das Zirkustraining wird nicht länger stattfinden, obwohl ich seit der Rückkehr aus Zentralamerika mitten in der Inszenierung für die große Show in zwei Monaten stecke. Es gibt keine Lesungen. Keine Veranstaltungen, bei denen ich Impulsvorträge halten oder Workshops geben könnte. Was mir bleibt, sind die Menschen, die ich nicht treffen darf, meine geliebte Natur, das Draußen-Sein und das Schreiben, ohne das ich spätestens jetzt nicht mehr leben könnte. Glaube ich zumindest.

Ein Knarzen draußen auf der Treppe lässt mich aufhorchen. Nackte Füße tapsen über den Fliesenboden im Obergeschoss des Ferienhauses. Ich ziehe mir die Decke über den Kopf und atme ganz ruhig, so als wäre ich nicht da. Dann höre ich, wie die Zimmertür langsam aufschwingt. Als die Schritte verstummen, mache ich einen letzten ruhigen Atemzug, dann schleudere ich die Decke zur Seite und richte mich mit einem lauten »Buahh!« kerzengerade im Bett auf.

»Alles klar!« Patrick steht mit einem Tablett in der Hand im Türrahmen und lacht. Ole, der hinter Patrick innegehalten hat, glotzt mich an, als sei ich ihm in diesem Moment unendlich peinlich. Na toll. Offenbar eine sehr misslungene Bettmonster-Erschreckungsaktion. Man kann's ja mal versuchen.

Während ich mir die Decke achselzuckend wieder über die Beine ziehe, entdecke ich zwei Tassen dampfenden Kaffee und eine Frühlingsblume auf dem Tablett in Patricks Hand. Ja. Zugegebenermaßen ist Geburtstag einfach super, auch wenn ich immer so tue, als würde mir dieser Tag nicht viel bedeuten. Ich lehne mich ans Kopfende des Bettes und grinse wie ein Honigkuchenpferd.

Patrick stellt das Tablett auf der Bettkante ab, drückt mir einen dampfenden und duftenden Kaffee in die Hand und setzt sich neben mich.

»Alles Gute zu deinem Geburtstag! Gut geschlafen?«

»Dankeschön. Ja, ganz gut.«

Kurzes Schweigen tritt ein.

»Ich sage es dir lieber direkt ...« Er sieht mir ernst in die Augen. Patrick ist alles andere als eine Dramaqueen. Wenn er etwas »lieber direkt« sagt, dann ist es in jedem Fall besorgniserregend.

»Der Fuchs war da. Er hat deine Gänse gerissen«, erklärt er in ruhigem Tonfall. »Eine hing tot im Zaun. Die andere ist schwer verletzt. Heute Nacht um drei hat ein Autofahrer bei den Eltern geklingelt, weil die überlebende Gans auf der Straße umhergeirrt ist. Papa hat sie eingefangen und zu den Hühnern in den Auslauf gesetzt. Ich glaube, die macht es nicht mehr lang.«

Ich starre in meinen Kaffee, sehe die verletzte Gans vor meinem inneren Auge, stelle mir die Todespanik vor, die die beiden Lottis ausgestanden haben müssen, und der Kaffee hört plötzlich auf zu duften. Er dampft nur noch. Ich hebe den Kopf und starre aus dem Fenster hinüber zum Wald, während die Informationen langsam in meinem Oberstübchen eintreffen.

Es sind meine Gänse. Wäre ich nicht da, dann wären sie schon längst im Topf gelandet. Aber ich kann das nicht. Seit meinem fünften Lebensjahr bin ich Vegetarierin. Seit ich weiß, dass in Gummibärchen Gelatine ist, habe ich die Dinger nie wieder angefasst. Obwohl ich die bunten, wabbeligen Dinger genauso sehr geliebt habe wie jedes andere Kind auf der

Welt. Tiere sind für mich Lebewesen mit einer Seele. Keine Nahrungsmittel.

»Ich dachte, die Gänse sind viel zu stark für den Fuchs«, sage ich monoton. »Ich dachte, der hat keine Chance.«

»Ja, seltsam, dass er jetzt gekommen ist«, murmelt Patrick. Ich weiß, dass ihn der Tod der Gänse nicht so sehr tangiert. Er isst gerne Fleisch. Meistens kannte er die Tiere sogar, denn Fleisch aus dem Supermarkt kauft auch er nur selten. Er gibt sich gerade aufrichtig Mühe, mit mir mitzufühlen. Das ist nett von ihm und in diesem Moment der einzige Grund für mich, kein großes Gezeter zu veranstalten.

Während mir die erste Träne über die Wange läuft, versuche ich, die Lage zu analysieren: »Wahrscheinlich hat der Fuchs gemerkt, dass seit ein paar Tagen niemand mehr im Wagen wohnt und die Gänse da hinten am Waldrand jetzt allein sind.« Ich schniefe. »Der Fuchs ist wohl wirklich so schlau wie in den alten Märchen. Er wusste, dass niemand das Geschrei der Gänse hören wird.«

Patrick nickt, und ich sehe ihm an, dass er wieder einmal nur über Lösungen nachdenkt, anstatt mit mir darüber zu philosophieren, wie märchenhaft der mörderische Fuchs im Wald hinter dem verkohlten Zirkuswagen wohl sein mag. Er hat ja recht.

»Was machen wir jetzt?«, frage ich und schaue zu ihm hinüber.

»Es sind deine Gänse«, sagt er mit fester Stimme. »Du entscheidest.«

Ich weiß, dass niemand eine einzelne Gans haben möchte. Eine Gans hier auf dem Hof allein zu halten, wäre aber ebenso Tierquälerei. Die Lottis haben sich gemeinsam bewegt wie ein zweistimmiges Lied. Jede Stimme klänge ohne die andere hohl und fade. Patrick und seine Brüder hätten meine Lottis ohnehin schon längst im Backofen zu Gänsebraten verarbeitet. Bei ihnen kommen auch die Hähne regelmäßig in den Topf, bevor sie sich gegenseitig bekämpfen. Den Kühen werden auf den Milchhöfen die Kälber genommen. Den Schafen die Lämmer geschlachtet, und danach werden sie weitergemolken. Ich weiß, dass es so läuft. Und ich finde es schrecklich. Trotzdem trinke ich Milch, esse Käse. Einfach weil Käse so sündhaft lecker ist. Und weil ich nicht perfekt bin. Außer bei den Gummibärchen. So seltsam sind wir Menschen. Und jetzt? Jetzt habe ich die Lizenz zum Töten.

Einen einzelnen, schwer verletzten und traumatisierten Ganter bekomme ich in keiner Gänseherde unter. Den will niemand. Außer zum Essen vielleicht, aber appetitlich sieht Herr Lotti sicher auch nicht mehr aus. Außerdem macht er es ohnehin nicht mehr lang, wie Patrick meint. Jede Sekunde, die ich länger hier sitze und überlege, leidet er Todesqualen.

Wir hatten die Gänse ursprünglich besorgt, damit sie unsere Hühner vor dem Habicht beschützen. Das haben sie nie getan. Stattdessen schikanierten sie die arme Hühnerherde nach Herzenslust und allen Regeln der Kunst. Die Hennen wurden nicht mehr in den Stall gelassen, sodass sie nicht an die Körner kamen, ihre Eier draußen im Gras ablegen mussten und der Fuchs die armen Hühner in der Nacht holen konnte. Die fauchenden, zwickenden Gänse waren wie die Maden im Speck im Hühnerstall gehockt, hatten jede Nacht eine halbe Überschwemmung angezettelt und alles verwüstet. So war es einige Wochen gegangen. Zuletzt hatte die Lotti-Gang den armen

Hahn am hübschen Schweifgefieder gepackt und meterweit durch die Luft geworfen. Dann hatte es uns endgültig gereicht. Die Gänse mussten ausziehen, und die Hühner haben seitdem wieder ihren Frieden, auch wenn der Habicht öfter vorbeikommt, um eines zu holen. Ich habe schon lange damit aufgehört, den Hühnern Namen zu geben oder Staatsbegräbnisse für sie zu veranstalten. Dafür sterben sie einfach zu häufig. Nun ja, und jetzt hat es eben auch die Gänse erwischt.

Lange haben wir darauf gewartet, dass sie Eier legen würden. So hätten sie immerhin noch eine Aufgabe gehabt. Aber die beiden haben sich bald als Ganter entpuppt. Keine Eier, kein Habichtschreck. Nun gut, immerhin haben sie das Gras hinter unserem Zirkuswagen säuberlich kurz gehalten. Ich habe die beiden unter meine Fittiche genommen und dafür gesorgt, dass sie trotz ihrer Untätigkeit weiterleben dürfen. Und nun das. Immer noch schweige ich. Starre abwechselnd in meinen Kaffee, aus dem Fenster und zu Patrick. Es muss zu Ende gebracht werden. Aber ich kann es nicht. Ich fühle mich wie eine Auftragsmörderin. Verzweiflung flackert in mir auf. Ich kann nicht so einfach gegen all meine Werte verstoßen. Ich töte keine Tiere, und ich lasse auch nicht töten.

»Lass los«, sagt Patrick ruhig. »Sie hatten ein schönes Leben. Das ist die Hauptsache. Deine Gans hat sich seit der Nacht keinen Zentimeter bewegt. Sie leidet. Du hilfst ihr doch nur damit.«

»Ich weiß doch auch keine andere Lösung«, jammere ich. »Ich bleibe hier, bis du wiederkommst.«

»Ich mache es jetzt gleich. Dann muss sie nicht mehr leiden«, sagt er und klettert aus dem Bett. »Und danach machen wir uns ein schönes Geburtstagsfrühstück, ja?«

An Essen kann ich gerade nicht denken. Mir ist schlecht.

Im Türrahmen bleibt Patrick noch einmal stehen. »Möchtest du, dass ich sie vergrabe, oder sollen die Hunde sie fressen?«

Ich schaudere. Aber wieder hat Patrick recht.

»Die Hunde«, sage ich tapfer und denke an die alten Indianergeschichten aus meiner Kindheit, in denen die Toten in die Berge gebracht werden, damit große Geier, Adler und Bären sie fressen können. Viele Völker nehmen von der Natur und geben zurück, was sie nur können. Mit diesem Gedanken versuche ich mich zu trösten und tapfer zu sein, obwohl ich zu feige bin, mich von meiner Gans zu verabschieden. Eine tapfere Frau hätte das sicher getan. Vielleicht werde ich irgendwann zu einem mutigeren Menschen, was den Tod von Tieren anbelangt.

Was die Hunde nicht fressen, bekommen die Würmer und Insekten, die uns im Garten helfen, damit unsere Kartoffeln wachsen können im gut verarbeiteten Kompost. Im Grunde gehen meine Gänse einfach zurück in den Kreislauf des Lebens. So wie wir alle eines Tages.

Wenig später stehe ich in der Küche und räume die Spülmaschine aus. Ablenkung. Irgendetwas tun. Wenigstens dafür ist Hausarbeit praktisch. Und diese Spülmaschine ist für Patrick und mich seit unserem Umzug vor wenigen Tagen ein ganz besonderes Highlight.

Während das saubere und noch leicht warme Geschirr klappernd in Oberschränken und Schubladen landet, versuche ich meine Gedanken auf andere Dinge als kopflose Gänse zu lenken. Ob Herr Lotti schon tot ist? Mist. Schon wieder. An den

Zirkuswagen zu denken, fällt mir dagegen nicht schwer. Das tue ich ohnehin täglich. Stündlich. Der Wagen ist komplett leer, und ganz langsam findet sich mein Kopf mit den neuen Lebensumständen ab.

Wir werden ihn wieder aufbauen. Egal wie viele Stunden, wie viel Schweiß und Geld das kosten wird. Es wäre eine Schande, es nicht zu tun. Noch dürfen wir am »Tatort« aber nichts verändern. Die Polizei und ein paar Schadensbegutachterinnen möchten das Ausmaß der Katastrophe im originalen Zustand auf sich wirken lassen. Die Brandursache muss eindeutig protokolliert werden. So können Patrick und ich unsere gemischten Gefühle der letzten Tage nicht einmal damit betäuben, dass wir anpacken und die verkohlten Haufen um den halb abgebrannten Wagen zersägen, aufschichten oder entsorgen. Es wäre eine Wohltat, in dieser Situation irgendetwas besser machen zu können. Aufzuräumen. Dinge zu sortieren. Das Leben wieder selbst in die Hand zu nehmen und zu lenken, anstatt all die Katastrophen der letzten Tage tatenlos hinzunehmen. Ein verbrannter Wagen, eine weltweite Pandemie und zwei tote Gänse innerhalb weniger Tage. Schöne Bilanz. Und ein 27. Geburtstag, an dem ich offenbar zu nichts Besserem fähig bin, als eine Spülmaschine auszuräumen.

Patrick ist schon eine gefühlte Ewigkeit verschwunden. Ich vermute, dass er sich verquatscht hat, mit seinen Eltern oder einem der Brüder. Auf diesem Mehrgenerationenhof trifft man immer jemanden an. Ich hoffe, er hat es bereits getan. Sicherlich wird er eine der beiden Gänse hinauf zum Wald bringen. Dort lebt Andrea, die Ziegenfrau, in einem kleinen Häuschen. Ihr Hütehund Balou wird sich über eine der Lottis hermachen.

Die andere bekommt dann wohl Ole. Mit Haut und Haaren. Besser gesagt Gänsehaut und Federn.

Manchmal bringt Andrea ein Zicklein bei uns vorbei, das tot auf die Welt gekommen ist. Für Ole. Er findet das nicht so wahnsinnig gut, aber wenn er merkt, dass es an diesem Tag nichts anderes gibt, wagt er sich ran. Patrick hackt den Körper dann mit einer Axt in der Mitte auf, so hat Ole bessere Chancen. Sobald er einen Anfang gefunden hat, nagt er sich an den kleinen Knochen entlang. Seine Freude über ein aufgetautes Stück rotes Fleisch ist am nächsten Tag dann umso größer. Bei einem richtig schmierigen Pansen im Frühstücksnapf im Stallgang macht er sogar richtige Purzelbäume vor Freude.

Patrick hat im Keller eine ganze Tiefkühltruhe voll Schlachtabfälle. Er und Andrea haben irgendwelche Hundefutterkooperationen am Laufen, und manchmal ist Patrick ganz früh am Morgen weg, um eine Ziege zu zerlegen und auszunehmen, wenn Andrea sie schlachten musste, weil das Tier verletzt war. Das Ziegenfleisch für Ole ist allemal besser als irgendwelches Hundefutter aus dem Supermarkt. Geschredderte und getrocknete Schlachtabfälle aus Massentierhaltung, versteckt in einem glänzenden Futtersack mit einem grinsenden Rind auf dem Logo? Nein, danke. Dann lieber bergeweise Pansen, Lunge, Leber oder Herz in der Tiefkühltruhe, einzeln abgepackt in ausgespülte Joghurteimer oder wiederverwendete Plastiktüten. Ehrlicher, fairer und näher geht wohl kaum.

Kann ich heute eigentlich auch noch an etwas anderes denken als an tote Tiere?

Während ich die verkrusteten Pfannen mit der Hand spüle, wage ich einen neuen Versuch: voller Fokus auf diesen Tag.

Heute ist mein Geburtstag. Worauf habe ich Lust? Es ist Samstag, theoretisch wäre vieles möglich. Ohne diese Pandemie. Patricks jüngster Bruder hat mir einen Kuchen gebacken. Darauf freue ich mich schon seit gestern. Später noch eine Runde durch den Wald spazieren, und ansonsten? Vielleicht komme ich endlich einmal dazu, ein paar Seiten zu schreiben? Dann hätte dieser Tag wenigstens noch *etwas* Gutes.

Die Haustür fliegt mit einem lauten Poltern auf. Patrick kommt hereingestürmt. Bei seinem Anblick fällt mir fast die Pfanne aus der Hand.

»Der Fuchs hat mich ... Ich hab den Fuchs«, ruft er hektisch. »Der Fuchs hat mich gebissen. Ich hab ihn gefangen!« Er wedelt mit seiner vor Blut triefenden Hand über der teuren Küchenanrichte des Ferienhauses herum. Ein paar dunkelrote Tropfen landen auf Herd und Fußboden.

Tollwut, denke ich. Tollwut! Er ist nicht geimpft. Ich reiße am Wasserhahn und lasse das Wasser mit vollem Druck ins Waschbecken laufen, schnappe mir Patricks Unterarm und ziehe seine Hand unter den Strahl. Vielleicht lassen sich die Keime noch herausspülen? Ich weiß selbst nicht, was ich da tue. Wie so oft in den letzten Tagen handle ich nur noch ferngesteuert. Krankenhaus. Und davor? Desinfektionsmittel ist weltweit ausverkauft. Aber der alte Gewölbekeller des Hofes birgt Hoffnung.

»Bleib hier! Ich hole was zum Desinfizieren«, sage ich hektisch und renne los, rüber zum Bauernhaus. Etwas Besseres fällt mir auf die Schnelle nicht ein. Vielleicht lassen sich Tollwutkeime, oder was auch immer Tollwut auslöst, mit einer ganzen Menge Schnaps bekämpfen? Vor meiner Reise nach

Indien, die inzwischen einige Jahre zurückliegt, hatte mir ein Tropenarzt empfohlen, mich gegen Tollwut impfen zu lassen. Die Krankheit ist tödlich. Ziemlich schnell und schmerzhaft. Dagegen ist nichts zu machen. Das weiß ich noch.

Inzwischen habe ich die Kellertreppe erreicht. Erst jetzt merke ich, dass Patrick mir gefolgt ist. Kann der Kerl nicht einmal tun, was man ihm sagt? Polternd springe ich die uralten Eichenstufen runter in den Gewölbekeller, knipse das Licht an und greife nach einer Flasche Schnaps im Regal neben dem eingemachten Gemüse. 75 Prozent. Das sollte funktionieren. Patrick schnappt sich eine zweite Flasche 45-Prozentigen. Während ich mich frage, was er damit will, rennen wir schon wieder gemeinsam die schmalen Kellerstufen hinauf in die Küche von Patricks Brüdern.

Ich reiße eine Schüssel aus dem Schrank, stelle sie scheppernd auf der hölzernen Anrichte ab und kippe einen halben Liter Schnaps über Patricks Hand in die Schüssel.

»Wir müssen zum Arzt. Vielleicht hatte der Fuchs Tollwut«, japse ich endlich, während ich gleichzeitig versuche, irgendwie ruhig und pragmatisch zu klingen. Schwer atmend beobachte ich, wie Patrick den Schraubverschluss der zweiten Flasche zwischen die Zähne klemmt, mit seiner freien Hand an der Flasche dreht, dann den Deckel ausspuckt und sich ein paar große Schlucke genehmigt.

»Der sah ganz schön übel aus«, gibt Patrick zurück. »Er war ab dem Bauch fast kahl.« Anstatt zu heulen, wie ich es vermutlich in diesem Moment getan hätte, tunkt er seine komplette Hand in die Schüssel. Dann knallt er die Schnapsflasche auf die Anrichte neben die Schüssel und verzieht vor Schmerz das Gesicht.

»Was hast du gemacht?«, frage ich und betrachte seine Hand, die im Schnaps schon weniger zu bluten scheint.

»Ich habe die Gans geschlachtet, und dann war ich hier in der Küche und wollte uns noch einen Kaffee an der Maschine rauslassen«, erzählt er keuchend. »Plötzlich ist Ole rausgerannt wie ein Irrer. So rennt er sonst nur Milla hinterher. Aber die lag hier auf dem Stubenbett und hat seelenruhig geschnurrt. Also bin ich ihm nach, um zu sehen, was er hat. Ich habe ihn in der Scheune bellen gehört. Und dann habe ich den Fuchs gesehen. Ole hatte ihn schon in eine Ecke getrieben. Er hat ihn gestellt und ist immer wieder auf den Fuchs gesprungen. Aber er traute sich nicht richtig ran an das kleine fauchende Biest. Mann, der Kerl ist echt ein Feigling.«

Während Patrick kurzatmig erzählt, beobachte ich fasziniert die Bisswunde an seiner Hand im Schnaps. Deutliche Abdrücke von spitzen, kleinen Zähnen haben sich in sein Fleisch gebohrt.

»Dann habe ich nach dir geschrien, damit du mir hilfst. Immer wenn ich gebrüllt habe, hat Ole aufgehört, den Fuchs zu attackieren, weil er dachte, ich brülle ihn an. Dann musste ich ihn erst wieder anstacheln. So ging das eine Weile. Hin und her. Der Fuchs hat gefaucht wie verrückt. Dann plötzlich wollte er sich umdrehen und in einer Lücke zwischen den Balken der Scheune verschwinden. Also habe ich zugepackt. Er durfte ja nicht entwischen. Dieser Fuchs hat schon so viel Schaden angerichtet ... Ich habe ihn am Schwanz erwischt, da ist er mit einem Ruck herumgefahren und hat zugebissen. In dem Moment konnte ich ihn aber im Nacken packen und meine Hand befreien. Dann bin ich mit dem Fuchs in der Hand losgerannt. Ich wollte ihn einsperren. Meine erste Idee war die

Papiertonne. Aber ich habe nichts gefunden, womit ich den Deckel hätte beschweren können. Also ist mir die Kiste mit den Gitterfenstern eingefallen, die noch hinten bei den Hühnern steht. Da habe ich den Fuchs reingesteckt und das Dach mit einer Weinkiste voll Holz beschwert.« Ungläubig blicke ich ihm ins Gesicht. Aber ich kenne ihn. Ich weiß, dass er keine Ammenmärchen erzählt. Patrick hat in seinem Leben schon so einige Taten vollbracht, die ich bezweifeln müsste, hätte ich sie nicht selbst miterlebt.

»Au Mann!«, ruft er plötzlich und zieht seine Hand ruckartig aus der Schüssel.

»Du hast einfach den Fuchs mit der Hand gefangen!?« Ich kann es noch immer nicht fassen. Dann schießt mir erneut die Tollwut durch den Kopf. »Ich hole mein Handy, wir müssen zum Arzt.« Wieder renne ich los.

Als ich zurückkomme, steht Patrick im Innenhof und erzählt seinem jüngsten Bruder und seiner Mutter, was passiert ist. Auch sie sind im Gegensatz zu Patrick der Meinung, dass wir schnell in die Notaufnahme sollten. Patrick hingegen zückt sein Handy und wählt die Nummer des Försters in seinem Telefonbuch aus. Während er am Telefon über Fuchsbisse debattiert, zerre ich ihn zum Auto.

Ole steht schon schwanzwedelnd vor dem klapprigen Jeep und freut sich auf einen Ausflug. Na toll, du Held! Ich reiße die Fahrertür auf und starte den Motor. Patrick lässt sich widerwillig auf den Beifahrersitz plumpsen. Er ist der schlechteste Beifahrer, den ich kenne, und würde sogar noch mit einem gebrochenen Bein lieber selbst hinterm Steuer sitzen. Bei seiner Schnapsfahne will ich aber nichts riskieren. Da muss er jetzt durch.

Zwei Stunden später sind wir wieder zurück auf dem Hof. Patrick war im Krankenhaus, Ole bei der Tierärztin. Alles ist gut. Keine Tollwut, sondern Räude. Darauf hat der Förster am Telefon bereits gewettet. Für Menschen ist das nicht wahnsinnig ansteckend, für Hunde allerdings schon. Ein einfaches Mittelchen im Nacken genügt aber, um unseren Ole vor der Räudigkeit zu bewahren.

Wir parken hinten beim Zirkuswagen. Als ich aussteige, entdecke ich ein totes Huhn am Boden zwischen den Achsen des verkohlten Gerippes. Offenbar hat der Fuchs es noch gerissen und dann einfach liegen gelassen, bevor Patrick und Ole ihn fangen konnten. Ich knie mich auf die rußige Erde und betrachte das schwarze Federknäuel. Es hat die Augen geschlossen. Ich hoffe, dass die kleine schwarze Henne ihren Frieden gefunden hat.

Während Patrick den langen Holztisch unter der Buche deckt, damit wir bei Kaffee und Kuchen mit dem Geburtstagsprozedere dort weitermachen können, wo wir heute Morgen aufgehört haben, ziehe ich die tote Henne an den Krallen unter dem Wagen hervor, schnappe mir einen Spaten und marschiere in Richtung Waldrand, um eine Grube zu graben und ein kleines Kreuz aus Ästen und Gräsern zu flechten. In Hühnerbeerdigungen bin ich inzwischen viel geübter, als mir lieb ist. Beim ersten Mal habe ich noch bitterlich geweint. Mich schuldig gefühlt. Irgendwann aber ging mir ganz einfach die Kraft aus, um um jedes tote Huhn zu trauern, das durch Fuchs, Habicht, Marder oder ganz einfach durch Altersschwäche hier auf dem Hof das Zeitliche segnet. Trotzdem sage ich einen kurzen Spruch auf, um dem Leben zu zeigen, dass ich es achte.

Seufzend trotte ich anschließend über die Kirschwiese zurück auf den Hof und stelle den Spaten wieder in seine Ecke zu den anderen Geräten.

Ein paar Minuten später sitzen Patrick, seine Familie und ich unter der Buche in der Sonne und essen Kuchen. Als ich gerade ein kleines Geschenk auspacken will, kommt ein wuchtiger dunkelgrüner Jeep mit einem auf die Anhängerkupplung gespannten Metallkorb auf den Hof gerollt. Ein breitschultriger Mann steigt aus. Am Gürtel trägt er eine Pistole. Es ist der Förster. Schweigend weisen Patrick und ich ihm den Weg zum Fuchs in der Scheune.

»Man muss nicht jeden Fuchs erschießen«, brummt er. »Aber diesen schon. Wenn er sich tagsüber auf den Hof wagt, ist er so schwer krank, dass er ohnehin nicht überleben wird und mit seiner Räude sonst noch andere Waldbewohner ansteckt.«

Dann geht es schnell. Ein kurzer Blick. Ein Schuss durch die Gitterstäbe, und schon ist der Spuk vorbei.

»Schade. Das war eine Füchsin mit Jungen«, murmelt der Mann, während er die tote, halb kahle Füchsin an den Hinterbeinen aus der Kiste hebt. »Aber so, wie die aussieht, haben die Kleinen auch Räude und überleben nicht lange. Mit oder ohne Mutter.«

Mein Herz reißt beim Gedanken an die kleinen Füchse in ihrem Bau in tausend Stücke. Das Landleben ist hart und rau. Es hat nichts, aber auch gar nichts mit den idyllischen Bildern auf Milchtüten oder Salamipackungen im Supermarkt zu tun. Stattdessen heißt es fressen oder gefressen werden. Manchmal auch beides. Und so ist mein Geburtstag in diesem Jahr gleichzeitig auch der Todestag zweier Gänse, einer Füchsin, ihrer

Jungen und eines Huhnes. So skurril wie an diesem Tag hat sich die Welt schon lange nicht mehr angefühlt. Aber egal, was passiert, sie dreht sich weiter.

Und Patrick und Ole? Die beiden sind jetzt natürlich Helden. Helden der Wildnis vor unserer Haustür. Bekannt im ganzen Wald als die »Rächer des Federviehs«, von Fuchs, Marder und Habicht gefürchtet. Beim Geflügel in der Umgebung allerdings als die »Heros vom Hühnerzaun« verehrt. Ich sehe es schon kommen, dass Patrick eines Tages, als alter Mann, den Kindern im Dorf davon erzählen wird, wie er damals gemeinsam mit seinem dressierten Bären namens Ole einen bösen Wolf mit der bloßen Hand erwürgt habe und anschließend zum Ritter geschlagen worden sei. Ich würde es ihm gönnen und daraufhin lachend anmerken, wie ich selbst in jungen Jahren verwundert festgestellt habe, dass irgendwer den ganzen Schnaps im Keller leer getrunken hat. Wenigstens kann ich bei dem Gedanken wieder schmunzeln.

Das Knirschen meiner Schritte auf dem nassen, sandigen Waldboden unter meinen Sohlen gibt meinem Atem den Takt vor. Ein paar Vögel zwitschern hier und da in der noch kühlen Frühlingsluft, und zusammen mit dem Rauschen der Baumkronen in einigen Metern Höhe fügt sich alles zu einer bizarren Geräuschkulisse. Ich sauge die Morgenluft ein, rieche den Duft der zarten Blüten an einigen Büschen im Unterholz. Gedankenverloren setze ich einen Fuß vor den anderen. Immer weiter den Berg hinauf. Ich blicke mich zu allen Seiten um, und plötzlich fällt mir wieder auf, wie anders der Wald hier ist. Anders als am anderen Ende der Welt. Zwischen Palmen, Bananenplantagen und kristallklaren Flussläufen haben wir den vergangenen Winter auf unseren Fahrrädern verbracht. Und nun, seit wir zurück in Deutschland sind, ist so vieles passiert. Ich werde wohl noch einige Waldspaziergänge brauchen, bis meine innere Welt wieder im Einklang ist, während wir unsere äußere Welt in den nächsten Monaten wieder aufbauen werden. Noch immer dürfen wir nichts anpacken. Noch immer haben die Schadensregulierungssachbearbeiterinnen in ihren weißen Kitteln keine Entscheidung zur Brandursache gefällt und könnten mit ihren Spezialsonden und Kameras weitere Untersuchungen zwischen den verkohlten Trümmern unseres Wagens vornehmen wollen.

»Hättest du wohl nicht gedacht, dass dir so was mal passiert, was?«, höre ich den Poltergeist in meinem Kopf plötzlich quäken. »So ein Schicksalsschlag passt doch gar nicht zu deinem Leben. Ein abgebranntes Zuhause. Wie kann das sein? Womit hast du das verdient?«

Wie angewurzelt bleibe ich stehen. Was haben Patrick und ich getan? Was will mir das Schicksal damit sagen? Nach all den Gefahren in Zentralamerika habe ich mich vor Dramen und Schicksalsschlägen aller Art gefeit gewähnt. Hätte mir etwas zustoßen sollen, dann hätten das Leben, das Schicksal, die Götter oder das Universum doch auf Reisen genügend Möglichkeiten gehabt, mich zu demütigen. Sobald ich aber wieder im sicheren, pragmatischen und kühlen Schwarzwald zwischen in Reih und Glied gewachsenen Fichten lande, bricht ein Unheil nach dem anderen über Patrick und mich herein.

Bis hierhin war ich der festen Überzeugung, dass alles, was uns Menschen zustößt, einen tieferen Sinn hat. Aber dieses Mal kann ich keinen Sinn erkennen. Ich verstehe es nicht. Ich wüsste nicht, was ich aus diesem Brand lernen sollte. Ich war nicht unvorsichtig. Schließlich war ich nicht einmal zu Hause, als es passiert ist. Patrick und ich waren nie habgierig oder großkotzig, das Schicksal hat keinen Grund, uns zu beweisen, wie wenig materielle Dinge zählen. Trotzdem lernen wir das jetzt. Ich habe so viel Zeit und Liebe in unser Zuhause gesteckt, dass ich nicht verstehen kann, warum ausgerechnet mir das passieren muss.

Durch die Baumwipfel erspähe ich ein paar Fetzen des azurblauen Himmels über mir und atme die frische Waldluft tief ein. Dann durchfährt es mich plötzlich.

»Moment mal!«, schießt es mir durch den Kopf. »Wo kommst du denn eigentlich jetzt her, Poltergeist? Du bist es doch, oder nicht? Wo warst du in den letzten Tagen?« Meine Augen verengen sich zu Schlitzen. »Erst jetzt, wo ich endlich Zeit zum Nachdenken finde, traust du dich, wieder aufzutauchen? Du bist ein richtiger Feigling, weißt du das? Immer dann, wenn wirklich etwas passiert, hältst du die Klappe und lässt mich machen. Lässt mich Kisten schleppen, Schnapsflaschen holen, in Krankenhäuser fahren oder Hühnergräber mit einem Spaten buddeln. Ich höre keinen Pieps von deinem selbstmitleidigen Gerede. Aber dann, wenn alles schon gelaufen ist, wenn meine Welt endlich zur Ruhe kommt, dann kommst du an.« Wütend stapfe ich auf dem Pfad voran, vor lauter Ärger balle ich die Fäuste. »Ich habe dich durchschaut. Du redest mir immer dann Sorgen und Ängste ein, wenn eigentlich alles gut ist. Aber wenn wirklich etwas passiert, bist du weg. Nein. Auf dich muss ich nicht hören. Ich brauche dich nicht. Nicht für die Zeiten, in denen alles gut ist, und schon gar nicht für die Zeiten, in denen das Leben mal turbulenter wird.« Mit einem lauten Zischen lasse ich die Luft aus meinen Lungen und richte den Blick wieder auf den Waldweg.

Das, was passiert ist, hat nichts mit Schuld zu tun. Und schon gar nicht damit, ob wir es verdient haben, unser geliebtes Zuhause zu verlieren. Der Fuchs, die Gänse und das Huhn sind nicht gestorben, weil sie es verdient hätten. Shit happens. Und dann dreht sich die Erde weiter.

Ruhiger atmend setze ich meinen Weg fort, und mein Poltergeist bleibt tatsächlich stumm. Ich denke an Patricks und meine Familie, an unsere Freunde, Nachbarn und Bekannten, die in den letzten Tagen so bereitwillig geholfen haben und für uns da waren. Wie dankbar wir sein dürfen für alles, was wir noch haben. Das, was wirklich zählt im Leben, hat das Feuer uns nicht genommen. Ich denke an Hunderte Nachrichten von fremden Menschen, die mich in den letzten Tagen über Instagram, Facebook und E-Mail erreicht haben. In einem Forum hat eine Frau, die wir noch nie zuvor gesehen haben, eine Spendenaktion gestartet, um den Wiederaufbau unseres Zirkuswagens zu finanzieren. Seit dem Brand wurden Patrick und ich überhäuft mit Zuwendung, Anteilnahme und einer ordentlichen Portion Humor, mit der sich alles besser verdauen lässt.

Die frische Luft, die durch meine Lungen strömt, erfüllt mich ebenso sehr wie die Dankbarkeit, die ich empfinde. Mit dem

Ausatmen schicke ich all die Zweifel, Sorgen und das Selbstmitleid hinaus in den Wald. Soll mein Poltergeist ihnen doch hinterherjagen. Und wieder atme ich ein. Und wieder atme ich aus. Inzwischen bin ich beinahe auf der Spitze des kleinen Berges, an dessen Fuß unser Zirkuswagen steht, angekommen. In der Ferne erspähe ich die Rheinebene mit Frankreich und den Vogesen. Heute wird ein klarer, sonniger Frühlingstag, die Luft ist nach dem Regen der letzten Tage so rein wie lange nicht mehr. Der Himmel ist blau und unendlich weit. Und plötzlich weiß ich, dass ich die Bedeutung des dritten Elementes gefunden habe. Luft. Die Leichtigkeit im Leben.

Egal wie groß die Hindernisse sind, die das Schicksal mir auferlegt, das Leben ist für jeden von uns endlich. Genießen und lieben wir es mit all seiner Magie, mit all seinen Abenteuern des Alltags. So lang wie wir können. Voller Dankbarkeit für jeden Moment.

Luft ist das Element, das mir die Leichtigkeit in meinem Leben zurückgibt, wenn ich sie einmal verloren habe. Mit dem Einatmen bin ich dankbar für alles, was mich umgibt, solang ich lebendig bin. Mit dem Ausatmen lasse ich los, schicke die negativen Gefühle weg und kann mich in Vergebung üben. Den Poltergeist zum Schweigen bringen.

Mit jedem Ausatmen vergebe ich dem Fuchs, der so viele Leben auf dem Gewissen hat. Gleichzeitig vergebe ich uns Menschen, die Schuld am Tod des Fuchses haben. Ich vergebe nicht etwa, weil der Fuchs am Ende selbst sterben musste und damit gestraft genug ist. Ich vergebe ganz einfach mir selbst zuliebe. Ich vergebe, damit die Leichtigkeit in meinem Leben Raum hat. Die Dankbarkeit, die ich empfinde für alles, was im Moment um mich ist, diese Dankbarkeit schenke ich mir selbst. Ebenso die Vergebung.

Dankbarkeit ist Präsenz. Vergebung ist Freiheit. Das ist die Leichtigkeit, die ich in meinem Leben wählen kann. Egal was passiert. Vergebung ist manchmal ein harter Weg. Aber er lohnt sich. Ich gehe ihn nicht für andere Menschen, sondern für mich selbst. Das Element Luft gibt mir eine Leichtigkeit, die mich trägt, wenn ich ihm vertraue. Ich kann die Luft nicht sehen, aber sie ist immer um mich herum. Langsam hebe ich meinen Blick, da entdecke ich zwischen den Baumkronen einen Milan, der durch die Weite des wolkenlosen Himmels segelt. Ich verfolge die Formen, die seine ausgebreiteten Flügel in den endlosen Himmel zeichnen. Er muss nicht wissen, warum er fliegt. Es genügt, dass er der Luft vertraut. Dass er weiß, dass er getragen ist, wenn er den Mut aufbringt, die Flügel auszubreiten. Es gibt kein Rezept dafür, Unglück zu vermeiden, aber es gibt das Element Luft in unserem Leben, das uns immer tragen wird, wenn wir unsere Flügel trotz aller Zwischenfälle und Hürden nicht einklappen und stattdessen einfach weitersegeln.

Mein Feuer der Leidenschaft braucht die Luft, um zu brennen. Feuer ohne Luft erstickt. Wasser ohne Sauerstoff wiederum lässt kein Leben zu. Fließendes Wasser ist permanent im Austausch mit der Luft. Wenn ich akzeptiere, dass das Leben mir immer neue Klarheit bringt, solang ich in Bewegung bin, ist die Luft meine ständige Begleiterin. Ich atme immer. Luft umgibt mich immer. Leichtigkeit ist immer da. Es ist meine Entscheidung, sie in mein Leben zu lassen. Durch Einatmen. Und durch Ausatmen.

Nichts bleibt, wie es ist, und alles, was im Moment um mich herum existiert, ist ein Grund zur Dankbarkeit. Wenn mich die Bewegung des Lebens weiterreißt und zu neuen Herausforderungen und Abenteuern einlädt, brauche ich die Leichtigkeit der Luft, um innere Kraft zu haben. Das Feuer meiner Leidenschaft, das alles in Gang setzt. Das Wasser, das mir Klarheit darüber bringt, dass ich nichts festhalten kann auf dieser Welt.

Wir sterben allein, und wir können nichts mitnehmen, wenn es so weit ist. Was bleibt, ist die Erinnerung an ein leidenschaftliches, bewegtes Leben voller Dankbarkeit und Vergebung. Langsam knie ich mich auf den noch leicht feuchten Waldboden und wische ein paar Fichtennadeln und Laubblätter zur Seite, und in diesem Moment ahne ich leise, wie ich das vierte Element finde.

Erde

Vom Säen, Wachsen, Ernten und der Bedeutsamkeit des Handelns

Obwohl es seit einigen Tagen nicht mehr geregnet hat, ist die Erde dunkel und schwer. Mit einer kleinen Schaufel ziehe ich einen schmalen Graben durch die obere, lockere Schicht. Die Schaufelspitze befördert einen dicken Regenwurm ans Tageslicht, der unbeholfen versucht, sich wieder in die Dunkelheit zurückzugraben. Kurz betrachte ich den sich windenden, schmierigen Wurm, dessen Ruhe ich so unsanft gestört habe. Vorsichtig schiebe ich die Schaufel unter das Tier. Dann hebe ich sie samt Wurm ein Stück näher an mein Gesicht. Der glitschige Körper verbiegt sich vor meinen Augen in alle Richtungen. Ich drehe mich langsam in der Hocke um und schaufle mit meiner freien Hand ein kleines Loch ein Stück von der Rille entfernt, an der ich gerade arbeite. Sanft lasse ich den Regenwurm von der Schaufel rutschen. Retten will ich ihn. Nur nicht unbedingt anfassen. Eilig werfe ich eine Handvoll Erde über das Loch. Als echtes Landmädchen sollte ich hilflose Regenwürmer eigentlich mit der Hand aufsammeln. Ich aber konnte das noch nie. Nicht bei Würmern, nicht bei Maden und nicht bei all den anderen labberigen Tierchen, die die Erde ihr Zuhause nennen.

In den letzten Wochen habe ich viele Löcher gebuddelt und dabei mit Sicherheit viele glibberige Erdbewohner gestört. Meist, um darin Hühner oder die Überreste von Gänsen zu vergraben, nachdem die Hunde sich satt gefressen hatten. Dieses Mal vergrabe ich winzige Samen. Nicht, um sie verschwinden zu lassen, sondern damit ertragreiche Pflanzen daraus werden. Die Zeit drängt ein wenig, denn es ist bereits Ende Mai, und die meisten Pflanzen, die wir seit unserer Rückkehr aus Costa Rica auf der Fensterbank im Bauernhaus vorgezogen haben, möchten jetzt aus dem Frühbeet in die Erde. Durch die Zwischenfälle mit unserem Wagen, den Gänsen, dem Fuchs und allem, was damit verbunden war, sind wir mit dem Gärtnern in dieser Saison etwas in Verzug.

Ein ganzes Jahr ist bereits vergangen, seit ich im letzten Frühling im Schwarzwald angekommen bin. Ein Jahr voller Abenteuer, Herausforderungen und wundervoller Erfahrungen. Ich bin vorangekommen in meiner Selbstständigkeit, habe die Natur ganz neu für mich erobert und weiß jetzt, dass ich in den nächsten Jahren noch viel über beides lernen werde. Am besten gelingt das im einfachen Tun. Im Ausprobieren. Im Sammeln von Erfahrungen. Und im Beobachten.

Patrick ist auf diesem Hof aufgewachsen, aber den Gemüsegarten hat er immer seinen Geschwistern oder den verschiedenen Mitbewohnerinnen und Mitbewohnern, die in den letzten Jahren auf diesem Hof gewohnt haben, überlassen. Seit Patricks ältere Geschwister ihre eigenen Höfe haben, sind wir nun an der Reihe, den Bauerngarten zu pflegen. Die Alternative heißt Supermarkt, und seit unseren ersten Erfolgen im letzten Jahr möchten wir so viel eigenes Obst und Gemüse wie möglich produzieren. Im Grunde weiß ich nicht viel über Pflanzen, über Fruchtfolgen, Nährstoffansprüche und gute oder schlechte Nachbarschaften von Gemüsesorten. Ich habe mir im letzten Frühjahr ein schlaues Buch über Selbstversorgergärten gekauft, dann aber festgestellt, dass mir die Vorgaben aus Büchern und die Tipps, die ich von erfahrenen Gärtnerinnen bekommen habe, nur teilweise weiterhelfen. Jeder Garten ist mit seinem Standort, seiner Bodenstruktur, den Lichtverhältnissen und den heimischen Pflanzen ein ganz individueller Mikrokosmos. Es ist fast unmöglich, allgemeingültige Aussagen zu treffen. Schlussendlich funktioniert jeder Garten über die eigenen Vorlieben und die Erfahrung, die man über Jahre hinweg mit seinem Klima und den Bedingungen für die Pflanzen macht. So wie ein Lebewesen, das individuelle Veranlagungen mitbringt und sich von Jahr zu Jahr weiterentwickelt. Es gibt keine Patentrezepte, die dauerhaft und immer funktionieren.

Bei uns wachsen wilder Giersch und Ringelblumen, vereinzelt findet man Feldsalat, Borretsch oder Knoblauch. Zwischen den Pflanzreihen sprießt hier und dort ein Kürbis, und an einer anderen Stelle reckt ein Tomatenpflänzchen, dessen Samenkorn den Winter unter der Erde überstanden hat, seine Blätter in Richtung Sonne. Diese »wilden« Gemüse brauchen kein Dach wie unsere verwöhnte Vorkultur von der Fensterbank. Sie brauchen auch nicht so viel Wasser und Pflege. Sie haben sich an diesem Standort durchgerungen, sind gesund und kräftig. Natürlich könnten wir einfach alle jungen Pflanzen, die links und rechts neben den schön gerade gezogenen und bepflanzten Rillen wachsen, wie Unkraut behandeln. Je besser ich die Natur jedoch kennenlerne und ihre kleinen Wunder wertschätze, umso mehr Geschenke macht sie mir hier im Garten. Die Erde ist voller Lebewesen, Bakterien und Mikroorganismen, immer in Bewegung, immer im Prozess, und so bringt sie immer wieder Neues hervor.

Was habe ich letztes Jahr geflucht über die harte, zeitraubende Arbeit im Garten oder im Stall, die mich oft vom Schreiben abgehalten hat! Was habe ich mich geärgert, wenn die mühsam vorgezogenen Zucchini eingegangen sind wie die Primeln oder die Hühner trotz aller Mühen nicht so recht legen wollten! Und trotzdem hocke ich in diesem Frühjahr wieder auf der Erde, wann immer ich Zeit finde, ziehe Saatrillen, streue Samen hinein, gieße die Felder im Garten und rede den Tomatenpflänzchen gut zu, die sich inzwischen im Gewächshaus an ihre Ziehstöcke klammern, während die Wurzeln an der frisch gebrühten Hühnermistjauche im Boden nuckeln. Die Erfahrung zählt, und auch wenn ein Jahr verschwindend wenig ist, so machen wir schon in diesem zweiten Jahr vieles anders.

Irgendetwas an der Arbeit mit der Erde macht so zufrieden, dass ich es einfach nicht bleiben lassen kann. Die letzten Jahre war ich ein Zugvogel, im Grunde habe ich sehr wenig Erfahrung damit, mich wirklich einzulassen, dranzubleiben und über eine lange Zeitspanne zu lernen. In der Natur und in einem Garten gibt es jedoch so viel zu entdecken, dass ich immer mehr ausprobieren möchte. Über Jahre hinweg. Gleichzeitig habe ich keine Eile. Außerdem habe ich kein Talent zum Gärtnern. Aber all das ist mir egal. Sollen die Zucchini doch auch in diesem Jahr eingehen. Irgendwann werden sie gedeihen, denn ich kann mit jedem Jahr aus meinen Versuchen und Beobachtungen lernen.

Hier auf dem Land fühlt es sich richtig an, mich der Bewegung der Jahreszeiten zu fügen. Zu beobachten, abzuwarten und dann einzugreifen, wann immer es mir sinnvoll erscheint, um die Ziele zu erreichen, die ich mir selbst in diesem Weltenkreislauf gesteckt habe. Egal ob es um Tomatenpflanzen, Zirkuswagen oder die Arbeit als Autorin geht.

Vielleicht ist das Leben auf dem Land – und womöglich auch das in der Stadt – ein bisschen so wie die Arbeit im Bauerngarten. Die Erde arbeitet von selbst, die Dinge nehmen ihren Lauf, und je besser wir lernen, die Tatkraft der Erde oder des Lebens für uns zu nutzen, desto leichter formen wir unsere eigene Welt. Es muss nicht alles in perfekten Linien wachsen und verlaufen, denn dann können wir all die Geschenke nicht sehen, die uns die Erde – das Leben – macht.

Ich setze die Schaufel wieder in der Rille an und ziehe sie bis zum Ende des Beetes durch die Erde. Dann betrachte ich mein Kunstwerk im Stehen. Mit einer gespannten Schnur wäre die Rille noch gerader geworden, aber so wie sie ist, bin ich zufrieden. Ich nehme eine kleine Papiertüte aus meiner Schubkarre und schütte die Bohnen, die wir im letzten Herbst als Saatgut entnommen haben, in die Hand. Aus ihnen sollen bis zum Ende des Sommers wieder große Pflanzen werden, die prall gefüllte Schoten tragen. Auf unser eigenes Saatgut bin ich in diesem Frühjahr besonders gespannt. Ob aus diesen kleinen Bohnen wirklich neue Pflanzen entstehen können? Nur mithilfe von Sonne, Wasser, Luft und Erde? Skeptisch und irgendwie doch hoffnungsvoll betrachte ich die schrumpeligen Früchte in meiner offenen Hand.

»Ich habe von eurem Unglück gehört, die Leute reden ja über nichts anderes mehr. In der Zeitung stand es auch schon. Aber jetzt war ich doch auch neugierig, wie es euch geht.« Die feine, aber dennoch feste Stimme kommt von der anderen Seite des Gartenzauns, und ich weiß sofort, wer dort steht.

»Hallo, Lisbeth«, sage ich und lächle der alten Frau blinzelnd ins Gesicht. »Schön, dich mal wiederzusehen.«

Die Frühlingssonne blendet mich, ich trete einen Schritt zur Seite, sodass ich in Lisbeths Schatten stehe und sie richtig betrachten kann.

»Ja, schön, dass es euch noch gibt und dass niemandem etwas passiert ist. Hast du den Gasherd angelassen?« Sie zwinkert mir zu.

»Nein, du weißt doch, dass ich außerordentlich gut kochen kann«, rufe ich, und wir beide lachen. Inzwischen treffe ich Lisbeth öfter. Manchmal am Hofladen, manchmal auf einem Spaziergang im Wald oder auf dem Wochenmarkt im Nachbarort. Es gehört schon zum guten Ton, dass wir uns gegenseitig liebevoll aufziehen. Lisbeth ist ziemlich schlagfertig. Ich bin froh, mich mit ihr nicht nur in höflichem Small Talk unterhalten zu müssen.

»Weißt du eigentlich, was sich die Leute neuerdings erzählen? Es heißt, ihr wärt durch Australien geradelt und in einen der großen Waldbrände geraten. Die Leute bringen doch wirklich alles durcheinander, wenn sie tratschen!«

Ich schüttle mich vor Lachen. Dazu fällt mir wirklich nichts mehr ein.

»Wie ich sehe, bist du schon wieder fleißig«, fährt sie fort. »Wie geht es dir? Wohnt ihr noch hier im Ferienhaus?«

»Nein. Wir mussten wieder ausziehen. Jetzt, wo Urlaub wieder erlaubt ist, haben sich natürlich direkt Gäste angemeldet. Wir wohnen jetzt in unserem Van.«

»Was ist denn ein Van?« Lisbeth rümpft ihre kleine Stupsnase.

»Oh. Unser Wohnmobil«, sage ich und schmunzle. »Der weiße Mercedes Oldtimer, der hinter der Scheune steht. Warm genug ist es ja schon.«

»Ach so? Van nennt man so was jetzt? Ist das Englisch?«

»Ich glaube schon, ja!« Ich lache.

Der Wagen ist noch lange nicht fertig, erzähle ich Lisbeth. Wir dürfen erst seit Kurzem wieder daran arbeiten, nachdem die Versicherung ewig für die Analyse der Brandursache gebraucht hat. In der Sauna neben dem Wagen habe ich einen begehbaren Kleiderschrank eingerichtet, und im Schafstall befindet sich jetzt unser Büro. Da ist das WLAN am besten, und die Computer stehen zumindest im Trockenen. Wir haben uns voll eingerichtet, mit Drucker und allem Drum und Dran. Letzte Woche haben wir ein Gerüst um den Wagen gezogen und ein riesiges Dach aus Planen gespannt, sodass wir jetzt richtig mit dem Wiederaufbau anfangen können.

»Der Großteil unserer Sachen liegt wegen unserer dubiosen Wohnsituation jetzt gerade in Kisten im Schafstall«, sage ich. »Alles stinkt noch nach Rauch. Da ist es gut, wenn die Sachen eine Weile an der frischen Luft lagern.«

»Nun ja, wenigstens der begehbare Kleiderschrank ist ein Luxus, von dem viele Menschen träumen,« sagt sie keck, um mich aufzumuntern. »Und Dauercamping-Urlaub hat doch auch was!«

»Stimmt. So kann man es auch sehen. Es ist okay, wir kommen mit dem Chaos klar, aber ich bin auch wirklich froh, wenn wir alles hinter uns haben.«

»Das glaube ich dir. Wird sicher noch ein Stück Arbeit, aber ihr schafft das schon! Und sonst? Was macht das Schreiben?«

»Momentan habe ich fast täglich Interviews, Aufzeichnungen für Podcasts oder Magazinbeiträge, um die ich mich kümmere.«

Lisbeth hebt kritisch eine Augenbraue, schnell schiebe ich hinterher: »Podcasts sind so ähnlich wie Radio!« Dann berichte ich ihr davon, wie traurig ich bin, dass so viele Lesungen und Vorträge ausfallen.

»Was soll's, dann bleibt dir mehr Zeit fürs Schreiben, den Garten und den Wagen.« Aufmunternd drückt sie meinen Unterarm, der ganz starr ist vor Dreck vom Gärtnern.

»Den verlängern wir wahrscheinlich sogar um einen Meter«, sage ich. »Und Patricks Projekt wird auch eine Menge Zeit fressen.«

»Das Haus im Nachbarort neben der Kirche, das er vor eineinhalb Jahren gekauft hat und das außer ihm niemand haben wollte, weil es so alt und kaputt ist?«

»Genau das«, sage ich. Die Bauanträge für die Bruchbude sind endlich durch, die Zuschüsse bewilligt. Jetzt hat Patrick mit seinen Handwerkerkollegen mit dem Abriss angefangen. Das Haus wird komplett entkernt und dann ganz neu aufgebaut, wobei die Grundmauern stehen bleiben müssen, um den Bestandsschutz nicht zu verlieren. Es ist unser nächstes Großprojekt, und die Arbeit daran wird sich über mindestens ein Jahr hinziehen.

»Ach! Und alles gleichzeitig? Wie schafft ihr das denn?«

»Das geht schon irgendwie, und Spaß haben wir trotzdem meistens. Und wir haben viele Helfer.«

Lisbeth stemmt die Arme in die Hüften, dann grinst sie und fügt hinzu: »Ohne richtiges Zuhause müsst ihr immerhin keinen Haushalt machen.« Typisch Lisbeth, sie sieht die guten Aspekte in allem.

Ich muss lachen. »Das stimmt! Haushalt fällt weitgehend aus. Dafür haben wir gerade wirklich keine Zeit. Aber ich bin jetzt Großköchin. Jeden Tag koche ich auf Punkt zwei für alle Handwerker. Nur Schnitzel brate ich natürlich nicht.«

Jetzt muss Lisbeth lachen. Ich gebe zu, ich hätte mir nie träumen lassen, dass ich mal freiwillig für eine Horde Männer koche. Aber es ist einfach sinnvoller so, denn wir alle müssen trotz der vielen Arbeit etwas essen. So kann ich etwas zu den

Baustellen beitragen und habe trotzdem Zeit für meine Arbeit. Außerdem ist die gemeinsame Zeit am Esstisch für Patrick und mich total wichtig geworden.

»Und wo kochst du dann?«

»Na, gerade im Bauernhaus. Da ist am meisten Platz, obwohl ich mich wirklich freue, wenn ich wieder in unserem Wagen kochen kann. Die Küche dort ist so schön geworden, und das Feuer hat sie zum Glück nicht zerstört.«

»Aber wenn die Bruchbude fertig ist, dann zieht ihr doch dort ein, oder?«

Es ist schon erstaunlich, wie selbst eine so freigeistige Person wie Lisbeth annimmt, unser Wagen wäre eine Notlösung gewesen. Geduldig erkläre ich ihr, dass wir nicht aus einer Not heraus im Zirkuswagen wohnen. Das haben wir uns freiwillig ausgesucht. Aber wer weiß, denke ich, vielleicht wird das Haus so schön, dass wir dann doch selbst einziehen. Und in einer Sache gebe ich Lisbeth recht: Für immer bleiben wir nicht im Wagen. Diese Wohnform ist nicht gerade praktisch für uns. Im Zirkuswagen fehlt der Gewölbekeller, um Vorräte und leere Gläser zu lagern, ein Platz für das Spinnrad, um die Schafwolle zu verarbeiten, und ein ordentlicher Nähtisch. Außerdem haben wir so gerne Besuch, und da wird es im Winter schnell eng im Wagen. Aber das wussten wir ja. Wir werden sehen, was das Leben mit uns macht und wie wir wohnen werden. Im Moment will ich jedenfalls nichts lieber als zurück in unseren Wagen.

»Na, ich bin gespannt.« Lisbeth hält kurz inne, dann kramt sie eine Dose aus ihrem Korb. »Hier, ich habe euch zwei Stück Himbeerkuchen mitgebracht.«

»Oh, wie nett! Den essen wir direkt heute Mittag als Nachtisch«, sage ich und nehme die Dose mit meiner freien Hand entgegen.

»Hätte ich gewusst, dass es bei euch jeden Tag so viele Mäuler zu stopfen gibt, hätte ich den ganzen Kuchen mitgebracht! Beim nächsten Mal weiß ich Bescheid.«

»Ach, jeder bekommt ein kleines Stück. Dann reicht es für alle.«

»Na? Was wird denn da gesät?«, fragt Lisbeth plötzlich und schielt auf die schrumpeligen Bohnen in meiner Hand.

»Buschbohnen. Die kommen hier noch in die Rille, und dann muss ich ab hinter den Herd.« Ich klinge wie ein Hausmütterchen. Aber ich habe es nun mal versprochen. Und nach dem Essen schreibe ich einen Filmtext zu Ende, den ich heute noch abgeben will.

»Na, dann will ich dich mal nicht aufhalten.«

»Ein bisschen bin ich hier noch beschäftigt. Du kannst mir gerne noch kurz Gesellschaft leisten.«

Mit Luchsaugen beobachtet Lisbeth, wie die Bohnen in der Erde landen. »Was kochst du denn heute Mittag?«, fragt sie.

»Der erste Spinat ist reif. Dazu Kartoffeln aus dem Keller und gebackener Ziegenkäse mit Honig vom Hof von Patricks Bruder. Und ein Salat mit Radieschen, Gundermann, Löwenzahn, Gänseblümchen und Kräutern.« Als die letzte Bohne an ihrem Platz gelandet ist, stehe ich auf, klopfe mir die feuchte Erde von den Jeans und greife nach meinen Utensilien.

»Das klingt gut. Aber hoffentlich habt ihr nicht so viele Regenwürmer im Garten«, sagt sie und hebt zum Aufbruch ihren Korb hoch. »Vor denen erschrecke ich mich immer beim

Gärtnern, obwohl ich über die Jahre ein richtiges Landei geworden bin.«

»Mit den Würmern wirst du schon fertig, so wie ich dich kenne.« Ich zwinkere ihr zu und freue mich leise darüber, dass ich nicht die Einzige bin, die beim Anblick von glitschigen Regenwürmern keine Freudensprünge macht. Dann schlendern wir noch ein paar Meter nebeneinanderher, bis sich unsere Wege trennen.

Den ganzen Frühsommer über arbeiten Patrick und ich am Wiederaufbau unseres Zirkuswagens und gleichzeitig an all den anderen Großbaustellen, die es für jeden von uns zu bewältigen gilt. Freunde und Familie packen täglich mit an, und in den Mittagspausen versammeln wir uns unter der Buche, um gemeinsam zu essen und die Strategie für den Nachmittag zu besprechen. Ohne die Arbeit von Patricks Handwerkerkumpels kämen wir in dieser Zeit kaum voran.

Gerade beim Wiederaufbau des Wagens zeigt sich, dass noch mehr Geduld und Geschick gefragt sind als beim Bau. Das Dach muss mit seinen filigranen Rundungen auf verschiedenen Ebenen ausgemessen, in der Werkstatt nachgebaut und wieder angestückelt werden. Patricks Freund, der ebenfalls Zimmerer ist und mit Partnerin und Kind seit Jahren in zwei fahrtüchtigen Lkws wohnt, übernimmt einen großen Teil dieser nervenaufreibenden Arbeit. Auch er hat in seinem Leben bereits mehrere Wagen gebaut, seine Geduld und Erfahrung machen sich jeden Tag bemerkbar.

Wann immer ich kann, helfe ich den beiden. Mit einem Rotationsschleifer entferne ich in dem noch immer offenen Wagen fast alle Brandflecken von Fußboden und Wänden. Tagelang föhne und kratze ich in der Werkstatt den Lack von einem antiken Fenster mit Rundbogen, das einer von Patricks Brüdern für uns extra aus Berlin geholt hat, weil es so gut zum restlichen Stil des Wagens passt. Unsere antike Küchenhexe ist durch das Löschwasser völlig eingerostet, auch an ihr bin ich lange mit Schleifen und Ölen beschäftigt. Unser selbst gebautes Sofa war nach dem Feuerwehreinsatz ebenfalls völlig durchnässt, und nachdem ich die Polster tagelang in der Frühlingssonne zum Trocknen gewendet habe, bleiben noch immer unschöne Brandlöcher und graue Rußflecken zurück. Also zerschneide ich eine alte Schaumstoffmatratze vom Speicher des Bauernhauses und beziehe unser Sofa neu.

Wenn ich eines nicht kann, dann sind es die Rechenaufgaben und Ausmessarbeiten, denen sich Patrick und seine Handwerkerfreunde jeden Tag stellen. Keine einzige Zahl bleibt mir im Kopf. Alles muss ich aufschreiben, und meistens vermesse ich mich schlussendlich an irgendeiner Stelle. So sind wir alle froh, dass wir die Aufgaben verteilen und dass nicht jeder von uns alles können muss. Patrick rotiert zwischen der Baustelle am Haus, der Baustelle am Zirkuswagen und seinem Schreibtisch im Schafstall. Ich springe zwischen Laptop, Gemüsegarten, Großküche, Zirkuswagenbaustelle und Terminen für Podcast-, Radio- oder Fernsehinterviews hin und her.

Der ganze Frühling ist bis in den Sommer hinein geprägt von Arbeit. Ich denke oft an die Mennonitinnen in Belize, die nicht nur phasenweise so viel arbeiten, sondern ein Leben lang. Das einfache Sein im Tun, das ich verspüre, wenn ich stundenlang den Fußboden abschleife, erdet mich. Trotzdem bin ich froh über jede Abwechslung und darüber, dass mir meine Aufgaben im Gegensatz zu einer Mennonitin nicht nur allein aufgrund der Tatsache zufallen, dass ich eine Frau bin. Immer und überall gibt es Dinge, die erledigt werden müssen, und so nehme ich die Aufgaben an, die anstehen. Egal ob sie Freude machen oder einfach nur gemacht werden müssen. Je weniger ich darüber nachdenke, ob ich nicht gerade meine Talente vergeude, wenn ich stundenlang völlig stupiden Aufgaben nachgehe, desto ruhiger und zufriedener fühle ich mich.

Wir können alles, was wir in diesem Frühjahr schaffen, von einem auf den anderen Tag wieder verlieren. Jederzeit. Durch einen Brand, durch einen Unfall, durch ein Hochwasser, eine Explosion, den Klimawandel, durch politische Unruhen, wirtschaftliche Einbrüche, Krankheiten und was es noch an lebensverändernden Ereignissen gibt, die einfach jeden treffen können und plötzlich völlig neue Blickwinkel auf den Alltag aufwerfen. Diese Gewissheit haben wir. Und es ist in Ordnung. Seit es die Menschheit gibt, hat sie nicht aufgehört, kleine und große Dinge zu erschaffen, instand zu halten und zu reparieren. Mehr und mehr lege ich die Idee davon ab, dass ich jetzt schnell alles erledige und später mein Leben genieße. Irgendwann, wenn endlich alles fertig ist. Ich habe gelernt, dass es kein Fertig gibt, denn selbst als wir fast fertig waren, mussten wir nach dem Brand wieder von vorn anfangen. Anstatt der Zukunft hinterherzurennen, in der irgendwann alles leichter, schöner und freier ist, weil ich irgendetwas endlich abgehakt habe, lerne ich mehr und mehr, das Tun selbst und den Moment als Erfüllung zu sehen. Ohne Perfektionismus. Ohne Druck. Ohne die utopische Vorstellung von einem Rentnerinnendasein im

Schaukelstuhl. Meine Rentnerinnenmomente habe ich schon heute, wann immer ich mich auf eine Wiese lege und die vorüberziehenden Wolken beobachte. Wann immer ich versuche, einfach mal nichts zu tun. Dann bin ich froh, dass ich Aufgaben habe, dass ich eingebunden bin. Ich will nicht eines Tages mit allem fertig sein und mich fragen müssen, wofür ich jetzt noch existiere. Wenn ich ältere Menschen beobachte, dann suchen auch sie sich doch alle wieder in irgendeiner Form eine Aufgabe oder gar eine Verpflichtung. Etwas, das sie dazu bewegt, morgens aus dem Bett aufzustehen und die Welt zu begrüßen. Fertig zu sein ist nicht erstrebenswert, es geht darum, im Tun zu bleiben, solang man kann. Und schlussendlich und trotz allem bin ich unendlich froh, wenn unser Zirkuswagen wieder bewohnbar ist und all unser Hab und Gut sein neues altes, festes Plätzchen eingenommen hat. Ich freue mich auf den Tag, an dem ich wieder richtig Ordnung halten kann, weil ich jedes einzelne Ding, jeden meiner tausend Gegenstände, einem ganz klaren Platz zuordnen kann, an dem ich es auch wiederfinde, anstatt fünf Kisten durchwühlen zu müssen. An diesem Tag werde ich damit beginnen, wieder andere Dinge zu tun. Fertig sind wir nie. Und das ist gut. Das erdet.

Die Sommerluft scheint zu glühen. Die Wiesen in der Umgebung sind bereits abgemäht, aus den Scheunen duftet es nach frischem Heu. Am Vormittag haben auch wir das letzte Heu auf die Traktoranhänger geladen und die Ballen in der Scheune zu riesigen Pyramiden aufgestapelt. Spätestens heute Nacht soll laut Wetter-App ein Gewitter aufziehen. Noch ist aber nichts davon zu sehen.

Barfuß laufe ich über einen kleinen Trampelpfad zum Fluss, an dem Patrick und ich uns schon vor einigen Jahren eine Badestelle aus großen Steinen gebaut haben. Jetzt, im Hochsommer, kommen wir jeden Abend her. Manchmal nur für eine schnelle Abkühlung, manchmal, um gemeinsam am Ufer auf einem großen, von der Sonne erwärmten Stein zu sitzen und den Abend mit einem kühlen Bier oder einem Glas Rotwein ausklingen zu lassen.

Heute ist das Bad im kühlen Fluss besonders nötig: Überall auf meinem verschwitzten Körper kleben kleine, juckende Fasern von getrocknetem Gras, die bei jeder Bewegung unangenehm piksen und kratzen.

Patrick und ein paar Freunde sind noch damit beschäftigt, einen letzten Hänger Heu abzuladen und die Ballen in der Scheune aufzustapeln. Ich dagegen habe mich früher von der Arbeit abgemeldet, mir meinen Laptop unter den Arm geklemmt und möchte das bisschen freie Zeit zum Schreiben nutzen, bis die anderen nachkommen. Heute ist unser Erntefest im Innenhof unter der großen Buche. Dieses Jahr muss das allerdings in kleinerem Kreis stattfinden. Feiern mit vielen Menschen sind noch immer nicht erlaubt.

Der Tag, an dem das fertige Heu in den Scheunen verschwunden ist, hat auf dem Land seit jeher einen ganz besonders feierlichen Charakter. Mit einem vollen Heustock kommen Mensch und Tier sicher durch den Winter. Ist die Heuernte jedoch nass geworden oder war das Jahr so trocken, dass auf den Wiesen nur ein paar bemitleidenswerte Grashalme ihre schwachen

Wurzeln in die trockene Erde gestreckt haben, kommt ein harter Winter auf Mensch und Tier zu. Wann immer ich in den letzten Jahren im Sommer in Deutschland war, habe ich Patrick und seiner Familie bei der Heuernte geholfen. Ich kenne das gute Gefühl, wenn das Gras im Trockenen ist, gekühlte Getränke gereicht werden und frisch gebackener Hefezopf herumgeht.

Auch an diesem erfolgreichen Erntetag bin ich in Hochstimmung, muss aber noch an meinem Text für einen Onlineworkshop feilen, den ich morgen halten werde. Direkt von meinem Schreibtisch im Zirkuswagen aus. Normalerweise ist das Internet dort ausreichend, um Onlinekonferenzen abzuhalten. Insgeheim bin ich aber froh, wenn Veranstaltungen irgendwann wieder außerhalb des Bildschirmes stattfinden können.

Alle Arbeiten am Computer, für die ich nicht zwingend auf WLAN angewiesen bin, erledige ich im Hochsommer im Outdoor-Office am Fluss. An den Vormittagen ist es im Zirkuswagen durch die kühlen Nächte noch angenehm frisch. Ab Nachmittag flüchte ich mit meinem Laptop seit einigen Wochen aber täglich unter die Buche im Innenhof, in den Wald oder runter an den Fluss. Trotz zugezogener Leinenvorhänge, nasser Tücher im Dach und offener Oberlichter staut sich die Hitze in unserem kleinen Holzhaus auf Rädern wie in einer städtischen Dachgeschosswohnung.

Meine nackten Füße passen sich dem Schotter auf dem kleinen Trampelpfad an. Inzwischen habe ich mir das Barfußgehen wieder antrainiert und muss, anders als zu Beginn des Sommers, nicht mehr wie auf rohen Eiern laufen. Schritt für Schritt tapse ich durch die Hitze in Richtung Wasser. Dort vorn im Schatten einer Weide am Flussufer steht eine kleine Bank, die sich gut als Schreibtisch eignet, wenn ich eine Picknickdecke dabeihabe und mich im Schneidersitz so vor der Bank niederlasse, dass mir die Sitzfläche als Ablage dient.

Ich liebe den Sommer vor allem für seine Unkompliziertheit. Keine Gummistiefel mit dicken Wollsocken darunter, keine Jackenberge, Mützen und Schals. Kein Holzhacken für den Ofen, keine eingefrorenen Wasserleitungen und Autotüren. Stattdessen genügt ein einfaches, luftiges Sommerkleid und darunter am besten direkt der Bikini. Nachts schlafen wir im Sommer oft draußen auf der Wiese auf unseren Schaffellen. Außerdem können wir Werkzeug, Gartengeräte, Bücher oder Sitzkissen in der heißen Jahreszeit einfach mal unter freiem Himmel liegen lassen, wenn es nicht nach Regen aussieht.

Mit Laptop, Notizheft, einem kühlen selbst gepressten Apfelsaft und meiner Picknickdecke im Rucksack nähere ich mich dem sanft rauschenden Fluss. Das Wasser, das er führt, ist auch heute klar und einladend, auch wenn der Wasserspiegel mal wieder viel zu niedrig wirkt. Wir werden sehen, wie die Natur sich auch im Schwarzwald in den nächsten Jahren verändert. Vielleicht können wir bald Orangen und Papayas im Garten anbauen? Oder wir eröffnen eine Kaktusfarm? Was wohl die Fichte dazu meint? Nein, witzig ist das eigentlich nicht, und ich bin froh, dass der Fluss überhaupt noch Wasser führt. Im letzten Jahr war er für kurze Zeit fast vollständig ausgetrocknet, dabei ist er an unserer Badestelle normalerweise bauchnabeltief.

Endlich erspähe ich die von Ästen und Blättern eingerahmte Bank am Flussufer. Ich habe Glück. Heute ist sie noch frei. Eigentlich ist unsere Badestelle am Fluss ein echter Geheimtipp, aber seit der Pandemie sprechen sich Wasserstellen in der Gegend schneller herum als unter den Tieren der Savanne. Die Schwimmbäder darf man momentan nur mit Voranmeldung besuchen, und viele Menschen suchen nach alternativen Badeplätzen in der Natur.

Ich breite die Decke am Boden vor der Bank aus, ziehe meinen Laptop aus dem Rucksack und drapiere ihn auf der Sitzfläche. Neben den Laptop stelle ich die Milchflasche mit dem süßen Apfelsaft. Bevor ich jedoch den Einschaltknopf meines allzeit bereiten Computers betätige, streife ich mir das Sommerkleid vom Körper, klettere im Bikini die Böschung über eine kleine natürliche Wurzeltreppe runter zum Fluss und halte meinen großen Zeh ins Wasser. Normalerweise ist das der Zeitpunkt, an dem ich erschaudere. Heute aber wate ich mutig ein paar Schritte bis in die Mitte des Flusses und lege mich in einer einzigen Bewegung und vor Kälteschock quietschend in die Strömung. Wenn man einmal drin ist, geht es irgendwie. Die trockenen Grashalme auf meiner verschwitzten Haut werden vom Wasser des Flusses davongetragen, und für einige Sekunden tauche ich auch den Kopf unter Wasser. Sprudelnd und blubbernd umfängt mich der Fluss, der einige Kilometer weiter oben im Schwarzwald entspringt. Ich denke zurück an unsere Fahrradtour durch Zentralamerika, denke an die Klarheit des Wassers, auch in diesem Moment spüre ich sie an meinem Körper und in meinem Geist. An manchen hochsommerlichen Tagen fällt mir das Denken ab nachmittags vor lauter Hitze schwer. Auch die Gartenarbeit muss bis zum kühleren Abend warten, und selbst die Hühner, die den Sommer lieben, setzen sich lieber in eine selbst gescharrte schattige Kuhle in der staubigen Erde. Die Schafe machen praktisch gar nichts mehr.

Kauend dösen sie unter den Bäumen der Streuobstwiese und halten entspannt die Augen geschlossen.

Ein kurzes, kühlendes Bad im Fluss verändert alles. Ein bisschen Bewegung, das erfrischende Nass und die Klarheit des Elementes Wasser umfangen mich. Das würde Schafen und Hühnern nie in den Sinn kommen.

Prustend tauche ich wieder auf, reibe mir die letzten Grashalme vom Körper und wate zurück ans Ufer. Jetzt bin ich bereit zu arbeiten, klar zu denken und ein paar Worte auf Papier zu bringen. Die Zeit in der Natur gibt mir immer wieder Kraft, die Übergänge in meinem inzwischen so vielfältigen Alltag zu meistern. Ich kann nicht immer auf Knopfdruck umschalten. Zwischen Heu aufschichten, Zirkuswagen reparieren, Schafe umzäunen und Präsentationen am Bildschirm vorbereiten brauche ich diese Momente in der Natur. Ein kühles Bad im Fluss, einen Atemzug zwischen Fichten und Vogelgezwitscher im Wald oder ein paar ruhige Kuschelminuten mit den Schafen auf der Wiese neben unserem Zirkuswagen, um mich innerlich immer wieder einzulassen auf das, was gerade jetzt zu tun ist. Die Natur stellt mich auf die verschiedenen Anforderungen des Lebens ein, weil sie selbst ständig damit beschäftigt ist, sich anzupassen, zu entwickeln und zu wachsen. Besonders dort, wo viel Wasser in irgendeiner Form vorhanden ist, kommt die Welt nicht zum Stillstand.

Ich greife nach den Wurzeln an der Böschung, klettere wieder hinauf zur Bank, trockne mir die nassen Hände an meinem Sommerkleid ab, das auf der Picknickdecke liegt, und drücke endlich auf den Startknopf an meinem Laptop. Tropfend lasse ich mich auf der Picknickdecke nieder und gebe das Passwort ein.

Ein sachter Wind umgarnt mich im Schatten unter der Weide, und fast empfinde ich die Luft auf meinem nassen Körper schon als zu kalt. Ich halte es aber gerne aus, weil ich weiß, dass ich schon in ein paar Minuten wieder schwitzen werde. Sogar im Schatten, denn selbst hier sind es heute um die 32 Grad Celsius.

Ohne es selbst wirklich zu registrieren, recke ich meine Nase empor und sauge die Frische der Luft ein. Die Leichtigkeit dieses Elementes umgarnt mich, so wie mich die Klarheit des Wassers gerade erfrischt hat. In diesem Moment bin ich dankbar für dieses Plätzchen, für meine Arbeit auf dem Land und am PC, für die Abwechslung in meinem Leben, für meine Familie, für Freunde und für das Heu, das heute sicher in der trockenen Scheune angekommen ist. Ich bin dankbar dafür, dass der Wiederaufbau des Wagens so schnell vorangegangen ist und dass wir bereits nach und nach unser Hab und Gut wieder in den Schränken, unter dem Sofa und unter unserem Bett verstauen. Unsere Schreibtische haben wir endlich aus dem Schafstall zurück in den Wagen verfrachtet, und durch den verlängerten Meter haben wir uns nun beide einen noch schöneren und größeren Arbeitsbereich eingerichtet. Der Rest des hinzugewonnenen Raumes soll Freifläche bleiben. Die hatten wir bei unserem ersten Entwurf nämlich nicht zur Genüge mit eingeplant. In der kürzeren Version des Wagens war an ein paar Quadratmeter Abstand zwischen Küche, Schlafzimmer, Bad, Wohn-, Ess- und Arbeitsbereich auch gar nicht zu denken. Jetzt haben wir endlich mehr Platz für die Yogamatte oder das Holz im Winter, für Kräuter, die wir im Sommer im Wagen trocknen, und für den Zuschnitt ausladender Nähprojekte auf dem Fußboden. Sogar einen richtigen Wäscheständer können wir aufstellen, wenn die Stäbe im Dach für größere Wäscheberge mal nicht ausreichen.

Den Wagenbrand hätten Patrick und ich uns nie ausgesucht, aber jetzt, wo der Wagen ganz neu aufgebaut und noch schöner geworden ist, sind wir noch stolzer auf das, was wir erschaffen haben.

Während das Schreibprogramm hochfährt, schaue ich mich zu allen Seiten nach den anderen beiden Elementen um. Noch immer muss ich unwillkürlich an das Feuer denken, wenn ich unseren Zirkuswagen vor Augen habe. An die zerstörerische Kraft, die dieses Element hat. Es ist so mächtig wie auch die anderen drei Elemente. Neben seinem vernichtenden Charakter aber hat das Feuer eine ebenso starke, leidenschaftliche, wärmende und positiv dynamische Komponente, solang ich das Spiel mit ihm kontrolliere. Jetzt zum Beispiel darf mir mein inneres Feuer dabei helfen, meinem Vortragstext etwas Leidenschaft zu verleihen. Das Feuer ist wichtig in meinem Leben, gerade dann, wenn ich an einem Tag wie heute meinen unterschiedlichen Leidenschaften nachgehe, hilft mir diese Kraft. Für mich stehen in der Natur nicht nur abendliche Lagerfeuer unterm Sternenhimmel für das Element der Leidenschaft, sondern auch der grelle Feuerball am Himmel, der in den letzten Wochen und Monaten das Leben dominiert. Ich habe mich in den vergangenen Jahren auf meinem Weg immer wieder am Feuer meiner Leidenschaften verbrannt, und auch heute noch kann ich mich selbst nicht immer richtig einschätzen, schwanke zwischen Verrauchen und zu hoch lodernden Flammen. Manche Projekte und Visionen stelle ich mir leicht und schön vor, und unterwegs zum Ziel gestalten sie sich als kräftezehrend und doch nicht so erfüllend, wie ich mir sie ausgemalt habe. Andere berufliche und private Ziele leuchten in mir auf wie eine kleine Flamme, und je größer ich sie werden lasse, desto heller strahlen sie. Und manches, das lange geleuchtet hat, erlischt, um einem anderen, zeitgemäßeren Leuchten Platz zu machen. Ich versuche, meine Wunschvorstellungen und Leidenschaften immer mehr in mir selbst, in der mich umgebenden Natur zu finden und nicht im Internet oder in den Lebensläufen anderer scheinbar erfolgreicher und glücklicher Menschen. Jeder Mensch hat ein ganz eigenes Leuchten in sich, das sich einfach nicht vergleichen lässt.

Das Schreibprogramm auf meinem Laptop ist bereit, und ich öffne die Datei, in der mein Vortrag gespeichert ist. Hier im Outdoor-Homeoffice umgeben mich Wasser, Luft und das Feuer der Sonne. Gleichzeitig sitze ich auf der Erde. Um mich herum und in mir ist somit alles vereint, was ich brauche, um inspiriert zu sein. Das gilt für die körperliche Arbeit genauso wie für die geistigen Herausforderungen.

Die Bedeutung des vierten Elementes kam nicht durch ein einziges Ereignis in mein Leben. Vielmehr durch die Beobachtung der Zusammenhänge hier draußen in der Natur und auch in mir selbst. Die Erde gibt mir Halt. Jeden Tag. Die arbeitsamen Frühlingstage in den Beeten unseres Bauerngartens haben mich näher an dieses Element geführt, aber auch meine Lebenserfahrung der letzten Jahre überall auf dieser Welt. Die Erde ist in meinem Leben zu einem Symbol für das Tun, das Schaffen, wie man in dieser Ecke des Schwarzwaldes mit alemannischem Dialekt sagt, geworden. Das, was ich jeden Tag tue, was ich schaffe und erschaffe, ist schlussendlich das, was zählt. Jeden Tag erschafft die Erde Leben. Pflanzen, Bakterien und Insekten, Würmer und Kleintiere, die totes Material aufbereiten und für neues Leben wirkungsvoll machen.

Im einfachen Tun habe ich keine Fragen mehr. Ich weiß, was jetzt gerade zählt, ich bewirke kleine und große Dinge in meinem Alltag, und mein Wirken hat wiederum Auswirkungen, weil ich als Mensch ein vernetztes Wesen bin. In der Natur ist alles miteinander verbunden, kein Lebewesen und auch die vier Elemente können nicht getrennt bestehen. Ich bin Feuer, ich bin Wasser, ich bin Luft, und ich bin Erde. Ich bin Natur und Mensch. Ich bin mein ängstlicher Poltergeist, und ich bin der Mut und die Großherzigkeit, die mich schon ebenso oft auf meinem Weg geleitet haben. In diesem Leben liegen noch viele Aufgaben und Herausforderungen vor mir, aber ich weiß, dass ich in der Natur und ihren Elementen immer wieder Kraft finden werde, meinen eigenen Weg zu gehen.

Eilig werfe ich ein frisch gewaschenes helles Tuch über den großen Holztisch vor unserem Wagen und verteile vier Goldrandteller aus den Beständen meiner Oma darauf. Das Gurren und Gackern der Hühner in der Voliere nebenan dringt an mein Ohr. Es ist später Nachmittag, und das Federvieh wartet ungeduldig auf seinen täglichen Freigang. Brummend betrachte ich die kleine Schar. Dann laufe ich hinüber und bleibe am Hühnerzaun stehen.

»Eigentlich sollt ihr heute drinnen bleiben. Wir bekommen hohen Besuch, da brauchen wir keine flatternden Hühner, die hier die ganze Wiese umgraben.«

Je länger ich vor dem Zaun stehe, desto unruhiger werden die Tiere. Voller Vorfreude drücken sie sich von innen an das Gatter und gurren und scharren.

»Nein! Heute nicht! Was sollen die Gäste sagen, wenn sich plötzlich eine von euch neben ihnen auf der Wiese erleichtert? Oder dem edlen Herrn Professor in den großen Zeh pickt?« Ich drehe mich um und gehe ein paar Schritte zurück in Richtung Wagen. Das Gackern hinter mir wird lauter. Beinahe verzweifelt drücken sich die Hühner an den Zaun, überrennen einander und schlagen mit den Flügeln. Sie möchten in die Freiheit. Jetzt. Sofort. Unbedingt. Ich bleibe stehen und lausche dem verzweifelten Kampf. Dann lenke ich seufzend ein, schlurfe, ohne die Hühner eines Blickes zu würdigen, zurück zum Gatter und öffne resigniert den Schieberiegel.

»Wehe, ihr könnt euch nicht benehmen! Dann gibt es Volieren-Arrest für eine Woche«, murmle ich.

Aufgeregt flatternd drückt sich die Schar durch den Spalt und verteilt sich in Windeseile auf der ganzen Wiese vor dem Wagen und unter dem Tisch, den ich gerade eindecken möchte. Der Hahn kräht freudig, und die Hennen beginnen eifrig in der Erde zu picken. Ich kann mir ein Lächeln nicht verkneifen und flitze zurück in den Wagen. Jetzt sind die Hühner eben auch ein Teil der Dekoration. Damit müssen die hohen Herrschaften wohl leben, die uns heute Abend besuchen.

Das Professoren-Ehepaar habe ich bereits vor einigen Monaten bei einem Interview kennengelernt. Heinrich und Gerlinde sind – neben ihren Lehraufträgen in ganz Europa – ebenfalls begeisterte Abenteuerreisende, wir haben uns auf Anhieb gut verstanden. Außerdem interessieren sie sich für unser Leben im

Zirkuswagen und möchten, dass Patrick ein großzügiges helles Baumhaus als Außenbüro in den Garten ihrer Villa baut. Dieses Vorhaben möchten wir heute Abend besprechen, und so haben wir Gerlinde und Heinrich zum Essen eingeladen. Ich freue mich auf die beiden, auch wenn unsere Welt hier am Waldrand völlig anders ist als die, welche die beiden vermutlich gewohnt sind. Das Ehepaar hat einen eigenen Chauffeur, eine Segeljacht in Schweden und Ferienwohnungen in Zürich und Paris. Ich finde es meist bereichernd, wenn Welten aufeinanderprallen. Gleichzeitig wünsche ich mir, dass sich die beiden hier wohlfühlen. Also gebe ich mir besonders viel Mühe an diesem Abend. Normalerweise lege ich keinen Wert auf Tischdecken und gefaltete Stoffservietten. Heute aber macht mir der Aufwand Freude.

In der Zirkuswagenküche stelle ich ein Tablett auf dem kleinen Esstisch neben der Küchenzeile ab und stapele Gläser, Besteck und kleine Schüsseln mit selbst gemachten Dips und Beilagen darauf. Die größeren Platten mit dem Tomate-Mozzarella-Salat und dem frisch gebackenen Fladenbrot lasse ich noch stehen. Fast alles, was wir heute Abend auftischen, haben wir selbst geerntet, gebacken oder eingekocht. Kurz betrachte ich die prächtige Vielfalt der Lebensmittel, die auf dem Tisch im Wagen bereitstehen. Gefüllte Eier, grüner Salat mit Borretsch-Blüten, Kresse-Blumen und orangenen Calendula-Blättchen, dazu in Öl eingelegte Zucchini für den Grill. Bärlauch-Pesto und Ziegenkäse vom Hof von Patricks Bruder und das Fladenbrot mit Mehl aus einer lokalen Demeter-Dinkelmühle.

Ich will es schön haben heute Abend, aus ganz verschiedenen Gründen. Ich will es schön haben aus rein ästhetischen

Bedürfnissen, die mich dann und wann mit Muße überkommen, und aus Freude darüber, dass unser Wagen, unsere dritte Hülle, endlich wieder bewohnbar und dabei noch schöner und größer ist als zuvor. Ich will es schön haben, um all die Arbeit zu würdigen, die uns diese Lebensmittel in den letzten Wochen und Monaten bei ihrer Aufzucht, Pflege, Ernte und Verarbeitung bereitet haben, und ich will es schön haben, weil es sich einfach gut anfühlt. Ich will es schön haben, damit sich unser Besuch hier wohlfühlen kann, und ich will es schön haben, weil jeder Abend zu einem kleinen Erntedankfest wird, wenn man eigene Lebensmittel produziert. Die Erde schenkt uns in der warmen Jahreszeit so vielfältige Früchte und Pflanzen, und jede von ihnen ist ein kleines reifes, vitaminhaltiges Wunder der Natur.

Normalerweise laden Patrick und ich gerne viele Menschen ein. Es ist schön, den Hof voll Leben zu sehen. Momentan geht das aber nicht. Für vier Personen haben wir immerhin ein einheitliches Tischgedeck, was meinem ästhetischen Empfinden heute zuträglich ist. Vier Goldrandteller, vier antike Weingläser und vier hübsche handbemalte Salatschüsseln mit marokkanischen Mustern.

Nachdem ich das Tablett draußen auf dem Tisch vor dem Wagen abgeräumt und das Besteck ordentlich neben den Tellern platziert habe, trete ich einen Schritt zurück und betrachte den gedeckten Tisch wie das Kunstwerk einer Bildhauerin. Mein Blick wandert skeptisch zwischen den selbst eingelegten Tomaten und den scharrenden Hühnern hin und her. Es wäre nicht das erste Mal, dass die Hühner einen unbeobachteten Moment nutzen, um hinauf auf den Esstisch zu flattern und sich zu bedienen. Eilig schlage ich die Ränder der großen weißen Tischdecke nach oben und bedecke damit die hübsch angerichteten Schüsseln. Dann betrachte ich mein Kunstwerk erneut. Aus Kunst ist nun abstrakte Kunst geworden.

Irgendetwas aber fehlt, selbst mit heruntergeschlagener Tischdecke. Aber was? Kerzen? Nein, die kommen erst heute Abend, wenn es dunkel wird, in die Mitte des Tisches. Mit dem großen Kerzenständer aus der Scheune, den Patricks Oma vor Jahren auf einem Flohmarkt gekauft hat, wirkt ein gedeckter Tisch in der Dunkelheit immer wie die Kulisse auf einem alten Piratenschiff. Ich liebe die lauen Sommerabende, an denen wir lange im T-Shirt unter dem Sternenzelt sitzen und im Kerzenschein Spiele spielen, Wein trinken und unser Gelächter sich mit den Rufen des Uhus am Waldrand vereint.

Noch aber lacht die Sonne auf uns herab. Wir wollen grillen, und der Kerzenständer muss noch warten, bis sich der Abend über den Schwarzwald gelegt hat. Wie wäre es also mit einem Strauß frischer Blumen aus dem Bauerngarten? Noch bevor ich diesen Gedanken zu Ende denken kann, mache ich auf dem Absatz kehrt, springe erneut die Stufen hinauf in den Wagen, reiße an der kleinen Besteckschublade und kralle mir ein Taschenmesser. Dann sause ich durch den Stallgang in Richtung Garten.

Pfeifend wusele ich zwischen unseren teilweise sehr anarchistisch erzogenen Beeten hin und her und schneide farbenprächtige Blumen und hübsche Gräser ab, die sich ihren Weg in die Sonne zwischen den ersten jungen Kürbissen und groß gewordenen Zucchini bahnen. Außerdem ein paar duftende Zweige vom Rosmarinbusch in der sonnenverwöhnten Südecke des Gartens als Dekoration für die Käseplatte.

Auf dem Rückweg treffe ich Patrick, der gerade eine Schubkarre mit Holzscheiten füllt. »Machst du das Feuer jetzt schon an?«

»Ja, dann haben wir später eine schöne Glut für den Grill«, sagt Patrick, wirft ein letztes Holzscheit auf die Schubkarre und gemeinsam gehen wir zurück zum Wagen.

Patrick macht sich daran, die Feuerwanne, die uns ein Freund aus einem alten Öltank geschweißt hat, mit Zeitungspapier und Hobelspänen aus der Werkstatt zu füllen.

Ich entkleide die Tischdekoration wieder und stelle die Blumen in einer hübschen handgetöpferten Vase auf den Tisch. Solang wir in der Nähe sind, mache ich mir keine Sorgen um den gedeckten Tisch. Das würden die kleinen gefiederten Dinosaurier nicht wagen.

Plötzlich vernehmen meine Ohren das Brummen eines Motors unten auf der Einfahrt. Es ist kein Traktor und keiner unserer Oldtimer, die auch Patricks Brüder gerne fahren. Es ist das vergleichsweise dezente Schnurren eines SUV.

»Oh, ich glaube, sie sind schon da! Ich muss mich schnell noch umziehen«, rufe ich zu Patrick herüber, der, genau wie ich, noch in verdreckten Hofklamotten steckt und Staub und Sägespäne in den Haaren hat.

»Ja, beeile dich. Ich ziehe mich dann gleich um, wenn sie hier sind.« Er macht sich auf in Richtung Einfahrt, um unsere Gäste in Empfang zu nehmen.

Während ich überlege, wie ich mich spontan in Schale werfen kann, springe ich die Stufen des Wagens empor und betrete die Küche. Plötzlich erstarre ich. Fassungslos blicke ich auf den kleinen Esstisch gegenüber der Küchenzeile. Eines der Hühner pickt und scharrt gemütlich im liebevoll drapierten

Tomate-Mozzarella-Salat umher und gurrt dabei zufrieden vor sich hin. Ich schreie auf. Das Huhn gibt ein empörtes Gackern von sich, es folgen Flügelschläge, und dann landet eine von Essig und Öl triefende Tomatenscheibe auf meiner Hose. Den Rest des Salats hat das Huhn vor Schreck über dem ganzen Tisch und dem Fußboden verteilt. Mit einem Satz stürze ich mich auf das Tier. Daneben. Das flatterige Ding springt gackernd auf das Sofa, dann auf Patricks Schreibtisch. Ich hinterher. Fünf Versuche und ein heilloses Chaos später habe ich das Huhn zwischen die Finger bekommen. Mit dem gefiederten kleinen Biest in der Hand marschiere ich in Richtung Haustür, um die unerwünschte Besucherin hinauszubefördern. In diesem Moment entdecke ich durch das Rundfenster den staubigen Patrick in Zimmererhose und verdrecktem Shirt neben einer Gerlinde im strahlend sommerlich-gelben Etuikleid und einem Heinrich in weißem Leinenanzug mit Hut auf dem Kopf. Lachend stehen die drei auf der Wiese und betrachten den Zirkuswagen wie eine Attraktion im Museum.

Mein Blick wandert langsam auf das mit Essig und Öl verschmierte Huhn in meinen Händen. Zu spät. Durch die Tür kann ich es nun nicht mehr werfen. Außerdem – wie soll ich das Chaos hier drin erklären?

Kurz entschlossen öffne ich das Küchenfenster auf der Rückseite des Wagens und schmeiße das lauthals protestierende Huhn hinunter ins Gras. Unten angekommen schüttelt es sich kurz das Gefieder und marschiert dann zufrieden mit dem Kopf ruckelnd davon. Gerade so, als sei nie etwas gewesen.

Hektisch sammle ich die Tomaten und Mozzarellascheiben ein, die überall auf dem Tisch verteilt vor sich hintriefen, und versuche, mein Kunstwerk notdürftig zu flicken. Die frischen Basilikumblätter von der Fensterbank machen alles ein wenig besser.

Ein weiterer panischer Blick aus dem Fenster verrät mir, dass sich Gerlinde, Heinrich und Patrick angeregt unterhalten und sich vor lauter Small Talk dem Wagen noch keinen weiteren Schritt genähert haben. Kurz atme ich auf. Was auf dem Boden gelandet ist, sammle ich ein und werfe es ebenfalls aus dem Küchenfenster. Die Hühner dort draußen sind die beste Biomüllabfuhr, die es geben kann.

Kritisch betrachte ich den Salat. Wenn ich den gleich ganz souverän serviere, merkt vielleicht niemand etwas. Einen neuen anzurichten würde jetzt zu lange dauern. Außerdem ist es ja schade um die Zutaten, und das war das einzige Stück Mozzarella, das wir hatten.

Eilig husche ich hinüber in den Schlaf- und Ankleidebereich und ziehe den beigen Leinenvorhang hinter mir zu. In Windeseile streife ich mir die staubigen Hofklamotten ab und schlüpfe in ein weiß-blau gemustertes Sommerkleid mit kleinen Knöpfen. Meine Haare sind nach der Hühnerjagd und der Hofarbeit völlig zerzaust, und ich unternehme den utopischen Versuch, meine Aufmachung innerhalb von Sekunden irgendwie geradezubiegen. Ohrringe einhängen, etwas Mascara auf die Wimpern und einen goldenen Armreif ans Handgelenk. Das muss vorerst reichen.

Im Sommerkleidchen und mit einer etwas mitgenommen wirkenden Salatplatte und dem Fladenbrot in der Hand schlüpfe ich mit dem unschuldigsten Lächeln, das ich in diesem Moment auf mein Gesicht zaubern kann, wieder hinaus ins Freie. Gerlinde quietscht entzückt auf, als sie mich erblickt.

»Das sieht ja alles fabelhaft aus!«, ruft sie und eilt mir entgegen. »Wie schön ihr es hier habt! Noch schöner, als ich es mir vorgestellt habe! Und die frei laufenden Hühner, welch ein Idyll.«

In diesem Moment treffe ich die Entscheidung, dass der kleine Zwischenfall im Wagen ein Geheimnis zwischen mir und dem Huhn bleiben wird. »Idyll« ist nicht der Ausdruck, den ich gerade für die Hühner übrighabe. Gerlindes Freude am Landleben möchte ich aber deswegen nicht zunichtemachen.

»Ach, schön, dass ihr da seid!«, flöte ich stattdessen. »Wie wäre es mit einem Aperitif?« Ich gleite, so elegant ich kann, die Treppe des Wagens hinab, stelle die Platten auf den hübsch gedeckten Tisch und begrüße unsere Gäste.

Wenn ich eines im letzten Jahr gelernt habe, dann dass die große Mühe, die wir uns im Leben manchmal mit den kleinsten Dingen machen, keine Garantie für Erfolg ist. Die Erde dreht sich weiter, und was heute schiefläuft, ist schon morgen Schnee von gestern. Die Freude am Tun ist die einzige Garantie, die es gibt. Nichts auf dieser Welt ist perfekt. Auch nicht die Landidylle. Wir könnten es leichter haben in unserem Leben. Wir könnten unsere Eier ganz einfach im Supermarkt kaufen und unsere Gäste in einer frisch geputzten, hühnerfreien Wohnung empfangen. Aber wir haben es so gewählt, weil wir die reiche Ernte dieses Lebens ebenso sehr zu schätzen gelernt haben wie die harte Arbeit, die damit verbunden ist. Das einfache Sein im täglichen Tun, das ich dem Element Erde zuschreibe. Die Erde, die uns all das hier schenkt, damit wir es teilen können. Mit Mensch und Huhn, versteht sich.

Nach einem ereignisreichen Winter in Zentralamerika und dem noch ereignisreicheren Frühjahr in Deutschland komme ich langsam wieder an in dem Leben, das ich mir mit Patrick aufbauen will. Eine neue Baustelle. Ein neues Buch. Ein neuer Artikel oder gleich eine ganze Serie.

Patricks und mein Arbeitsleben verlaufen in Phasen. Und genauso ist es mit dem Leben auf dem Land. Im Winter hacken wir Holz und können viel Zeit hinter dem Ofen verbringen, Nüsse knacken, nähen, spinnen oder einfach ein paar gute Bücher lesen. Im Frühjahr und Sommer rufen die Aufgaben vor der Haustür. Dann gibt es unter freiem Himmel viel zu tun, und die Arbeitstage draußen werden länger. Wenn ich auf die letzten Monate zurückblicke, dann ahne ich, dass es immer so bleiben wird. Dass mein Leben für immer in Phasen verlaufen wird. Ich arbeite gern, aber ich liebe auch die Lebensabschnitte, in denen große Projekte endlich abgeschlossen sind.

Es hat eine Weile gedauert, bis ich diese Bewegung in meinem Leben durchschaut habe. Die letzten Jahre, in denen ich viel gereist bin und das Abenteuer an allen Enden der Welt gesucht habe, waren geprägt von Erfahrungsreichtum, Abwechslung und verschiedenen Phasen des Unterwegsseins. Beim Reisen ist vieles unvorhersehbar, und diese Unvorhersehbarkeit ist auch der Grund, warum ich gerne auf Reisen gehe. Auf

Abwechslung in den verschiedenen Phasen des Unterwegsseins ist immer Verlass.

Das Ankommen allerdings habe ich mir nicht so abwechslungsreich vorgestellt. Im Ankommen, so dachte ich, wären irgendwann die Rahmen gesteckt, in denen wir uns bewegen. Darum hatte mein Poltergeist jahrelang Angst vor dem Ankommen. Im Schwarzwald habe ich es trotzdem gewagt. Mit allem Mut, den ich aufbringen konnte.

Nun ist schon mehr als ein Jahr vergangen, und ich habe dazugelernt. Das Ankommen bedeutet für mich heute keine Stagnation mehr. Aus dem einfachen Grund, dass ich es bin, die irgendwo ankommt. Und ich bin lebendig. Ich bin immer im Wandel. Manchmal chaotisch. Manchmal souverän. So ist auch mein Leben. Im Grunde gibt es nichts, wovor ich mich in einem kleinen Schwarzwalddorf fürchten müsste. Denn überall auf der Welt gibt es mehr Möglichkeiten, als wir in einem einzigen Leben ausschöpfen könnten und wollten.

Mein Poltergeist hat ganz offensichtlich all die Jahre nicht miteinberechnet, dass ich auch in der Bereitschaft anzukommen die Zügel selbst in der Hand habe. Somit bin ich es, die mein Ankommen gestaltet. Und als mein Poltergeist hier auf dem Land endlich etwas Ruhe gegeben hat, da wollte das Schicksal, das Leben, das Element Feuer oder was auch immer mich noch etwas lehren: Es gibt kein verlässliches Ankommen. Nicht einmal dann, wenn wir all unseren Mut zusammennehmen und uns darauf einlassen. Ankommen hat wenig Bedeutung, denn nichts ist sicher auf dieser Welt. Egal wie viel Mühe wir uns geben. Die neue Debatte, die ich mit meinem Poltergeist führe, dreht sich also nicht mehr um das

Ankommen zwischen langweiligen Fichten, sondern um das Einlassen auf die Lebensrealität, die mich gerade umgibt. Einlassen ist wichtiger als Ankommen, denn das Leben ist und bleibt eine Reise.

Nach all den Ereignissen des letzten Jahres ist es für mich das Element Erde, das das Ankommen, das Einlassen, das einfache Sein im Tun verkörpert. Die Erde, von der ich immer dachte, dass sie fest ist. Dass sie Bodenständigkeit und Stagnation bedeutet. Aber diese Erde, die mich doch so sehr fasziniert hat, hat mir gezeigt, dass sie ständig im Wandel ist. Dass in ihr permanent Prozesse ablaufen, die neues Leben hervorbringen. Nichts ist wandelbarer als das vierte Element.

Ein einziges unscheinbares Samenkorn kann sich aus der Erde – und mithilfe der anderen drei Elemente – zu einer mächtigen Pflanze verwandeln, die dann anderen Lebewesen wiederum einen Lebensraum schenkt. Wenn ein Samenkorn sich darauf einlässt, dass die Elemente alles bereithalten, was es braucht, um zu leben, zu wachsen und zu teilen, kann dieses Wunder geschehen. Dann lernt die Pflanze auf ihrem Weg zum Licht, dass Wachstum nichts Geradliniges ist, sondern dass gerade die Verzweigungen Halt geben. Das hat mir die Natur mit ihren vier Elementen gezeigt. Nur im Einlassen bekommt mein Sein die Tiefe von starken Wurzeln und kann so zu ganz neuen Höhen und starken Ästen gelangen. Das Leben hält alles bereit, was ich zum Leben brauche.

Mein Weg hat mich näher an die Natur geführt. Waldwärts mit Feuer, Wasser, Luft und Erde im Herzen. Ich bin noch immer unterwegs und werde es immer bleiben.

Dank

Mein Dank gilt meinem Partner Patrick, der mir die Freiheit und die Unterstützung schenkt, an meinen Hirngespinsten und Visionen zu verzweifeln und zu wachsen.

Meiner Schwester Magdalena und meiner Mutter Carmen möchte ich danken, die mich tragen und in ihrer weiblichen Kraft begleiten, egal an welchem Ort wir auch leben mögen.

Von Herzen danke ich meiner Agentin Anne-Katrin Weise und der gesamten Literaturagentur Beate Riess, die es wieder so wunderbar und verständnisvoll vermag, mir in allen Buchstabenschlachten und Vertragsangelegenheiten zur Seite zu stehen. Danke für deinen Mut und all unsere wertvollen Gespräche.

Ich danke dem Eden Books Verlag für die schöne Zusammenarbeit. Ein großer Dank gilt meiner fabelhaften Lektorin Nina Hübner, die mir ihre Erfahrung und ihre große Achtsamkeit geschenkt hat.

Ich danke allen Freunden und Bekannten, die meinen Weg begleiten und sich einen Moment oder länger Zeit genommen haben, um *Waldwärts* zu dem zu machen, was es ist. Danke für all eure inspirierenden Ansichten, Meinungen und Mut machenden Worte.

Ich danke der inspirierenden Natur um uns herum, die es immer wieder schafft, all unsere gesellschaftlichen Konstrukte zu relativieren und einen Sinn in der Einfachheit des Seins zu wahren. Ich danke Feuer, Wasser, Luft und Erde für ihre ureigenen Qualitäten.

Impressum

Geraldine Schüle
Waldwärts
Vom Ankommen und Wachsen in der Natur
ISBN: 978-3-95910-336-7

Eden Books
Ein Verlag der Edel Verlagsgruppe

www.edenbooks.de | www.edel.com
1. Auflage 2021

Einige der Personen im Text sind aus Gründen des Persönlichkeitsschutzes anonymisiert.

Projektkoordination: Juliane Noßack und Julia Gommel-Baharov
Lektorat: Nina Hübner
Umschlaggestaltung: FAVORITBUERO, München
Covermotiv: Autorinnenporträt © privat; Hintergrund © Lena Giovanazzi
Layout und Satz: Datagrafix GSP GmbH, Berlin | www.datagrafix.com
Druck und Bindung: GGP Media GmbH, Pößneck

Printed in Germany

Dieses Buch ist auch als E-Book erhältlich.

PARTNER
Naturpark
Nossentiner/Schwinzer Heide
www.optimal-media.com/naturschutzprojekt-001

Partner des Naturparks
Nossentiner/Schwinzer Heide

Eden Books unterstützt bei der Produktion dieses Buches das Projekt »Junge Riesen für die nächsten 100 Jahre«. Damit wird ein Anteil der unvermeidbaren CO_2-Emissionen im direkten Umfeld des Produktionsstandortes kompensiert.

EDEL
VERLAGSGRUPPE

FSC
www.fsc.org
MIX
Papier aus verantwortungsvollen Quellen
FSC® C014496